사전 독자 70명 모니터 리뷰

이 책을 발간하기 전에 가제본과 PDF 상태로 70명의 전문가와 독자들에게 보내 본문에 대한 평가와 제목에 관한 의견을 들었습니다. 다음 글들은 이 책을 읽은 분들이 보내온 소감 일부입니다. 지면 제약으로 모든 평가를 다 싣지 못했습니다. 평가해주시고 의견을 보내주신 분들께 이 자리를 빌려 감사의 마음을 전합니다.

언제부턴가 '보스'라는 말이 '리더'라는 말과 비교되면서 부정적인 의미로 사용되고 있다. 이는 성과에 대한 큰 오해다. 성과를 내야 하는 현장은 전쟁터와 같다. 보스는 상황에 따라 감독이 되기도 하고, 코치가 되기도 하고, 선수가 되기도 하고, 볼보이가 되기도 하고, 응원수가 되기도 한다. 흔한 리더십 책에서 말하듯 조용히 응원하고 끝까지 믿고 기다리다가는 경쟁력을 갖추기 어렵다.

이 책은 그런 의미에서 보스에 관한 몇 안 되는 용기 있는 책이다. 기존 리더십 책들의 유약하고 비현실적인 리더상에 어느 정도 균형을 잡아줄 것으로 기대한다.

_ 제원우 | 디씨전 대표이사, 『피터 드러커가 살린 의사들』 저자

지금부터 리더십 공부를 하고 보스가 될 연습을 해라! 이 책은 나와 조직을 이끄는 리더인 보스가 갖추어야 할 조건과 사고와 행동방식을 제시하고 있다. 나는 이 책을 통해 기업의 사업전략을 이끌어가고 있는 보스로서 내가 일하는 자세와 방식을 재설정하는 데 큰 도움을 받았다. 사업을 리딩해야 할 컨설턴트들에게 필독서로 추천한다.

_ 김강민 | LG CNS 엔트루컨설팅사업부문 Sr. Consultant, Ph.D.

이 책을 통해 '리더'와 '보스'의 차이에 대한 의문이 시원하게 풀렸다. 급변하는 기업과 조직의 환경 속에서 훌륭한 리더와 보스가 되기 위해 갖춰야 할 자격은 무엇일까? 이 책은 다양한 분야에서 선도적인 리더십을 보여준 보스들의 행동과 마음의 핵심을 담고 있다.

이 책은 저자 자신의 반성문이면서 미래를 위한 출사표이기도 하다. 냉철한 머리와 뜨거운 가슴을 가진 '리더'와 '보스'를 꿈꾸는 젊은 비즈니스맨들에게 필독을 권한다.
_ 류영호 | 교보문고 신사업개발팀 차장

내가 속한 회사와 모임들이 점점 바뀌고 있다. 기술의 발전으로 엄청난 일도 혼자서 할 수 있지만, 조직구성원 간의 협업이 이뤄질 때 더 큰 시너지를 내고 지속적인 토대를 만들 수 있다. 그러기 위한 리더의 역할이 정말 중요하다. 저자는 그러한 리더에 대해 콕콕 짚어주고 있다.
_ 홍원준 | 조선비즈 지식사업팀장

현재의 익숙함을 확 깨부수어버리는 감동의 명쾌한 보스 지침서!
_ 고재춘 | 원마운트 홍보부장

보스와 함께 지내는 사람, 보스를 섬기는 사람, 그리고 보스가 될 사람에게 추천하고 싶은 책이다. 이 세상의 모든 외로운 슈퍼맨 보스에게 박수를 보낸다.
_ 김경희 | 프리랜서 카피라이터

리더는 너무 멀고 보스는 가까이하기에 부담스러운 존재였다. 하지만 이 책을 읽으면서 보스는 누구나 가야 하는 인생의 또 다른 선택이라는 것을 알았다. 열정과 땀과 세월로 보스의 길을 인도하는 저자의 시선이 따뜻하다.
_ 오승건 | 한국소비자원 차장, 소비자상식사전 『정말 그런 거야?』 저자

우리는 보스라는 자리를 원하지만 진정 보스가 되기 위해 노력하지 않는 것 같다. 이 책은 그런 사람을 위한 처방전이다. 보스 자리에 앉았다고 다 같은 보스가 아니다. 저자는 보스가 되는 것이 무엇인지 정확하게 이야기하고 있다. 개인적으로 우리 보스에게 추천하고 싶은 책이다.
_ 성경희 | 한국HRD교육센터

책을 통해서 보스가 준비해야 할 여러 가지의 과제를 풀어서 그에 대한 해답을 제시해주는 보스의 지침서로 충분하다고 느꼈다. 그리고 이 지침서를 토태로 자기만의 스타일로 보스의 길을 만들수 있을 것 같은 기대감이 느껴진다.
_ 신현갑 | 포스코ICT

보스의 외로움과 고독함을 덜어줄, 풍부한 실전경험에서 나오는 친절한 조언!
_ 윤명훈 | 현대백화점그룹 인재개발원

이 책에서 말하고자 하는 메시지는 '보스가 된다는 것'으로 잘 표현되고 있다고 생각한다. 이 책을 읽으면서 내내 보스의 자격, 보스의 사고, 준비하는 보스 등의 단어가 떠나지 않았다. 이 책은 보스가 되려는 사람, 이미 보스인 사람들에게도 좋지만 지금 자기 자리에서 전력을 기울이는 모든 사람에게 도움이 되는 책이다. _ 파란심바

이 책은 보스의 역할과 능력이 무엇인지를 담고 있다. 보스를 꿈꾸는 사람이라면 한 번쯤 읽어볼 만하다. _ 두리안윤

직장인이라면 누구나 보스를 꿈꾼다. 보스는 나이에 따라 할 수 있고 없고가 아니다. 사원이든 팀장이든 꿈을 꾸고 노력만 한다면 누구나 될 수 있다. 프롤로그에 나오는 축구감독에 관한 이야기부터 흥미로워서 눈길을 못 떼게 해준다. 지금 당장 보스가 되지 않는 사람들도 언젠가는 보스가 될 때를 대비해 미리 읽어서 배워둘 수 있는 책이다.
_ 스타일방

이 책을 읽으면서는 '보스'라는 개념이 내 머릿속에 쏙 들어왔다. 대부분 사람이 보스가 된다. 아랫사람이 생기니까. 이 책을 읽은 뒤 어떤 보스가 될 것인지에 대한 어느 정도의 개념이 섰다. 처음으로 승진했을 때부터 가장 높은 곳의 리더가 되었을 때까지 다 활용 가능한 내용이 담겨 있다. _ 다닥 유현

보스가 된다는 것

조직의 성과를 책임지는

보스가 된다는 것

· 신현만 지음 ·

21세기북스

프롤로그

보스는 타고나지 않고 만들어진다

　한국뿐 아니라 전 세계 축구팬들에게 잘 알려진 세 명의 축구감독이 있다.

　알렉스 퍼거슨은 1986년 영국 맨체스터유나이티드의 지휘봉을 잡았다. 2013년 72세의 나이로 은퇴할 때까지 27년 동안 팀을 세계 정상으로 이끌었다. 정규 리그 13회와 유럽축구연맹UEFA 챔피언스리그 2회를 포함해 모두 38회나 주요 대회에서 우승했다. 축구와 영국사회 발전에 이바지한 공로로 1999년 영국 왕실로부터 기사 작위를 받았다. 2012년에는 국제축구역사통계재단IFFHS이 전 세계 축구감독들을 대상으로 실시한 투표에서 21세기 최고의 감독으로 뽑혔다.

　선수 시절 퍼거슨은 화려하지 않았다. 하지만 유능한 스트라이커였다. 16년간 영국 프로축구 선수로 활동하면서 경기에 317회 출전해 171골을 넣었다. 득점력이 뛰어나다는 평가를 받았다. 1964~1965년 시즌에는 31골을 기록해 리그 득점왕에 오르기도 했다. 1967년 레인저스는 그를 영입하기 위해 스코틀랜드 클럽 간 이적 역사상 가장 많은 금액의 이적료를 지불해야 했다. 자그마치 6만 5,000파운드였다.

디에고 마라도나는 1980년대를 주름잡던 '축구의 황제'였다. 1960년대 브라질의 펠레와 1970년대 독일의 프란츠 베켄바워의 뒤를 이어 세계 축구계를 쥐락펴락했다. 15세라는 젊은 나이에 프로에 데뷔해 '축구의 신'으로 군림했다. 165센티미터의 단신이지만 다부진 체구에서 뿜어나오는 놀라운 순발력 덕분에 단번에 '축구 신동'이 됐다. 그는 4차례나 월드컵에 출전해 아르헨티나의 우승과 준우승을 이끌었다. 아르헨티나 국민에게는 축구 영웅이었다.

그러나 감독으로서는 최악이었다. 그는 2010년 남아프리카공화국 월드컵을 앞두고 아르헨티나 국가대표 감독을 맡았다. 하지만 실수를 연발했다. 팬들은 그의 무기력한 경기운영에 야유를 보냈다. 결국 월드컵을 끝으로 국가대표 감독에서 물러나야 했다. 코카인 복용으로 경기 출전도 정지되고 심장발작 때문에 치료를 받아야 했다. 기자들에게 공기총을 쏘는 등 기행과 여성 편력으로 끊임없이 구설수에 시달렸다.

거스 히딩크는 국가대표 감독으로 탁월한 능력을 발휘했다. 1998년 월드컵에서 네덜란드를 4강에, 2002년 월드컵에서 개최국 한국을 4강에 끌어올려 세상을 놀라게 했다. 2006년 월드컵에서 오스트레일리아를 16강에, 2006년 유로2008에서 러시아를 4강에 진출시켰다. 2010년에는 터키를 유로2012 플레이오프에 출전시켰다.

그러나 선수시절은 초라했다. 그는 미드필더로서 영리한 플레이를 했다. 하지만 주목을 받지는 못했다. 1967년 프로 데뷔전을 치른 이후 네덜란드 드그라샤프에서 대부분 선수생활을 보냈다. 1970년 어렵사리 PSV에인트호번에 들어갔다. 하지만 주전으로 뛰지는 못했다. 경쟁자들에 밀려 재직기간 1년 동안 벤치를 지키는 경우가 빈번했다. 그러다가 다시 드그라샤프로 돌아와야 했다. 그는 잠시 미국 등에서 머물기도 했다. 그러나 어디에서도 주전이 되지는 못했다.

퍼거슨은 유능한 선수였고 탁월한 감독이었다. 마라도나는 천재적 선수였지만 무능한 감독이었다. 그에 비해 히딩크는 보잘 것 없는 선수였지만 위대한 감독이 됐다. 무엇이 세 사람을 그렇게 만들었을까?

우리 주위에는 마라도나처럼 사원이었을 때 유능하다는 평가를 받다가 승진한 뒤 무능한 간부라고 손가락질당하는 사람이 많다. 반대로 히딩크처럼 사원이었을 때 지극히 평범하다가 간부가 된 뒤 유능한 보스로 승승장구하는 사람도 적지 않다. 물론 탁월한 성과를 거둔 보스들 대다수는 퍼거슨처럼 선수 때부터 이미 두드러진 성과를 거뒀다.

일반적으로 평범한 부하보다 뛰어난 부하가 유능한 보스가 될 가능성이 높다. 그러나 뛰어난 부하가 모두 탁월한 보스가 되는 것은 아니다. 평범한 부하라고 해서 유능한 보스가 될 수 없는 것도 아니다. 그만큼 직원의 자질과 보스의 자질은 다르다. 직원과 보스는 각각 부여된 목표와 거두려는 성과가 다르기 때문에 필요한 자질과 역량도 다르다는 얘기다.

히딩크와 퍼거슨은 스스로 축구 지도자가 되겠다는 목표를 정한 뒤 차근차근 준비했다. 히팅크는 소속했던 드그라샤프에서 보조코치로 경험을 쌓았다. PSV에인트호번으로 옮겨서도 4년이나 보조코치로 일했다. 그런 준비, 훈련, 연습 끝에 마침내 PSV에인트호번 감독을 맡을 수 있었다. 퍼거슨도 선수생활을 마감한 뒤 33세 젊은 나이에 이스트스털링이라는 작은 팀을 이끌었다. 스코틀랜드 3부리그 하위권으로 전문 골키퍼조차 없는 팀이었다. 하지만 그는 최선을 다해 팀을 운영했다. 조직 기강을 세우고 비전을 불어넣었다. 그러자 넉 달 만에 팀은 강팀으로 바뀌었다. 이런 성과를 토대로 퍼거슨은 좀 더 나은 세인트미렌으로 옮길 수 있었다. 거기서도 유능한 감독으로 인정받아 다시 애버딘으로 영입됐다. 그는 그런 식으로 차근차근 사다리를 밟고 목표를 향해 올라갔다. 훈련과 경험을 통해 명문팀의 보스로서 필요한 자질과 역량을 갖춰나간 것이다.

마라도나도 선수시절부터 아르헨티나 국가대표 감독을 맡고 싶다는 꿈을 꿨다. 그러나 그 자리에 필요한 자질과 역량에는 관심이 없었다. 갑자기 찾아온 부와 지명도는 자신의 가치와 철학을 흔들어놨다. 그는 자기 관리를 포기했다. 삶의 긴장성을 유지하는 끈도 놔버렸다. 그 결과 그에겐 늘 마약과 술과 여자문제가 붙어 다녔다. 온갖 기행과 추문이 끊이지 않았다. 그는 축구계의 리더가 되는 것을 꿈꿨다. 그러나 훈련과 연습은 거의 하지 않았다. 1994년과 1995년 아르헨티나에서 프로축구팀 감독을 맡기는 했다. 하지만 재직기간은 각각 두 달과 넉 달에 그쳤다. 그는 운 좋게도 꿈에 그리던 국가대표팀 감독이 됐다. 그러나 선수 선발과 전술운영에 허점을 드러내면서 2년 만에 물러나야 했다.

리더는 아무나 되는 것이 아니다. 단지 생각만 한다고 리더의 자리에 오를 수 없다. 운이 좋아 리더가 되더라도 제대로 역량을 발휘하기는 어렵다. 리더의 자질과 역량은 현업에서 수많은 경험을 통해 길러지는 것이다. 결코 타고나는 것이 아니다. 그만큼 리더십은 훈련과 연습의 결과물이다. 리더에게 필요한 언행을 습관화한 것이다. 따라서 아무리 유능한 리더를 꿈꾼다고 해도 땀과 한숨으로 얼룩진 과정을 거치지 않으면 제대로 된 리더가 될 수 없다.

많은 사람이 훈련 없이 리더가 되려 한다. 매년 수많은 직장인이 별다른 준비 없이 보스가 된다. 회사의 인사발령에 따라 이렇다 할 고민 없이 보스를 맡는다. 그 결과 본인은 물론이고 구성원 모두 매우 힘든 시기를 보낸다. 보스가 됐는데도 이전처럼 사고하고 말하고 행동하는 바람에 조직 분위기는 엉망이 된다. 그런 조직이 성과 부진에 허덕이는 것은 너무도 당연하다. 보스는 보스대로 직원은 직원대로 불만이 쌓인다. 조직은 사분오열된다.

조직의 모든 문제는 보스에게서 시작된다. 조직의 성과도 보스에 의해 좌우된다. 그만큼 보스의 역할이 중요하다. 조직의 성과에서 보스가 차지하는 비중은 절대적이다. 보스만 제대로 역할을 해도 조직 내 문제 3분의 2는 쉽게 해결된다.

어떻게 하라는 말인가? 준비하라는 것이다. 보스가 되기 전에 보스란 무엇인지 이해하고 보스의 자질과 역량이 무엇인지 파악하고 그것을 기르기 위해 노력하라는 얘기다. 보스 연습을 하고 보스 훈련을 해야 한다. 유능한 보스가 되려면 보스의 사고와 태도를 습관화해야 한다. 탁월한 보스가 되려면 더 많은 시간을 투입해야 한다. 많이 생각하고 준비할수록, 연습하고 훈련하는 기간이 늘어날수록, 경험의 폭이 늘어나고 깊이가 더할수록 성공한 보스가 될 확률은 높아질 것이다.

이 책은 보스가 되려는 사람, 보스로 일하고 있는 사람을 위한 책이다. 우리는 대부분 현재 보스이거나 머지않아 보스가 된다. 부하직원으로만 존재하는 경우는 매우 드물다. 어떤 모양으로든 보스 자리에 앉게 되고 보스의 역할을 맡게 된다. 따라서 이 책은 대학생과 사원부터 중간간부와 최고경영자까지, 사병부터 장군까지 모든 사람을 위한 것이다. 특히 머지않아 보스가 될 사람이나 보스를 꿈꾸는 사람들에게 유익한 조언이 될 것이다.

"나는 보스가 아니고 될 생각도 없어!"

혹시 이런 생각을 하는 사람이 있을지도 모른다. 그러나 조금만 주위를 살펴보고 자기 위치를 파악해보라. 그러면 생각을 바로 바꿀 수밖에 없다.

가끔 보스를 부정적 관점에서 바라보는 사람도 있다. 그러나 보스는 그런 존재가 아니다. 우리는 매일 수시로 보스를 만난다. 보스는 직장의 직속상사이고 조직의 윗사람이다. 실권을 쥐고 있는 조직의 책임자다. 반면 리더는 조직이나 단체에서 전체를 이끌어가는 위치에 있다. 보통 '지도자'를 뜻한다.

따라서 보스는 리더에 비해 훨씬 현실적이고 구체적인 개념이다. 리더와 달리 일정한 수준의 현실적 강제력을 갖고 있다. 직원들은 과장, 부장, 이사를 "내 리더"라고 하지 않는다. "내 보스"라고 한다. 반대로 정치인이나 종교인 등 사회 지도자나 동호회 같은 모임의 회장은 "리더"라고 부른다. 절대 "보스"라고 부르지 않는다. 내 업무와 직결된 사람, 내 언행에 직접적 영향을 미치고 통제할 수 있는 권한을 갖고 있는 사람이 보스다. 직장은 '공동의 이익을 위해 함께 모여 일하는 곳'이다. 따라서 모든 직장에는 반드시 보스가 있다.

그런데 보스는 어떤 특정한 사람이 아니다. 부하직원에게 내가 보스라면 나에게는 부장이나 이사가 보스다. 마찬가지로 이사, 상무, 전무에게는 사장이 보스다. 그렇게 모든 사람은 보스이기도 하고 보스의 지침에 따라 일하는 부하직원이나 팔로워이기도 하다. 따라서 '보스는 권위적이고 리더는 민주적'이라는 식으로 설명하는 것은 너무 도식적이다. 지나친 과장이다. 적절하지 않다. 보스는 부정적 개념이고 리더는 긍정적 개념인 것이 결코 아니다.

보스를 다루고 있다는 점에서 이 책은 매우 현실적 문제를 놓고 고민한다. 직장이나 단체에서 보스가 된다는 것은 무엇을 의미하는지, 보스를 바라보는 주변의 시각은 무엇인지, 상사와 부하가 보스에게 바라는 것은 무엇인지, 그것을 달성하기 위해서는 무엇을 어떻게 해야 하는지 등에 관해 매우 구체적으로 다룬다. 이 책에는 신문사 기자와 사장으로 헤드헌팅회사 경영자로 만난 기업과 단체의 최고책임자들, 임원들, 직원들이 늘상 접하는 다양한 보스가 등장한다. 책을 읽다 보면 임직원이 바람직하다고 생각하는 보스의 모습을 자연스럽게 알게 된다. 특히 최고경영자를 비롯한 경영진이 중간 간부나 신임 간부들에게 하고 싶은 이야기가 많이 들어있다.

따라서 이 책을 사장과 임원들로부터 강의시간이나 술자리에서 들는 조언이라고 생각하면 좋겠다. 격의 없는 조언 말이다. 대부분 자신들의 경험에서 우러나오는 것들이다. 한 번쯤 겪었던 속앓이들이다. 후배 간부들이 사전에 알면 도움이 되고 나중에 알면 위로가 되는 내용들이다. 또 대학생이나 직장 초년생들에게도 조직의 운영원리, 직장 문화, 상사의 고민을 이해하는 데 도움이 될 것이다.

이 책은 나 혼자 생각하고 쓴 것이 아니다. 커리어케어의 이명신 상무를 비롯해 많은 분이 아이디어를 제공하고 사례를 찾아줬다. 특히 김진숙 선생은 이 책을 쓰는 데 직접 참여했다. 그와 같이 썼다고 해도 과언이 아니다. 이 자리를 빌어 감사의 뜻을 전한다. 시험기간인데도 마다하지 않고 밤새워 원고를 수정보완해준 딸 은혜에게도 고마움을 전한다.

늘 그렇지만 책을 쓰는 과정은 스스로 돌아보는 시간이다. 이 책은 바람직한 보스의 상을 제시하고 있다. 그러나 나는 그런 모습에 한참 못 미친다. 그런 점에서 이 책은 내 반성문이다. 또 내가 되고 싶은 미래 모습이기도 하다.

조직은 리더십만큼 큰다. 기업은 리더만큼 성장한다. 100년 기업에는 100년 리더십이 있다. 세계 최고 수준의 기업에는 그 기업을 이끄는 탁월한 리더십이 있다. 독자들이 이 책에서 100년 기업, 세계 최고 수준의 기업을 향한 리더십의 단초를 발견하면 좋겠다.

2013년 7월 삼성동 사무실에서
신현만

Contents

프롤로그 _ 보스는 타고나지 않고 만들어진다 • 4

1장 보스의 자격

01 누가 해법을 내놔야 할까 • 19
보스는 해결사여야 한다 • 20 | 자기 책임으로 완수하라 • 23 | 목표까지 조직을 끌고 가라, 어떻게든! • 24 | 왜 회의는 늘 지루할까 • 25 | 세부사항까지 꼼꼼히 체크하라 • 28

02 아무도 대신 결정해줄 수 없다 • 31
외로움은 소통할 사람이 없을 때 느낀다 • 32 | 외로움은 보스의 운명이다 • 34 | 모든 부탁을 다 들어줄 수 없다 • 36 | 얼마나 최선인가를 고민하라 • 38 | 외로울수록 사유는 깊어진다 • 40

03 왜 유능한 보스 중에는 독재자 스타일이 많은가 • 44
존경받는 독재자들 • 45 | 강력한 실행력을 독재라고 깎아내리지 마라 • 47 | 보스가 실행의 주체가 돼야 한다 • 50 | '독재자' 소리 듣기를 두려워하지 마라 • 54

04 배짱은 보스를 빛나게 한다 • 59
내가 결정 안 하면 누군가는 한다 • 60 | 준비 없는 행동은 배짱이 아니다 • 63 | 배짱은 자기 확신이다 • 65 | 두려워 말고 도전하라 • 67

05 발언권은 어디서 생길까 • 72
조직은 희생자를 기억한다 • 73 | 발언권은 투입한 시간에 비례한다 • 76 | 자기 희생이 발언권을 높인다 • 79 | 모든 것을 내려놓으라 • 82

2장 보스의 미래 통찰력

06 몇 수 앞을 읽을 수 있는가 • 87
10분 뒤와 10년 뒤를 동시에 생각하라 • 90 | 보스의 예측이 잘못되면 조직은 무너진다 • 92 | 노이즈인가 시그널인가 • 95 | 항상 미래에 관심을 가져라 • 97

07 콘크리트처럼 굳은 조직을 바꾸는 법 • 100
조직 변화의 쌍두마차인 명분과 확신 • 101 | 명분이 약하면 헌신을 끌어낼 수 없다 • 103 | 확신의 크기만큼 능력도 향상된다 • 106 | 자세가 곧 능력이다 • 109

08 자기 왕국 설계도를 갖고 있는가 • 111
비전이 없는 조직은 해체된다 • 113 | 비전과 목표는 동의어가 아니다 • 116 | 공유되지 않는 비전은 보스의 욕심일 뿐 • 118 | 조직은 보스의 그릇만큼 크다 • 121

09 성공한 보스는 속도의 마술사 • 124
빠른 자만이 살아남는다 • 125 | 코너가 기회다 • 127 | 공감이 속도를 높인다 • 130 | 속도를 내겠다고 완성도를 포기하는 바보들 • 134

10 보스는 혁신에 매진해야 한다 • 137
멈추면 제자리도 못 지킨다 • 138 | 혁신은 호기심에서 출발한다 • 143 | 익숙함과 결별하라 • 145 | 작은 혁신을 통해 선순환 구조를 만들어라 • 147

3장 보스의 조직 장악력

11 초보 보스를 실패하게 만드는 것들 • 153
초기 적응기간이 중요하다 • 155 | 부하직원도 알 만큼 알고 배울 만큼 배웠다 • 157 | 나처럼 되라고 요구하지 마라 • 160 | 성과도 업무도 독점하지 마라 • 161 | 첫 만남을 준비하라 • 163 | 서두르지 마라 • 165

12 조직이 뜻대로 움직이지 않는 이유 • 167
직원들은 왜 내 뜻을 몰라줄까 • 169 | 존경은 솔선수범에서 시작된다 • 172 | 등애 장군이 마천령 넘기에 성공한 비결 • 176 | 소통은 말이 아니라 행실이다 • 177

13 속 썩이는 부하를 다루는 법 • 179
부하 눈치 보는 상사들 • 180 | 개선계획서를 작성하게 하라 • 182 | 혼낼 때도 준비가 필요하다 • 185 | 사람이 아니라 성과를 관리하라 • 190

14 리더는 팔로워에 의해 만들어진다 • 193
팔로워에게도 따르는 능력이 요구된다 • 196 | 모든 리더는 팔로워다 • 197 | 팔로워십이 부족한 리더들의 한계 • 199 | 부하의 재능을 끌어내라 • 201

15 2인자 리더십 • 206
2인자의 착각 • 207 | 기꺼이 악역을 맡아라 • 209 | 보스를 불안하게 하지 마라 • 214 | 2인자도 부하직원에게는 상사 • 217 | 2인자로 살아남기 • 218

4장 보스의 성과관리

16 왜 위임하지 못하는가 • 223
성과 없는 위임은 무의미하다 • 224 | 왜 권한과 책임을 넘기지 않는 것일까 • 226 | 위임의 목적은 고객 만족이다 • 230 | 제대로 위임하라 • 234

17 성과의 절반은 이미 결정돼 있다 • 238
당신은 '사람 낚는 어부'인가 • 240 | 인재 확보에도 연습이 필요하다 • 243 | 인재가 따라다니는 보스 • 247 | 드림팀을 구성하라 • 249

18 리더는 긍정적인 사람이다 • 253
리더의 분위기는 산불처럼 번진다 • 254 | 보스는 온몸으로 커뮤니케이션하는 자 • 257 | 긍정론자와 낙관론자의 위기대처법 • 262 | '할 수 없어'의 장례식을 치르자 • 266

19 리더십은 DNA가 아니라 습관의 문제다 • 269
성과를 만들어내는 것은 리더십이다 • 270 | 리더십은 사람에 대한 이해의 문제다 • 273 | 리더십은 경험의 산물이다 • 275 | 자기 자신이 리더라고 끊임없이 각성하라 • 277

20 공정하고 공정하고 또 공정하라 • 281
부당한 대우에 분노하는 직원들 • 283 | 정의를 갈망하는 한국인 • 285 | 조조 리더십의 핵심은 공정한 보상 • 287 | 조직원이 모르는 원칙은 원칙이 아니다 • 291

21 성과의 크기와 직원 만족도는 비례한다 • 295
돈으로 살 수 없는 것들 • 296 | 직원 만족도를 높이는 비법 • 299 | 의미 있는 일을 한다는 자부심 • 302 | 불행한 곳에서는 창의성을 기대할 수 없다 • 304

에필로그 _ 글로벌 기업 최고경영자가 말하는 한국기업 보스의 네 가지 문제 • 306

1장
보스의 자격

보스의 권위는 고민의 폭과 깊이에 비례한다. 카리스마는 자기 성찰에서 나온다. 부하직원들이 보스의 판단을 따르는 이유는 그가 혹독한 고민을 한 끝에 뛰어난 안목으로 판단했으리라 믿기 때문이다. 외롭고 긴 자기 성찰과 사유를 거친 사람만이 합리적인 의사결정을 내릴 수 있다는 것을 직원들은 경험으로 알고 있다. 그런 과정을 거친 보스가 자기들을 목적지까지 잘 이끌어줄 것이라는 사실을 말이다. 만약 보스가 그런 성찰을 하지 않는다면 부하직원들은 그 사실을 금방 알아챌 것이다.

외로울수록 사유는 깊어진다. 그리고 사유가 깊어질수록 결정은 더 정확해진다. 만약 보스가 외로움의 무게를 견디지 못하고 사유를 중단하면 현실과 타협하게 된다. 현실과 타협한 결정은 조직을 망가뜨릴 가능성이 크다. 그래서 보스는 그 쓰디쓴 외로움을 즐길 줄 알아야 한다. 보스의 외로움은 조직을 더 풍성하게 만든다. 발전하게 한다. 외로움과 고독은 보약처럼 결코 보스를 배신하지 않는다.

01
누가
해법을 내놔야 할까

최근 대기업에 다니는 후배가 팀장으로 승진했다. 그는 처음 승진 통보를 받았을 때는 연봉도 오르고 인사권도 쥐게 된다는 생각에 자면서도 웃었다. 하지만 그는 팀장이 된 지 석 달 만에 살이 쏙 빠져서 말 그대로 얼굴이 반쪽이 됐다. 내가 깜짝 놀라 어디 아프냐고 물어보자 이렇게 대답했다.

"팀원들 끌고 가는 일도 만만치가 않더라고요. 요새 젊은 신입사원들은 개성이 어찌나 강한지……. 제가 이야기를 해도 듣는 둥 마는 둥이에요. 과장 차장들도 눈치 살피며 일하는 시늉만 하지 일을 제대로 하는 친구가 몇 명 안 돼요. 게다가 본부장에게 업무보고를 하러 들어갈 때마다 한두 마디씩 핀잔을 듣게 돼요. 스트레스가 이만저만이 아닙니다. 할 수만 있다면 팀장 자리를 무르고 싶어요."

아랫사람들은 아랫사람들대로 뜻대로 움직여주지 않고 윗사람은 윗사람대로 자신을 탐탁지 않아 한다. 그 고민을 이해 못할 일도 아니다. 보스 자리에 앉아 있는 사람이라면 누구나 품고 있는 고민일 것이다. 일반적으로 승진하면 혜택도 늘어난다. 하지만 동시에 어깨 위의 책임도 무거워진다.

대다수 보스는 조직의 A부터 Z까지 모든 것이 자기 손에 달려 있다는 것을 잘 알고 있다. 하지만 조직을 어떻게 이끌어야 하는 것일까? 그 방법을 자신 있게 말하는 보스는 드물다. 그래서 "보스는 책임감을 가져야 한다"는 두루뭉술한 말로는 보스의 책임감을 제대로 이야기하기가 어렵다. 구체적으로 무엇을 어떻게 책임지라는 말인가?

:: 보스는 해결사여야 한다 ::

무엇보다 보스는 조직의 성과를 책임져야 한다. 부하직원의 성과를 판단하고 평가한다는 말이 아니다. 보스는 조직에서 일어나는 크고 작은 모든 일에 대해 세세히 알고 있어야 한다. 모든 문제에 대해 해결책을 갖고 있어야 한다는 말이다. 그래야 조직의 성과를 관리할 수 있다.

중견기업의 강 부장은 올해 초부터 부서를 맡게 됐다. 오늘 오후까지 중남미지역 시장조사 보고서를 제출하기로 돼 있었다. 그는 상무가 사무실로 돌아왔다는 소식을 듣고 급히 본부장실로 향했다. 보고서 제출에 문제가 생겼기 때문이다. 담당자인 김 과장이 부친상으로 어젯밤 급하게 고향으로 내려간 것이다. 그 바람에 마감시간을 맞출 수 없을 것 같았다.

"김 과장이 갑자기 집안일로 자리를 비웠습니다. 오늘 중 제출하기 어려울 것 같습니다."

"그게 부장이 할 소리요?"

본부장은 매우 신경질적인 반응을 보였다.

"모레 사장님이 주재하는 임원회의가 열려요. 회의자료를 만들려고 기획실에서 오늘까지 회의자료를 취합하고 있어요. 외국 투자자들도 참석하는 자리입니다. 그래서 사장님이 회의 전에 보고서를 보시겠다는 거요."

안절부절못하던 강 부장은 김 과장에게 다시 연락해보겠다고 대답했다. 그러고는 본부장 방을 빠져나왔다. 본부장은 방을 나서는 강 부장에게 답답하다는 시선을 보냈다.

무엇이 문제인가? 당신이라면 어떻게 보고하겠는가? 강 부장의 보고는 보고라기보다는 전달에 가깝다. 문제상황을 그대로 본부장에게 들고 간 꼴이다. 문제를 책임지고 해결하겠다는 자세가 보이지 않는다. 부장이 상황을 전달하기만 하는 사람이라면 본부장은 굳이 그를 만날 필요가 없다. 부서원들을 직접 만나 업무를 파악하고 대책을 지시하는 것이 빠르고 효율적이다.

본부장은 어떤 보고를 듣고 싶은 것일까?

"김 과장과 직접 통화하면서 오늘 중 보고서 작성을 끝내려고 노력하고 있습니다. 그러나 마감시간을 지키지 못할 것 같아 걱정입니다.

함께 출장 갔던 최 대리가 달라붙어 있습니다. 전 과장도 돕고 있습니다. 그런데 아무래도 한계가 있는 것 같습니다. 기획실 유 부장에게 부탁해 회의 관련 사항을 알아봤습니다. 취합된 자료를 내일 오후에 사장님께 보고하기로 돼 있답니다. 실무적으로는 내일 10시 이전까지 보고서가 오면 된답니다. 문제는 기획실장님 허락을 받아야 한다는 겁니다. 아무래도 본부장님이 이야기해주셔야 할 것 같습니다."

보고에는 상황과 함께 해법이 담겨 있어야 한다. 모든 보스는 이렇게 스스로 해결책을 찾아 대처하는 부하와 일하고 싶다. 강 부장 같은 사람은 문제해결의 책임이 자신에게 있다는 것을 모른다. '장'이라는 명칭이 왜 붙는가? 부하에게 책임을 돌리고 부하의 뒤에 숨는 상사. 이런 보스와 함께 일하는 부하직원들은 무척 피곤하다. 나는 강 부장처럼 상황만 설명하는 간부들에게 이렇게 묻곤 한다.

"당신은 어떻게 생각합니까?"

"당신의 해법은 무엇입니까?"

보스에게는 문제에 대한 답을 제시할 책임이 있다. 물론 어떤 경우에는 이렇게 말하는 것도 답이 될 수 있다.

"제가 감당할 수 없습니다."

그러나 단순히 상황만 길게 나열하는 일은 없어야 한다. 해결책 없이 늘어놓는 정황설명은 변명에 불과하다. 보스는 전달자가 아니다. 해결자다. 해법은 상사나 부하가 아니라 자신이 내놔야 한다.

:: 자기 책임으로 완수하라 ::

보스는 부하직원에게 부모 같은 존재다. 부모는 자식이 말을 듣지 않거나 뜻을 따라주지 않는다고 두 손 들고 다른 사람에게 달려가지 않는다. 매를 들든, 집 밖으로 내쫓든 자식에 대한 문제해결은 온전히 부모 몫이다.

강 부장이 본부장에게 자주 핀잔을 듣는 이유가 바로 그것이다. 시장조사 보고서는 강 부장이 책임지고 완성해야 한다. 담당은 김 과장이지만 최종 책임은 강 부장에게 있다. 본부장에게 사고 내용을 전하기만 하는 것은 문제해결의 책임을 떠넘기는 것이다. 왜 자신의 책임을 다른 사람에게 넘기는가?

신문사에서 기자로 근무할 때 경험했던 일이다. 편집국 인사를 할 때마다 편집국장이 부장 맡길 사람이 없다며 끙끙 앓는 모습을 자주 봤다. 그때마다 나는 신문사에 유능한 사람이 얼마나 많은데 왜 그렇게 고민을 하는지 이해할 수 없었다. 그러나 막상 신문사 사장이 돼 인사를 하려고 하니 그때 편집국장의 고민이 가슴에 와 닿았다.

규모와 관계없이 한 조직을 믿고 맡길 만한 사람은 흔하지 않다. 많은 CEO나 임원이 인사 때마다 '이 사람이라면 일을 맡겼을 때 자기 책임으로 완수할 것'이라는 신뢰를 주는 임직원을 찾지 못해 끙끙댄다. 사소한 어려움에 부딪힐 때마다 윗사람에게 쪼르르 달려가는 보스는 누구에게도 신뢰를 주지 못한다.

보스는 기본적으로 이렇게 생각해야 한다.

'내 일을 대신 처리해줄 사람은 나밖에 없다.'

그런데 내가 만난 보스 중 상당수는 자신의 역할을 상황관리 정도로 설정하고 있다. 유감스럽다. 그들은 형식적인 보스일 뿐이다. 물론 상사에게 지원을 요청할 수 있다. 다만 자신이 할 수 있는 부분을 모두 한 뒤여야 한다.

:: 목표까지 조직을 끌고 가라, 어떻게든! ::

「구약성경」 속의 모세 이야기는 많이 알고 있을 것이다. 모세는 이집트에서 노예로 비참하게 살던 이스라엘 백성을 이끌고 가나안 땅으로 가라는 신의 계시를 받는다. 그는 그 계시를 받들어 이스라엘 백성의 이집트 탈출을 주도한다. 이스라엘 백성을 보내지 않으려는 이집트 파라오에 맞선다. 뒤쫓아 오는 이집트 군사들을 따돌린다. 광야에서는 배고픔과 싸운다. 그 밖에도 숱한 역경을 만난다. 하지만 그는 그 모든 난관을 헤치고 행진을 계속한다.

보스는 모세와 같은 역할을 한다. 어떤 어려움을 만나도 어떻게든 넘고 넘어 목표지점까지 책임지고 조직을 이끌고 가야 한다. 모세는 계속해서 난관을 만났다. 그러나 결코 중간에 못하겠다고 포기하면서 신에게 이스라엘 백성을 넘기지 않았다.

조직을 이끄는 보스도 마찬가지다. 보스라면 그 어떤 문제가 생겨도 포기하면 안 된다. 프로젝트를 끝까지 끌고 가서 성과를 내야 한다. 조직구성원들을 목표한 곳에 데려다 놓을 수 있어야 한다. 그렇지 않다면 어느 구성원이 그런 보스를 믿고 따르겠는가? 문제가 생길 때마다 해결책을 제시하지 못하고 우왕좌왕한다면 그는 보스로서 자격이 없다.

당신이 강 부장 부서의 김 과장이라고 생각해보라. 부친상을 당해 고향에서 조문객을 맞고 있다. 그런데 강 부장이 전화해서 시장조사 보고서 마감을 늦출 수 없다고 말한다. 어떤 생각이 들겠는가?

'지금 나보고 어쩌라는 건가?'

이런 생각이 들지 않을까? 그런 전화를 하는 강 부장을 계속 보스로 믿고 따를까? 김 과장은 이런 말을 듣고 싶지 않을까?

"큰일 치르느라 고생이 많아. 보고서 때문에 부득이하게 전화했네. 최 대리가 붙고 전 과장이 돕고 있네. 하지만 현지 컨설팅회사가 보내온 자료를 찾을 수가 없어. 혹시 자료를 다시 받는 방법은 없을까? 마감은 내가 어떻게든 늦춰볼 테니 걱정하지 말게. 아버님 잘 보내드리게. 신경 쓰게 해서 미안하네."

:: 왜 회의는 늘 지루할까 ::

한 석유화학회사에서 어떤 팀장이 분기 실적 미달이 예상되자 대책회의를 소집했다. 그는 회의 때 각자 대책을 한 가지씩 가지고 들어오라고 주문했다. 그러나 월말업무를 처리하느라 눈코 뜰 새 없었던 팀원들은 대책을 생각할 시간조차 없었다. 회의 직전에야 팀장의 주문이 생각났다.

'아, 대책!'

하지만 대책이라는 것이 가래떡 뽑듯 나올 수 있는 것인가. 결국 모두 빈손으로 회의에 참석했다. 그렇게 소집된 회의에서 무슨 이야기가 오가겠는가? 팀원들은 각자 왜 이번 분기 실적이 저조했는지 이유를 쏟아냈다. 전반적인 경기침체로 소비심리가 위축돼서, 거래회사에 화재가 발생해서, 중국이 통관검사를 까다롭게 해서, 품질에 문제가 생겨서, 신입사원 교육에 참가하느라 시간을 뺏겨서……. 팀장은 오가는 상황설명과 변명을 막으며 물었다.

"그래서 다음 분기는 어떻게 할 거죠?"

팀원들은 일제히 입을 닫았다.

"대책을 생각해오라는 말은 흘려들은 겁니까?"

팀장의 목소리는 격앙돼 있었다. 팍팍한 분위기가 계속 이어졌다. 회의는 결국 아무런 소득 없이 끝났다.

"이런 회의는 왜 계속하는 거야? 정말 지긋지긋하다."

"회의 때문에 회사 오기가 싫어. 이따 맥줏집에서 보자."

팀원들은 이렇게 속삭이며 회의실을 나섰다.

왜 회의는 대부분 지루할까? 상황설명만 장황하게 오가고 정작 문제에 대한 해법이 제시되지 않기 때문이다. 그러다 보니 이야기가 앞으로 나아가지 않는다. 제자리만 맴돈다. 그런데 이런 회의 분위기가 단번에 바뀌는 경우가 있다. 해법을 찾았을 때다. 괜찮은 해법이 제시되면 회의 분위기는 순식간에 바뀐다. 그러려면 누군가 해법을 제시하는 사람이 있어야 한다. 누가 해법을 만들어내야 할까?

두말할 필요도 없다. 해법을 제시할 책임은 회의를 주재하는 사람에게 있다. 회의를 소집할 때 가장 중요한 점이다. 하지만 가장 자주 간과하는 점이기도 하다. 회의를 소집하고 주재하는 사람은 나름대로 해법을 알고 있어야 한다. 더 좋은 방안이 제시되지 않는다면 자신이 갖고 있던 해법을 채택해야 한다. 회의 소집자가 아무런 생각 없이 회의에 임하면 회의는 겉돌게 된다. 침묵이 계속된다. 결국 어쩔 수 없이 회의를 끝내야 하는 어처구니없는 상황이 벌어질 수도 있다.

다시 앞서 팀 회의로 돌아가 보자. 회의 분위기를 바꾸려면 어떻게 해야 했을까? 부하직원들이 일에 치이고 있는 현실을 고려해 팀장이 대책을 염두에 두고 있어야 했다. 팀원들이 대책을 내놓지 못했을 때 팀장이 방안을 꺼내놨어야 했다. 그랬다면 팀장이 제시한 방안을 토대로 수정보완 의견이 제시되면서 회의는 활기를 띠었을 것이다.

회의가 즐겁고 생산적이지 못하는 데는 여러 사정이 있을 것이다. 하지만 나는 가장 큰 요인이 보스의 무해법이라고 생각한다. 기본적으로 회의를 주재하는 사람은 회의 로드맵을 갖고 있어야 한다. 오늘 회의는 어떻게 어디까지 진행할 것인지 계획을 치밀하게 세워야 한다. 회의의 목적과 목표를 분명히 하고 잠정적 결론을 사전에 가지고 회의에 임해야 한다.

절대로 상황에 맡겨서는 안 된다. 보스는 먼저 부하직원들의 새로운 아이디어와 해결책을 최대한 끌어내도록 노력해야 한다. 하지만 진전이 없다면? 스스로 준비한 해결책을 제시해야 한다. 그래야 조직이 목표한 지점으로 나아갈 수 있다. 부하직원들이 내놓은 해결책을 평가하겠다는 생각만으로 회의에 임하지 마라. 그렇게 해서는 회의가 결코 생산적일 수 없다. 그런 회의는 보스의 권위를 훼손한다. 리더십만 약화하는 나쁜 상황을 만들어낸다.

:: 세부사항까지 꼼꼼히 체크하라 ::

많은 보스가 디테일에 약하다. 사소한 실무는 부하직원의 몫이라고 생각하기 때문이다. 세세한 사항까지 손을 대면 부하직원들이 자신을 '쫀쫀한' 또는 '간섭하는' 보스라고 생각할 것을 우려하기도 한다.

그러나 보스가 세부사항은 넘기고 큰 방향만 지휘하면 프로젝트가 제대로 굴러갈 수 있을까? 내가 보스의 책임으로 강조하는 해법은 원칙과 방향의 제시가 아니다. 보스의 해법은 즉각 실행할 수 있는 구체적인 계획이어야 한다. 많은 보스가 원칙과 방향만 제시하면 자신의 역할은 끝났다고 착각한다. '실무는 부하들이 알아서 하겠지'라고 생각한다. 그래서 보스들의 해법은 말의 성찬일 가능성이 크다. 또 부하직원들이 보기에 실행력이 의문스러운 경우가 많다.

앞서 말한 대로 보스는 조직의 온갖 사소한 것까지 꿰고 있어야 한다. 나는 밤늦게 잠자리에 들기 전과 아침에 일어나자마자 회사 홈페이지에 들어가 보곤 한다. '혹시' 하는 걱정 때문이다.

'홈페이지는 회사가 고객과 만나는 창구인데, 혹시나 홈페이지에 오류가 생기지는 않았을까?'

회사 설립 초기에 종종 그런 경우가 발생했다. 그래서 점검을 반복하다 보니 습관이 되고 말았다. 나는 홈페이지를 들여다보다가 문제점이 발견되면 새벽에도 바로 담당자에게 전화를 건다. 물론 담당자는 깊은 잠에 빠져 있다. 전화하기가 몹시 부담스럽다. 그러나 홈페이지 접속이 안 돼 답답해할 고객을 생각하면 전화기를 내려놓을 수 없다. 이제는 회사의 연륜이 쌓였고 규모도 커졌다. 그래서 홈페이지를 담당하는 직원이 여럿 생겼다. 하지만 나는 여전히 홈페이지 점검을 그만두지 못하고 있다. 어쨌든 홈페이지에 관한 관심 덕분에 회사의 웹 담당자들과 초보적 수준이긴 하지만 웹에 관한 의견을 교환할 수 있게 됐다.

보스가 세부사항까지 꼼꼼히 챙기려면 실무지식을 완벽히 익히고 있어야 한다. 업무가 정확히 어떻게 돌아가는지 모르면서 조직을 지휘한다는 것은 어불성설이다. 내가 알고 있는 것을 보스가 모른다? 그런 보스를 인정하고 존중할 부하가 얼마나 될까? 적어도 직속 부하가 하는 일 정도는 훤하게 알고 있어야 한다. 우리 회사의 임원 대다수는 컨설턴트로 출발하지 않았다. 그래서 예전에는 가끔 자신들은 헤드헌팅 업무를 잘 모른다고 말하곤 했다. 나는 그런 임원들에게 단호히 말했다.

"컨설턴트가 어떻게 일하는지 모르면서 컨설턴트들을 지휘할 수 있습니까?"

서당 개 3년에 풍월을 읊는다고 했다. 컨설턴트들 사이에서 최소 몇 년에서 많게는 10년을 넘게 일했으면서 실무를 모르겠다고 하는 것은 정말로 이해가 되지 않는다. 그런 소리를 듣게 되면 이런 의구심을 갖게 된다.

'이 사람이 과연 임원으로서 자격이 있을까?'

'야신'으로 불리는 김성근 감독. 그는 2006년부터 2011년까지 SK와이번스를 이끌며 4번의 정규시즌 1위, 4번의 한국시리즈 진출, 3번의 한국시리즈 우승이라는 화려한 성적을 거뒀다. 모든 프로야구팀의 목표인 한국시리즈 우승을 팀에 세 번이나 안겨준 것이다. 그 비밀은 선수를 속속들이 파악하는 매의 눈이었다. 이 선수는 안타를 잘 치고, 이 선수는 도루를 잘하고, 이 선수는 번트를 잘 치고, 이 선수는 뜬공을 잘 잡는다. 김 감독은 선수의 장단점을 철저히 분석해 뛰어난 용병술을 펼쳤다. 그는 이기는 야구만 한다는 비난을 사기도 했다. 하지만 결국 SK와이번스를 최고의 자리에 올려놓았다.

만약 김 감독이 "이겨야 한다"라든가 "각자 역할에 충실하자"라는 방향만 제시하고 용병술에는 무관심했다면 SK와이번스가 그렇게 뛰어난 성적을 거둘 수 있었을까? 그의 뛰어난 성과는 실제 경기를 뛰는 선수들보다도 더 세세하게 경기의 모든 부분을 체크하고 분석해야 가능했던 일이다.

회사의 보스도 다르지 않다. 유능한 보스일수록 디테일에 능한 법이다. 원칙과 방향을 선언하는 것은 부하직원들도 할 수 있다. 그들은 단지 실행 가능한 해법을 제시하지 못할 뿐이다. 해법을 보스가 내놓지 않는다면 도대체 누가 내놔야 할까?

02
아무도
대신 결정해줄 수 없다

하염없이 흐르는 눈물
흰 눈 위에 떨어져
뜨거운 내 마음의 슬픔
눈 속에 녹아버리네

파란 싹이 돋아나고 따스한 바람 불어오면
얼었던 땅은 갈라져 흐르고
부드러운 눈은 녹으리

내리는 저 눈……

내 고통 알까

가는 길을 말해다오

슈베르트의 가곡집 『겨울 나그네』 중 「넘쳐흐르는 눈물」의 가사다. 내 친구 중에 『겨울 나그네』를 유독 좋아하는 대학 교수가 있다. 한동안 그 친구 차를 타면 언제나 『겨울 나그네』가 흘러나왔다. 그는 수시로 내가 잘 못 알아듣는 독일어로 그 노래를 흥얼거리곤 했다. 하도 많이 들어 가곡과 별로 친하지 않은 나마저 따라 흥얼거릴 정도였다.

그가 『겨울 나그네』를 좋아하게 된 것은 독일 유학 시절부터였다. 말 설고 물 선 곳에서 외로움에 사무쳐 있을 때 마음을 달래준 벗이었던 모양이다. 그래서 그는 지금도 『겨울 나그네』를 들으면서 그때의 외로움을 회상한다.

:: 외로움은 소통할 사람이 없을 때 느낀다 ::

슈베르트는 『겨울 나그네』만큼이나 외롭고 고단한 삶을 살았던 인물이다. 서른한 해의 짧은 삶, 지독한 가난, 독학. 결혼도 못하고 세상의 인정도 받지 못한 채 거의 굶어 죽다시피 했다. 슈베르트가 죽기 1년 전 작곡한 『겨울 나그네』는 독일 시인 빌헬름 뮐러의 시에 곡을 붙인 가곡집이다.

총 스물네 곡으로 이뤄진 『겨울 나그네』의 주제는 '세상에서 버림받은 나그네의 정처 없는 방랑'이다. 슈베르트는 이 가곡집에서 이전

작품들보다 훨씬 어둡고 절망적인 외로움을 표현했다. 이 가곡집을 작곡한 1827년은 그에게 몹시 잔인한 해였다. 그에게 영감을 불어넣어 준 시인 뮐러가 세상을 떠났다. 가장 존경했던 음악가 베토벤도 영원히 눈을 감았다. 슈베르트는 자신의 진한 외로움을 음악에 녹였다. 그 외로움이 세월이 흐른 지금까지도 듣는 사람들의 마음을 흔들고 있다.

이 책을 쓰면서 나는 보스의 삶도 슈베르트만큼이나 참 외롭다는 생각을 하게 됐다. 보스는 자리가 높아져 부하직원이 많아질수록 자신과 같은 경험을 공유하고 자신의 고민을 이해해줄 사람이 점점 줄어들게 된다. 자신이 내려야 할 결정은 점점 무거워진다. 하지만 그 무게를 나눌 사람은 찾아보기 어렵다. 그래서 어떤 때는 사무치게 외롭다.

외로움은 소통할 사람이 없을 때 생겨나는 병이다. 내 감정이나 정서를 공유할 사람이 없고 가슴 속 이야기를 토로할 수 없을 때 느끼는 감정이다. 사원은 사원대로, 과장은 과장대로 각자 자신의 어려움이며 즐거움을 공유할 사람들이 몇 명씩은 존재한다. 그러나 보스는? 누구와 자신의 고민을 상의할 수 있겠는가? 의지할 사람도 없다. 위로 책임을 미룰 수도 없다. 혼자 온전히 모든 고민과 어려움을 짊어져야 한다. 그러므로 보스는 태생적으로 외로울 수밖에 없다. 겨울 나그네처럼 그렇게 보스는 혼자 걸어가야 한다.

:: 외로움은 보스의 운명이다 ::

리더십 전문가 존 맥스웰은 자신의 책 『리더십 골드』에서 이렇게 주장했다.

"정상에 있다고 외롭다면 당신이 뭔가를 잘못하고 있는 증거다."

맥스웰은 책의 첫 장에서부터 외로움은 지위의 문제가 아니라 성격의 문제라고 했다. 외로움을 당연하게 받아들이지 말라고 역설한 것이다. 그러나 나는 "그렇지 않다"라고 반박하고 싶다. 외로움은 보스의 운명이다. 숙명이다. 아니 보스는 외로워야 한다. 외롭지 않으면 오히려 보스의 역할을 충실하게 수행하지 못하고 있는 것이다.

직원들은 보스가 슈퍼맨이기를 원한다. 그래서 모든 문제를 보스의 출입문 앞에 갖다 놓는다. 다 해결해줄 것으로 생각하면서. 싫든 좋든, 능력이 있든 없든 문제해결은 온전히 보스의 몫이다. 책임 역시 보스에게서 한 발자국도 떠나지 않는다. 보스가 된다는 것은 그래서 외로움과 고독을 함께하겠다고 결정하는 것이다.

해외 조기유학생들이 가장 힘들어하는 문제도 언어가 아니라 외로움이다. 외로움을 견디지 못하고 긴장의 끈을 놓는 순간 일탈이 시작된다. 말도 통하지 않고 감정을 나눌 사람도 찾을 수 없다. 그래서 자기 자신을 아무렇게나 세상에 맡겨버리게 되는 것이다. 어떤 대기업에서는 '외로움 면역'을 경영진 후보 선발기준의 하나로 삼고 있다고 한다. 말 그대로 외로움을 얼마나 견딜 수 있느냐를 본다는 것이다. 더구나 이 평가항목엔 꽤 비중이 실려 있다. 외로움을 혼자서 삭히지 못해 이리저리 휩쓸리면 조기유학생이 겪는 일탈 같은 부작용이 생겨날 수 있기 때문이다.

나는 헤드헌팅회사에서 일하기 때문에 수시로 이력서를 접하게 된다. 이메일과 우편으로 들어오는 이력서들 가운데 가끔 젊은 나이에 사업으로 크게 성공했다가 금세 무너진 사업가들의 이력서들도 눈에 띈다. 그들을 만나보면 상당수가 회사가 무너지면서 가정도 함께 잃었다. 사업에 실패한 사람들의 가족관계가 깨지는 데는 경제상황이나 사업적 특성 등 여러 사정이 있다. 그러나 공통된 이유는 그들이 모두 외로움을 견디지 못했다는 것이다. 사업이 흔들리면서 폭풍이 몰아치는 시기가 지나면 혼자 조용히 미래를 재설계해야 하는 때를 맞게 된다. 그러나 그들은 오랫동안 앞만 보고 달려왔기 때문에 홀로 있는 시간에 익숙하지 않다. 그래서 여기저기 번잡하게 어울리기도 하고 도박에 빠지기도 한다. 모두 허전한 속마음을 채우려는 발버둥이다. 그렇게 의미 없는 곳에 마음을 쏟다 보니 가족관계가 계속 틀어지고, 결국 가정을 잃게 되는 것이다.

특히 보스는 조직구성원들이 부정적인 태도를 보이거나, 갈등에 휩싸이거나, 격려해주던 사람을 잃었거나, 존경했던 인물에게 실망했을 때 외로움을 더 느끼게 된다. 자신의 어려움을 다른 사람에게 털어놓기가 쉽지 않고 자신이 느끼는 것들을 함께 나누기가 어렵기 때문이다. 그렇다고 감정을 있는 그대로 표출할 수도 없다. 어쩔 수 없이 감정표현을 절제하면서 외로움을 숙명처럼 안고 가야 한다. 그래서 보스에게 외로움에 관한 한 "피할 수 없으면 즐기라"는 말을 하게 된다. 물론 외로움은 즐길 수 있는 대상이 아니다. 그렇다고 피할 수 있는 대상도 아니다. 무너진 젊은 사업가들처럼 외로움은 피하려 하면 할수록 더 발목을 잡는다.

:: 모든 부탁을 다 들어줄 수 없다 ::

보스가 외로움을 많이 느낄 때 중 하나가 누군가의 부탁을 거절할 때다. 누구에게나 거절하는 과정은 외롭고 고통스럽다. 특히 직무상 수시로 많은 부탁을 받을 수밖에 없는 보스에게 거절은 힘든 일이다. 거절할 수도, 그렇다고 들어줄 수도 없는 부탁이 어디 한두 개이겠는가? 건국대학교병원 신경정신과 의사인 하지현 교수는 한 신문 인터뷰에서 이렇게 말하고 있다.

'내가 만난 CEO들은 굉장히 외로워한다. 그분들은 의사인 나를 만날 때가 제일 편하다고 한다. 자신에게 부탁하지 않기 때문이란다. 때론 반가운 친구를 만나서 오랜만에 기분 좋게 술 한 잔을 마실 수도 있다. 그런데 자리가 마무리될 때쯤이면 쭈뼛쭈뼛 부탁하면서 도와달라고 해 속상하다는 것이다. 이런 분들은 술 접대가 끝나면 혼자서 다른 술집을 찾는다. 유일하게 맘 편하게 있는 시간이기 때문이다. 가족들도 마찬가지다. 가족들도 '뭐 해주세요'라고만 하기 때문이다."

하 교수가 말한 것처럼 CEO들 가운데 상당수가 사람 만나는 것을 부담스러워 한다. 낯선 사람을 피하고 자꾸만 안으로 숨으려 한다. 내가 잘 아는 어떤 사장은 아예 휴대전화기를 가지고 다니지 않는다. 그에게 전화하면 대부분 비서가 받는다. 한번은 그 이유를 물었다. 그랬더니 의외의 대답을 했다.

"부탁받기 싫어서요."

일단 걸려오는 전화를 받으면 상대방 이야기를 듣게 된단다. 그런데 도중에 부탁을 받게 되면 갑자기 가슴이 답답해진다는 것이다. 상대방이라고 해서 가볍게 전화했을 리 없지 않은가? 수없이 고민하고 또 고민한 뒤 하는 부탁일 것이 분명하다. 그래서 거절하기가 여간 어려운 것이 아니다.

"부탁을 다 들어줄 수는 없습니다. 어디까지 들어줘야 할지 누구와 상의할 수도 없습니다. 안 들어줄 때 발생할 후유증이 무엇인지 파악할 수도 없습니다. 혼자서 전전긍긍하게 돼요. 그래서 가능하면 비서가 받아 용건을 확인하도록 합니다. 그 때문에 주변 사람들로부터 자기를 무시한다며 '건방지다'는 말을 종종 듣고 있습니다."

나에게도 부탁이 많이 들어온다. 물론 헤드헌팅회사에서 일하다 보니 대부분 직장을 찾아달라는 부탁이다. 은퇴한 임원에서부터 출산과 육아로 경력이 단절된 여성까지 많은 사람이 부탁해온다. 때로는 자기 자식이나 남편, 동생, 친인척, 친구를 부탁하기도 한다. 그들의 고민을 해결하는 것이 내 일이어서 온 힘을 다해 도와주려고 노력한다. 하지만 돕지 못하는 경우가 더 많다.

오랜만에 전화해서 "만나고 싶다"는 사람은 십중팔구 자기 자리를 부탁하는 사람이다. 그런 부탁을 수용하지 못하는 스트레스는 매우 크다. 그래서 나는 직원으로부터 "전화해달라"는 메모를 받게 되면 덜컥 겁부터 난다.

:: 얼마나 최선인가를 고민하라 ::

　외로움은 특히 결정을 해야 할 때 극에 달한다. 어느 것이 옳은지 모르겠다. 확신이 서지 않는다. 그래도 결정은 해야 한다. 그런데 그 결정이 미칠 영향이 어떤 것인지 이미 알고 있다. 그럴 때는 고통스럽기까지 하다. 5초 남은 시한폭탄을 쥐고 어떤 선을 잘라야 할지 정해야 할 때만큼이나 어깨가 무겁다.

　우리는 순간순간 크고 작은 결정을 해야 한다. 공부를 더 할지, 직장을 계속 다닐지, 상사에게 의견을 개진할지, 고객에게 전화할지, 사랑을 고백할지, 집을 팔지, MBA에 진학할지……. 수시로 결정해야 한다. 보스도 마찬가지다. 개인은 그 결정의 영향이 대체로 자기 자신이나 주변의 일부 사람에게만 미친다. 반면에 조직의 책임자가 내리는 결정은 조직구성원 모두에게 영향을 미친다. 그래서 보스의 의사결정은 중요하다. 일본텔레콤 명예고문인 사카타 고이치는 경영자들이 내리는 결정의 중요성을 이렇게 말한다.

　"순간의 결정이 기업의 5년 후, 10년 후의 모습을 크게 바꾸고 맙니다. 수천 명의 직원과 그 가족의 장래를 좌우합니다. 경영자의 결단이란 것은, 하나하나 이렇게 무거운 것입니다."

　하지만 의사결정에 필요한 정보는 턱없이 부족하다. 시한폭탄의 어떤 선이 폭발을 막는지 아무도 모르는 것처럼 말이다. 그럴 때마다 안개가 두껍게 낀 낯선 들판에서 혼자 헤매는 기분이다. 나와 비슷한 경험을 지금 하고 있거나 앞서 해본 사람이 거의 없다. 상의할 상대가 없으니 더욱 외롭다. 주변 사람들에게 터놓고 자문하기도 어렵다. 어떤 사람과 이야기한다는 것 자체로 이미 조직에 파문을 일으킬 수 있기 때문이다. 설령 어렵게 자문하더라도 그에게 내 결정을 내맡길 수도 없다. 결국 혼자 감당할 수밖에 없다.

그러나 내가 힘들다고 해서 결정을 미룰 수는 없다. 결정은 옳고 그름 못지않게 시기도 중요하기 때문이다. 많은 보스가 결정을 쉽게 내릴 수 없어 유보한다. 미루고 미루다가 결국 상황을 따르게 된다. 시한폭탄의 어떤 선을 자를지 결정하지 못하다가 결국 폭탄이 터져 상황이 종료되는 것과 같다. 이것을 피하려면 불확실한 상황에서도 보스는 결정을 내려야 한다.

지금부터 십여 년 전 나는 신문사 자회사 사장을 그만두면서 월간지사업과 헤드헌팅사업 두 가지를 이끌고 신문사를 나왔다. 물론 둘 다 사업을 시작한 지 얼마 되지 않아 손익분기점을 넘기지 못한 상태였다. 그런데 월간지사업은 예상보다 훨씬 많은 자금이 들어갔다. 헤드헌팅사업도 생각보다 매출증가 속도가 더뎠다. 시간이 지나면서 더는 적자를 감당하기 어려울 정도가 됐다. 회사가 무너지지 않으려면 적자가 심한 월간지사업을 매각해야 했다. 월간지사업이 흑자가 되려면 1년, 아니 그 이상의 시간이 필요해 보였다. 그런데 그때까지 유지할 자금이 턱없이 부족했다.

하지만 최종 결정을 쉽게 내릴 수 없었다. 신문기자 출신인 나는 미디어사업이야말로 다른 사람보다 잘할 수 있는 영역이라고 생각했다. 반면 헤드헌팅사업은 시작한 지 겨우 1년 정도 지난 상황이었다. 내가 잘 아는 분야도 아니었다. 잘 알고 있고 잘할 수도 있는 분야를 포기하고 잘 모르고 시작한 지 얼마 되지도 않은 사업에 전력하는 것이 맞는지 스스로 질문을 던지고 또 던졌다. 어떻게 할지 밤잠을 설쳐가며 속을 끓였다. 그 고민을 누구에게도 이야기할 수도 없었다. 회사엔 함께 오래 일했던 임원들이 있었다. 그들은 여러 차원에서 많은 조언을 해주었다. 그러나 결정을 내려줄 수는 없었다. 결정을 내리고 그 결정에 책임질 사람은 온전히 나 자신이었다. 캄캄한 밤바다에서 혼자 쪽배를 탄 듯 외로웠다. 그 외로움을 극복하는 것도 내 몫이었다. 결국 최후의 순간에 가서야 겨우 결론을 내렸다. 그때 결정을 조금만 더 미뤘으면 아마도 회사가 매우 힘든 상황에 처했을 것이다.

  결정이 힘들고 두려운 것은 내가 내리는 결정이 완벽하기를 기대하기 때문이다. 누구나 최소의 손실로 최대의 효과를 거두고 싶어한다. 하지만 주어진 정보가 부족한 상황에서는 어떤 결정이든 완벽할 수 없다. 그래서 더 많은 정보가 수집되고 더 정확하게 판단할 수 있을 때까지 어떻게든 결정의 순간을 미뤄보려고 한다. 그러나 결정은 방향뿐 아니라 시간의 문제이기도 하다. 그렇기 때문에 마냥 미룰 수 없다. 그래서 결정은 항상 얼마나 완벽한가가 아니라 얼마나 최선인가로 평가해야 한다.

:: 외로울수록 사유는 깊어진다 ::

  유능한 보스는 사유를 많이 한다. 다른 누구와 상의하기 어려워서 자신과 대화한다. 가끔 술집에서 주인과 농담을 건네가며 술을 마시는 사장들을 보게 된다. 술집 주인과 나누는 얘기는 이렇다 할 내용이 없다. 주인은 그와 대화할 상대가 아닌 것처럼 보인다. 그는 결국 자신과 대화하면서 술을 마시는 것이다. 보스는 외로울수록 사유를 더 많이 더 깊게 하게 된다. 자신과 대화하는 시간이 늘게 된다.

앞서 사카타 고문의 말대로 비즈니스에서 의사결정은 개인의 의사결정보다 훨씬 무겁고 파장도 크다. 그래서 보스는 결정을 내릴 때 신중해질 수밖에 없다. 사카타는 보스의 결정하는 자세에 대해서 이렇게 조언하고 있다.

"절대로 후회가 남지 않도록 결정해야 합니다. 그러려면 집중력이 중요해요. 또 경영현장을 물러나 무덤에 들어갈 때까지 그 무게를 짊어지겠는 각오가 필요합니다. 경영자는 고독한 사람입니다. 아무리 뛰어난 참모를 갖추고 있다고 해도 마지막에 기댈 곳은 자신뿐입니다. 적극 도전정신을 가지고 자신의 판단력을 믿어야 합니다. 10년 후의 자기 자신에게 부끄럽지 않은 결정을 계속해나갈 수밖에 없습니다."

보스의 권위는 고민의 폭과 깊이에 비례한다. 카리스마는 자기 성찰에서 나온다. 부하직원들이 보스의 판단을 따르는 이유는 그가 혹독한 고민을 한 끝에 뛰어난 안목으로 판단했으리라 믿기 때문이다. 외롭고 긴 자기 성찰과 사유를 거친 사람만이 합리적인 의사결정을 내릴 수 있다는 것을 직원들은 경험으로 알고 있다. 그런 과정을 거친 보스가 자기들을 목적지까지 잘 이끌어줄 것이라는 사실을 말이다. 만약 보스가 그런 성찰을 하지 않는다면 부하직원들은 그 사실을 금방 알아챌 것이다.

외로울수록 사유는 깊어진다. 그리고 사유가 깊어질수록 결정은 더 정확해진다. 만약 보스가 외로움의 무게를 견디지 못하고 사유를 중단하면 현실과 타협하게 된다. 현실과 타협한 결정은 조직을 망가뜨릴 가능성이 크다. 그래서 보스는 그 쓰디쓴 외로움을 즐길 줄 알아야 한다. 보스의 외로움은 조직을 더 풍성하게 만들고 발전하게 한다. 외로움과 고독은 보약처럼 결코 보스를 배신하지 않는다.

앞서 이야기했던 무너진 젊은 사업가들도 마찬가지다. 그들은 외로움을 어떻게 다뤄야 할지 몰랐기 때문에 무너졌다. '이럴 때 어떤 결정을 하고 어떻게 행동해야 하는가'를 두고 보스는 끊임없이 판세를 읽어야 한다. 집중력으로 외로움을 물리쳐야 한다. 그런데 외로운 감정을 이기지 못해 헛된 곳에 빠지면 감각은 둔해지고 만다. 판세를 읽는 눈은 고독한 가운데 사유를 통해 밝아진다. 다양하게 얻은 정보를 곱씹어보고, 내가 어디로 가고 있는지, 무슨 일을 하고 있는지 되돌아봐야 총기가 빛난다.

삼성화재 배구팀 블루팡스의 신치용 감독은 외로움이 리더의 자양분임을 강조하고 있다.

"리더가 되려면 외로움을 견뎌야 합니다. 외로움을 못 견디면 현실과, 그리고 자신과 타협하게 됩니다. 이해와 배려는 좋지만 타협은 안 됩니다. 사람이 외롭다 보면 혼자 고민할 시간이 더 많아집니다. 그 시간에 문제의 답을 찾게 됩니다. 그러면 고민이 깊어집니다. 결과적으로 스스로 더 성숙해지고 강해지죠. 리더가 되고 싶다면 외로움을 즐기기 바랍니다."

성공한 보스 상당수가 내성적인 성격이다. 얼핏 생각하면 수많은 사람을 이끌고 가야 하니 외향적 성격이 많을 것 같다. 하지만 현실은 그렇지 않은 모양이다. 아마도 조직을 이끄는 데 필요한 판단력은 사유를 즐기고 성찰을 깊이 하는 내성적인 사람에게 더 우호적이기 때문일 것이다.

바람이 나무 끝을 지날 때
힘없이 구름이 떠내려가듯
무거운 다리를 끌고 가는 나의 길
즐거운 세상을 고독하게 혼자 간다
아, 대지는 어쩌면
이렇게 조용한가
아, 세상은 어쩌면 이렇게도 밝은가
폭풍우가 휘몰아칠 무렵에도 나는
이렇게 늘 비참하지 않았느니라

슈베르트의 『겨울 나그네』 12번째 곡인 「고독」의 가사다. 한번 들어 보시라.

03
왜 유능한 보스 중에는 독재자 스타일이 많은가

몇 년 전 한 고객기업의 의뢰로 평판조회를 한 적이 있다. 그 대상이 된 사람은 서울의 명문대학과 미국 동부지역의 Top 10 안에 드는 MBA 출신이었다. 컨설팅회사를 거쳐 석유화학회사에서 일하고 있었다. 이른바 뛰어난 '스펙'의 소유자였다. 그에 대한 평판조회를 의뢰한 기업은 대형 에너지회사였다. 아마도 인터뷰를 끝내고 채용을 결정하기 전 마지막 확인작업을 하는 것 같았다. 고객기업의 인사담당 임원은 "탁월한 성과를 내온 사람인데, 인터뷰 과정에서 독단적 업무 스타일에 대한 걱정이 일부 제기됐다"고 말했다.

평판조회 결과 후보자는 인사담당 임원이 우려했던 대로 부하직원들로부터는 "독단적"이라는 평가를 받고 있었다. 그는 부서원들이 무리다 싶어 말려도 자기 판단대로 추진했다. 웬만한 의견은 무시하고 자신이 생각하는 방향으로 끌고 갔다. '안 되는 것도 되게 한다'는 주의로 일을 밀어붙였다. 그가 책임자로 있는 부서에선 주말 출근은 기본이었다. 밤샘 근무도 흔했다. 부서원들은 그런 그를 성씨를 따서 '김틀러'라고 불렀다. '히틀러 같은 독재자'라는 비아냥이었다. 그렇게 부하직원들의 평가는 매우 부정적이었다.

하지만 상사들의 시각은 달랐다. 대부분 업무의욕이나 추진력이 강하고 배짱이 두둑한 '일꾼'으로 평가했다. 무엇보다 뛰어난 성과를 보여줘서 사장을 비롯한 경영진의 신뢰가 높았다.

고객기업은 결국 부장이던 그 사람을 상무보로 한 단계 올려 채용했다. 한참 뒤 인사담당 임원에게 그의 근황을 물어봤다. 성과가 뛰어나 조직 내에서 좋은 평가를 받고 있다는 말을 들었다. 우리 회사에서 그 기업을 담당하고 있는 컨설턴트로부터 들어보니 부하직원들로부터는 여전히 "독재자"라는 말을 듣는다고 했다. 부하직원들이 상당히 힘들어한다고 했다.

:: 존경받는 독재자들 ::

독재자를 좋아하는 사람은 아무도 없을 것이다. 독재자는 조직을 마비시킨다. 황폐하게 한다. 궁극적으로는 파괴한다. 누가 독재자 밑에서 일하고 싶겠는가? 그럼에도 이런 제목의 글을 쓰는 이유가 있다. 내가 알고 있는 성공한 경영진이나 조직 책임자 중 '히틀러'라는 별명을 달고 있는 사람이 더러 있기 때문이다.

물론 그들에 대한 평가는 엇갈린다. 특히 그들 대다수는 부하직원들에게 원성을 사고 있다. 그래서 사실 성공했다고 말하는 것이 적절하지 않을 수도 있다. 그러나 기업에서는 이상하게도 악평을 받는 보스들이 인간적인 보스들보다 더 오래 그 자리를 지키고 더 높은 자리에 올라간다. 반대로 직장에서 후배들의 사랑을 받는 상사들은 임원 승진이 좌절돼 다른 곳으로 옮기거나 부장급으로 정년퇴직하는 경우가 적지 않다.

이처럼 많은 비판과 비난에도 후배들로부터 악평을 받는 사람들의 상당수가 조직의 책임자가 된다. 다른 기업에서 영입 제의까지 받으면서 조직 책임자로 장수하기도 한다. 그뿐이 아니다. 그들 중 일부는 시간이 갈수록 점점 더 평가가 좋아지고 사람들의 기억 속에 남는다. 재직기간 중에는 호평보다 악평이 더 많았는데 왜 그들이 성공한 경영자, 유능한 조직 책임자로 남을까? 왜 위기 때마다 그들이 구원투수로 나서고 "그분들을 모셔 와야 한다"는 말이 나돌까? 답은 하나다. 성과를 내기 때문이다.

앞서 잠깐 이야기한 것처럼 기업이 헤드헌팅회사를 통해 인재를 채용할 때 마지막에 진행하는 것이 평판조회다. 그 사람과 같이 일했던 상사나 동료로부터 그에 대한 평판을 알아보는 것이다. 인터뷰에서 검증하지 못했던 도덕성, 리더십, 업무처리방식, 인간관계, 성실성, 커뮤니케이션능력 등을 파악할 수 있다. 평판조회는 사람에 대한 개인적 평가를 듣는 것이다. 그렇기 때문에 진행과정에서 다양한 이야기가 나온다. 재미있는 것은 착하고 무던하고 사람 좋다는 평을 받는 사람 치고 성과가 뛰어났던 사람은 거의 없다는 점이다. 성과가 좋았다는 사람들 중 상당수는 괴롭히고, 힘들게 하고, 일만 알고, 지루하고, 재미가 없는 사람들이었다.

애플을 시가총액 1위의 세계 최고 회사로 만든 스티브 잡스도, GE를 키운 잭 웰치도 그리 민주적인 리더는 아니었다. 스티브 잡스의 전기를 보면 그는 몹시 불같은 성격의 소유자였다. 독재자처럼 모든 상황을 통제해야 직성이 풀렸다. 직원들에게 독설도 서슴지 않았다. 타인의 감정에 대한 배려는 제로에 가까웠다. 잭 웰치는 또 어떤가? 그는 재직기간에 10만 명이 넘는 직원을 무자비하게 해고하면서 '중성자탄'이라는 별명을 얻었다. 어떻게 봐도 둘 다 독단적인 리더들이다. 그러나 그들은 놀라운 성과를 거뒀다. 아직도 수많은 사람의 존경을 받고 있다.

:: 강력한 실행력을 독재라고 깎아내리지 마라 ::

물론 독재는 조직에 부정적 영향을 끼친다. 독재적 조직운영은 단기적으로는 조직을 '빠릿빠릿하게' 움직이게 하고 성과를 끌어올릴지 모른다. 하지만 결국 구성원들이 보스를 거부하는 것으로 끝난다. 민첩하게 움직이던 조직은 시간이 흐를수록 굳어진다. 끝내는 가벼운 충격에도 깨지고 만다. 그러나 내가 말하는 '유능한 독재자'는 그런 사람들이 아니다. 여기서 강조하는 유능한 독재자는 개념이 다르다. 자신과 다른 의견은 무시하고 유아독존의 자세로 밀어붙이는 사람들이 아니라는 말이다.

　독재자라는 나쁜 타이틀이 붙은 사람들이 왜 성과를 많이 낼까? 왜 성과를 내는 사람들은 인간성에서 부정적인 평가를 받을까? 그들의 독특한 업무추진방식 때문이다. 그들의 일 처리방식은 주변 사람들을 그리 편하게 놔두지 않는다. 그들은 남들은 멈출 만한 곳에서도 계속 밀고 나간다. 의견이 안 맞거나 장애물을 만나도 멈추지 않는다.

　2003년 4월 중국에선 사스SARS가 창궐했다. 중국 전체가 공포에 휩싸였다. 사태가 심각해지자 중국에 진출한 대다수 다국적 기업은 업무를 중단하고 주재원들을 철수시켰다. 공장의 생산설비를 모두 폐쇄했다. 공장 주변에는 죽음의 그림자만 넘실댔다.

　그러나 당시 LG전자 중국지주 책임자인 노용학 부회장은 17개 중국 현지공장을 모두 정상가동했다. 주재원들은 모두 중국인들과 함께 정상근무했다. 60세의 노용학 LG전자 부회장은 사스가 가장 심각했던 시기에도 베이징을 떠나지 않았다. 평상시처럼 직원들과 함께 근무했다. 그가 타고 다니는 승용차에는 'I LOVE CHINA'라는 스티커가 붙어 있었다. LG전자 직원들은 한발 더 나아가 베이징-텐진 간 고속도로 톨게이트에서 소독면과 사스 예방법 전단을 배포했다. LG전자 상해법인은 그해 4월 30일 DVD 1000만 대 생산목표를 달성했다. 심양 TV법인은 5월 8일 2기 확대 건설 기공식을 했다.

　LG전자의 그런 자세는 중국 현지 언론을 통해 집중적으로 보도됐다. 중국 관영 신화통신사가 발행하는 경제지 『경제참고보』는 LG전자를 사스가 창궐한 기간에 가전기업 가운데 중국인들로부터 가장 큰 가치를 얻은 기업, 글로벌 기업 가운데 현지화에 가장 성공한 기업으로 평가했다. 또 노 부회장을 '비상시기, 비상인물'로 선정했다. 노 부회장은 미국의 뉴스 전문채널 CNN에 의해 도전적 CEO로 소개됐다. 그는 중국 경제지 『중국전자보』가 선정하는 2002년 중국가전 10대 인물에 외국투자 기업인으로는 유일하게 포함됐다.

노 부회장의 공장 정상가동은 외국인들은 물론이고 일부 직원들의 눈에도 비합리적이고 비상식적인 조처였을 것이다. 자칫하다가는 직원들이 사스에 걸려 큰일을 당할 수도 있었다. 실제로 LG전자 임직원들은 노 부회장의 현장고수정책에 대해 비판과 우려를 제기했다. 그러나 노 부회장은 정책을 바꾸지 않았고 사스 위기를 무사히 넘겼다.

그렇게 보스가 모든 일을 목표와 성과 중심으로 처리하다 보면 조직 안팎에서 여러 비판에 직면하게 된다. "독단적으로 일을 처리한다"라거나 "의사결정과 조직운영이 합리적이지 않다"는 말을 수없이 듣게 된다. 생각해보자. 사스가 극성을 부리고 있는 상황에서 가장 합리적인 선택은 다른 글로벌 기업처럼 공장가동을 중단하고 주재원을 철수시키는 것이다. 아무리 아이디어가 좋아도 상식적으로 해결할 수 없는 문제에 부딪히면 거기서 그만두는 것이 맞다. 그러나 유능한 독재자들은 중단하지 않는다. 어떻게든 공장을 정상가동하면서 결과를 만들어낸다. 성과를 내는 보스와 그렇지 않은 보스의 차이다.

:: 보스가 실행의 주체가 돼야 한다 ::

"계획은 즉각 열심히 수행되지 않으면 그저 좋은 의도에 지나지 않는다."

피터 드러커가 한 말이다. 그렇다. 아무리 뛰어난 기획이고 번쩍이는 아이디어라도 실행하지 않으면 의미가 없다. 그러나 많은 똑똑이들 가운데 실행력을 갖추고 있는 사람은 생각보다 많지 않다. 당연한 말이지만 실행력이 부족한 사람에게 성과를 기대하는 것은 무리다. 성과는 실행력의 싸움이기 때문이다. 아이디어가 씨앗이라면 실행은 밭에 물과 거름을 주는 것이다. 물이 없으면 아무리 좋은 씨앗도 싹이 트기 어렵다. 열매는 더더욱 기대할 수 없다.

하니웰인터내셔널의 CEO였던 래리 보시디와 램 차란은 저서『실행에 집중하라』에서 그동안 관심 밖에 있었던 '실행력Execution'의 커다란 힘을 집중적으로 조명했다. 그러면서 실행이 성과의 핵심요인이라는 점을 역설했다. 사실 실행력은 조직에서 경쟁력의 차이를 만들어내는 가장 큰 요인이다. 그럼에도 그동안 '전략'으로 다뤄지지 않았다. 보시디와 차란은 이를 날카롭게 지적했다. 어떻게 해야 리더와 조직이 실행력을 갖출 수 있는지 해법을 제시했다.

"기업의 성패를 좌우하는 가장 중요한 요인은 전략적 계획을 실행에 옮기는 역량이다. 실행력이 뛰어난 기업에서는 사람을 실수의 희생양으로 삼지 않는다. 실행은 오늘날 비즈니스환경에서 재론의 여지가 없는 덕목이다. 실행력은 기업이 경쟁력을 확보하기 위해 반드시 터득해야 하는 구체적인 행동체계이자 기술체계를 말한다. 실행력은 모든 것과 연관된다. 실행력이 뛰어난 리더는 업계에서 발생 가능한 일들을 예측할 수 있다. 비즈니스 리더는 실행의 체계부터 터득해야 한다."

실행의 중요성에 대해서는 그동안 수많은 경영학자, 경영컨설턴트, 세계적 기업의 최고경영자들이 끊임없이 이야기해왔다. GE는 아예 실행력을 자신들이 육성하려는 리더의 덕목으로 삼았다. GE는 애초 3E Energy, Energize, Edge를 리더의 핵심덕목으로 설정했다. 그런데 그 세 가지를 모두 갖췄지만 어딘가 부족한 경영자들이 종종 발견됐다. 그들을 조사해보니 주어진 일을 끝까지 수행하는 능력이 부족했다. 그래서 실행력을 추가해 요즘에는 4E를 GE 리더의 덕목으로 제시하고 있다.

실행하지 않으면 성과도 없는 법이다. 그래서 보스의 핵심능력 가운데 하나를 실행력이라고 이야기하는 것은 너무도 당연하다. 실행력 없는 보스들이 만들어내는 문제들을 열거하려면 끝이 없을 것이다. 미국 경제주간지『포천』은 실패하는 리더의 70퍼센트가 실행력 부족이라는 단 하나의 치명적 약점을 가지고 있다고 지적했다.

"오늘날 미국 경영자의 95퍼센트가 옳은 말을 하고 5퍼센트만이 옳은 일을 실행에 옮긴다."

『포천』의 기자는 이렇게 경영자들의 실행력 부족을 신랄하게 비판했다.

그렇다면 왜 실행이 되지 않을까? 가장 큰 이유는 보스가 실행은 자신의 몫이 아니라고 생각하기 때문이다. 보시디와 차란의 설명대로 조직이 실행력을 높이려면 비즈니스, 인력, 환경에 대한 이해가 절대적으로 필요하다. 그런데 이를 포괄적으로 이해하는 존재는 보스밖에 없다. 따라서 실행력을 높이려면 리더가 실행의 주체가 돼서 직접 진두지휘해야 한다.

그러나 현실은 그렇지 못하다. 보스들은 머리를 맞대고 회의를 열심히 하다 실행단계에 들어가면 모두 뒷전으로 물러앉는다. 그리고는 실무자인 아랫사람들이 실행의 일선에 선다. 어떤 일이든 기획의 주체와 열정이 그대로 실행으로 이어지면 대개 금방 완성된다. 그런데도 실제 일은 대부분 이렇게 기획과 실행으로 나뉜다. 열정이 사라진 자리를 책임과 의무가 차지하고 마는 것이다. 그러니 일이 잘될 리 만무하다. 보시디와 차란은 실행에 관한 리더들의 잘못된 인식을 이렇게 꼬집고 있다.

"흔히들 실행이라는 개념을 비즈니스의 전술적 측면으로만 이해한다. 그뿐 아니라 리더는 더 중요한 일에 치중하고 사소한 일은 아랫사람에게 위임하는 것이 옳다고 생각한다. 바로 이것이 문제다. 리더의 가슴과 영혼이 조직 전반에 깊게 스며 있을 때 비로소 기업의 실행력이 향상된다."

그렇다면 실행력은 어떻게 키워야 할까? 보스의 자질이 대개 그렇듯 실행력도 계발할 수 있다. 내 주변의 많은 사람이 아직도 실행력을 선천적 능력으로 생각하고 있다. 그러나 실행력은 연습과 훈련의 결과일 뿐 타고난 능력과 무관하다. 아인슈타인이 상대성이론을 완벽하게 구성해낼 수 있었던 것은 그가 타고난 천재였기 때문일까? 그보다는 10년 동안 같은 연구를 계속하는 실행력을 갖추고 있었기 때문이라고 보는 것이 옳다.

나는 기업에 인재를 추천할 때는 물론이고 내가 속해 있는 커리어케어의 직원을 채용할 때도 세 가지를 본다. 첫째로 스마트해야 한다. 스마트해야 빠르고 정확하게 판단할 수 있다. 둘째로 성실해야 한다. 성실성이 모자란 두뇌는 단기간의 작은 성과만 만들어낼 수 있을 뿐이다. 일반적으로는 이 둘만 갖춰도 된다. 실제 채용에서도 이 두 가지가 핵심평가기준이 된다. 그런데 스마트하고 성실한 사람들은 대개는 합리적인 사람들이다. 합리적인 사람은 주어진 상황에서 최선을 다한다. 하지만 그 이상을 기대하기는 어렵다. 그래서 큰 성과를 거두는 사람에게는 한 가지가 더 있어야 한다.

바로 욕심이다. 성과에 대한 욕심, 일에 대한 열정, 결과를 만들어내려는 의욕이다. 그 욕심이 없으면 대개 누구나 상상할 수 있는 단계까지는 결과를 만들어내지만 거기가 끝이다. 그런 사람은 착한 사람, 무리하지 않는 사람이라는 평을 받을지는 모른다. 그러나 조직이 원하는 결과를 만들어내는 사람은 아니다. 욕심을 가진 사람은 보통 '저돌적이다' '근성이 있다' '돌파하는 능력을 갖추고 있다'는 평을 받는다. 어떤 문제를 만나도 목표한 곳까지 조직과 사업을 끌고 나가는 힘이 있다는 뜻이다.

서경덕 성신여대 교수에게는 '대한민국 홍보전문가'라는 수식어가 붙어 있다. 그는 한국을 세계에 알리고 싶다는, 누구나 생각할 수 있는 소박한 꿈을 갖고 있었다. 그러나 서 교수처럼 그 꿈을 실행에 옮긴 사람은 그리 많지 않다. 대부분 그냥 잠시 생각할 뿐이었다. 그런데서 교수는 하나둘씩 그 꿈을 현실화하고 있다. 잘 알다시피 그는 뉴욕 타임스스퀘어에 일본군 위안부 빌보드 광고와 비빔밥 영상 광고를 했다. 『월스트리트저널』 등 미국의 주요 신문에 독도 광고를 게재했다. 또 뉴욕 메트로폴리탄 박물관을 비롯해 뉴욕 현대미술관과 워싱턴 스미스소니언 박물관 등이 한국어 안내서비스를 하도록 했다. 재력가도 아닌 그가 도대체 큰 비용이 필요한 그런 일들을 어떻게 해낼 수 있었을까? 그 원동력은 생각을 행동으로 옮기는 실행력에 있었다. 그는 '하는 게 좋겠다'고 생각하면 곧바로 계획을 짰다. 그런 뒤 후원금 모금에 나서는 등 실행에 들어갔다. 서 교수는 이렇게 말한다.

"나는 내가 생각한 것을 곧장 행동으로 옮겼다. 그 덕분에 많은 일을 이뤄낼 수 있었다."

:: '독재자' 소리 듣기를 두려워하지 마라 ::

앞서 이야기한 대로 성과를 내는 보스들은 모두 강한 추진력과 뛰어난 실행력을 갖추고 있다. 그 작은 능력 하나가 거대한 차이를 만들어냈다. 사람들은 보통 아이디어 단계까지는 쉽게 도달한다. 그러나 아이디어의 싹을 틔우는 것, 다시 말해 실행에 들어갈 수 있도록 설계하는 데까지 가지는 못한다. 대부분 중간에 멈추고 만다. 예를 들어 언덕 위에 예쁜 집이 있으면 좋겠다는 생각은 누구나 할 수 있다. 그러나 집을 짓는 것은 전혀 다른 차원의 일이다. 웬만한 사람이라면 흰 벽에 빨간 지붕을 한 이층집을 짓자는 아이디어까지는 쉽게 진전시킬 수 있다.

그런데 실제로 그 집을 지으려면 우선 땅이 있어야 한다. 설계도도 구체적으로 그려야 한다. 어디 이뿐인가. 자금도 필요하고 건자재도 있어야 한다. 그런 세세한 것들을 갖춰나가는 것이 바로 실행력이다. 또 집을 지으려면 건축허가도 받아야 한다. 그런데 그 절차가 보통 번거롭고 어려운 일이 아니다. 고생고생해서 허가를 받았다고 집이 완성되는 것도 아니다. 그때부터 시작이다. 건축업자를 불러서 계약도 하고 다 지어지면 내부 시설도 갖춰야 한다.

그렇게 집을 지으려면 수많은 난관을 뛰어넘어야 한다. 그러나 웬만한 추진력으로는 난관을 뛰어넘기 어렵다. 상식으론 풀 수 없는 문제들이 많다. 고집을 부려야 할 때도 있을 것이다. 상대방을 구석으로 몰아부쳐야 할 때도 있을 것이다. 눈물이 쏙 나오도록 혼내거나 나무라기도 해야 할 것이다. 상대방의 마음을 상하게 하는 말을 한바탕 쏟아내야 할지도 모른다.

보스의 임무는 조직에 부여된 목표를 달성하는 것이다. 그 목표 달성이 보스의 성과다. 성과를 만들어내려면 무엇보다 실행력을 갖춰야 한다. 추진력이 부족하면 차가 언덕길을 오르지 못하고 뒤로 밀리는 것처럼 일의 진행이 어려워질 수 있다. 그런 점에서 보스는 독재자라는 말을 듣는 것을 두려워해서는 안 된다. "사람 좋다"는 말을 듣는 것은 포기해야 한다. "저 사람 승진하더니 사람이 바뀌었다"는 소리를 듣는 것이 너무도 당연하다. 물론 진짜 독재자가 되라는 이야기는 아니다.

실행에는 세 가지 중요한 요소가 필요하다. 첫째는 두말할 것도 없이 리더다. '계획 따로 실행 따로' 움직이는 리더가 아니라 실행의 주체가 되는 리더 말이다. 둘째는 전략적 선택, 곧 전략적 포기다. 우선순위를 정해서 제일 중요한 일에 역량을 집중해야 한다. 반대로 말하면 가장 덜 중요한 일은 과감히 포기할 줄도 알아야 한다는 것이다. 독재자가 실행력이 높은 이유는 두 번째 요소에 강점이 있기 때문이다. 독재자는 자신은 물론이고 다른 사람들도 자신이 원하는 것에 집중하게 한다. 다른 사람의 사정이야 어찌 됐든 관계없이 자기가 원하는 것에 몰입하게 만든다.

물론 독재자의 한계는 명확하다. 조직원들의 희생과 불만을 언제까지 억누를 수 없기 때문이다. 그래서 독재자 방식의 조직운영으로는 어찌어찌 단기 성과는 낼 수 있어도 그 성과가 장기적으로 유지되고 발전하기 어렵다. 실행에서 세 번째 요소가 중요해지는 이유도 여기에 있다. 지속적 성장 발전을 위해서는 구성원들의 합의가 필수적이다. 구성원들의 공감대와 동의는 전략적 포기에 따른 비용을 최소화하게 한다. 조직역량의 장기적이고도 안정된 투입을 가능하게 만든다. 그래서 큰 목표를 꿈꾸는 보스는 공감대 형성에 공을 들인다. 건물이 높아질수록 그만큼 깊고 넓게 터를 파야 한다. 공감대 형성은 건물의 기반공사와 같은 것이다. 그렇게 실행이 제대로 되려면 위 세 가지 요소가 어우러져야 가능하다.

가끔 독재자와 추진력이 강한 리더를 혼동하는 사람들을 볼 수 있다. 그러나 피터 드러커는 리더와 독재자를 쉽게 구분했다.

"리더는 무엇보다 올바른 목적을 지녀야 한다."

구성원을 올바른 방향으로 이끄느냐에 따라 리더와 독재자가 나뉜다는 말이다. 실행력 강한 보스는 방향이 옳다고 판단되면 과감하게 목표를 향해 나아간다. 실행하겠다는 강한 의지와 물러서지 않는 모습을 조직구성원들에게 보인다. 실행력 면에서 보면 리더와 독재자는 차이가 없다. 강한 추진력과 독재는 사실 종이 한 장 차이일지도 모른다. 실행력의 세 요소 중 마지막 요소가 빠져 있다면 그는 '유능한 독재자'가 아니라 그냥 독재자다. 독재는 그 자체가 목적이 돼 모든 것을 자신의 기준에만 맞추려 한다. 반면 강한 추진력은 조직 공동의 목적을 이루려는 방법일 뿐이다. 근본적으로 차이가 있다. 유능한 보스라면 조직을 통제할 줄도 알아야 한다. 물론 통제는 양날의 검이다. 잘못 통제하면 조직의 반발만 사고 성과는 뒷걸음질칠 수도 있다. 그러나 적절한 통제는 구성원들의 참여도를 높인다. 구성원들이 자신의 능력을 계발하는 계기가 될 수도 있다.

글로벌 기업이 된 삼성은 이제 이건희 회장이 없어도 굴러간다. 그렇지만 이건희 없는 삼성이 계속 성장 발전할 것인지에 대해서는 누구도 확신하지 못한다. 조직에 건강한 긴장감을 불어넣는 이 회장의 역할을 누가, 어떤 시스템이 대신할 수 있을지에 대해 모두 답을 못 내놓고 있다. 긴장감이 사라지면 실행력도 사라지고 만다. 삼성의 최대 장점이 빠르고 강한 실행력이다. 그런 점에서 긴장감은 삼성이 지속해서 성장하는 데 꼭 필요한 요소다.

유능한 보스는 목표를 위해서라면 과감하게 행동에 나선다. 보스의 추진력은 특히 위기의 순간에 빛을 발한다. 성과는 항상 한계에 도전하는 보스의 몫이다. 따라서 우리가 리더를 평가할 때 '얼마나 적극 문제해결에 나섰느냐'가 중요한 기준이 돼야 한다. 혼란, 위험, 어려움이 예상되더라도 피하지 않고 정면돌파하는 사람만이 위대한 조직을 만들 수 있다. "무난해서 리더로서 적합하다"는 평가는 더는 사용하지 말아야 한다. 리더에 관한 한 '무난한 사람'이라는 평은 '무능한 사람'이라는 평가이기 때문이다.

실행력을 갖춘 보스, 강한 실행력을 만들어내는 보스는 한국 기업의 장래를 밝게 한다. 위대한 성과를 만들어내는 뛰어난 실행력을 갖춘 보스, 우리 사회에 그런 보스들이 많아졌으면 좋겠다.

04
배짱은 보스를 빛나게 한다

　몇 년 전 한 전자회사에서 사업기획을 담당할 팀장을 추천해달라는 요청을 받았다. 후보자를 찾는 과정에서 눈에 띄는 한 사람을 인터뷰하게 됐다. 이력서에 나타난 학력과 경력은 매우 화려했다. 명문대를 나오고 국내에서 손꼽는 MBA까지 마쳤다. 거쳐온 회사도 내로라하는 글로벌 대기업들이었다. 맡았던 직무도 대기업에서 사업기획을 맡는 데 필요한 경험을 충분히 쌓을 수 있는 자리였다. 서류만으로 보면 매우 유능한 인재임에 틀림없었다.
　그는 이렇게 기업이 관심을 두기에 충분한 조건을 갖추고 있었다. 단지 이직이 많고 재직기간이 짧은 것이 흠이었다. 그것만 해명된다면 1순위로 추천할 수 있을 것 같았다. 그러나 인터뷰를 위해 마주 앉은

지 얼마 지나지 않아 나는 인터뷰를 빨리 끝내야겠다는 생각을 하게 됐다. 더 시간을 끌 필요가 없어 보였다. 걱정했던 대로 그에겐 회사를 오래 다니지 못했던 분명한 요인이 있었다. 40대 중반에 들어선 나이를 고려할 때 앞으로 그런 요인이 없어질 것 같지도 않았다. 새 회사에 들어가도 같은 문제 때문에 오래 근무하지 못할 확률이 높았다.

그는 입사할 때 좋은 평가를 받아 줄곧 회사에서 중요한 직책을 맡았다. 업무능력도 뛰어나 맡은 일을 빠르고 정확하게 처리했다. 그러나 끊임없이 자신을 밀어줄 '힘'을 찾아다녔다. 현재 자리에서 밀려날까 늘 불안해했다. 그는 항상 의사결정에 애를 먹었다. 귀가 얇아 다른 사람이 하는 이야기에 이리저리 흔들렸다. 오너나 임원의 신뢰를 받고 있다는 확증이 없으면 안절부절못했다. 그 때문에 입사 초기 경영진의 눈에 들어 중요한 보직을 받았음에도 제풀에 지쳐 회사를 떠나는 일을 되풀이했다. 화려한 학력과 경력과 뛰어난 업무능력에도 끊임없이 곡예운전 하는 기분으로 직장생활을 했다. 나는 나중에 그 후보자 밑에서 일했던 부하직원을 만난 적이 있다. 그가 묘사하는 후보자의 모습은 한마디로 '결정을 못하는 스펙 좋은 상사'였다.

:: 내가 결정 안 하면 누군가는 한다 ::

나는 가끔 그 후보자와 정도의 차이가 있을 뿐 기본적으로 성향이 비슷한 사람들을 접한다. 보통 기업에서 한 팀을 이끄는 보스라면 프로젝트 추진에서부터 다른 팀과 협업을 결정하는 것까지 하루에도 여러 번씩 크고 작은 의사결정을 해야 한다. 그러나 그 후보자는 결정을 자주 미뤘다. 그사이 다른 팀이 어떻게 하는지 살폈다. 임원들의 반응을 봐가며 상황이 확실해질 때까지 기다렸다. 물론 이것을 신중한 자세라고 말할 수도 있다. 하지만 그와 함께 일하는 사람들은 그를 '간이 작다'고 평가했다. 배짱이 없다는 말이다. 그렇게 우물쭈물하는 보스를 믿고 따르는 부하직원이 있을까? 사람들은 이런 말을 많이 한다.

"보스에게는 배짱이 있어야 한다."

그러나 이렇게 의문을 품는 사람도 있을지 모르겠다.

'업무에 왜 배짱이 필요하지?'

배짱은 곧 자신에 대한 확신이며 신뢰다. 자신을 신뢰하지 못하는 사람은 자신 있고 힘 있게 일을 추진하지 못한다. 결정의 순간에 결정을 내리지 못한다. 좌고우면한다. 게다가 자신의 결정을 자신조차 믿지 못한다. 그러다 보니 끊임없이 다른 사람의 의견을 구한다. 눈치를 살피며 탐문을 계속한다. 그런 사람에게 누가 조직의 중책을 맡길까? 누가 그런 사람을 믿고 일을 도모하려 할까?

물론 의사결정이 쉬운 일은 아니다. 앞 장에서도 언급했지만 일반적으로 조직의 보스가 하는 결정은 그 파급효과가 크다. 그에 비해 의사결정에 필요한 정보는 턱없이 부족할 때가 잦다. 그러나 모든 정보가 명확하게 파악된 상태에서 내리는 의사결정이 얼마나 있을까? 의사결정은 대부분 어딘가 불충분한 상태에서 이뤄진다. 이런 상황에선 누구든 의사결정을 미루고 싶어진다. 안개가 조금만 더 걷혀 주변이 보일 때까지 지켜보고 싶을 것이다. 발을 잘못 디뎌 낭떠러지로 추락하는 최악의 상황을 피하려면 가던 길을 멈추고 기다리는 것이 옳을 수도 있다. 의사결정을 완벽하게 하려는 노력은 언제나 평가해줘야 한다.

그러나 신중함도 좋지만 의사결정에서 간과할 수 없는 것이 타이밍이다. 시한폭탄의 시계는 결정을 기다려주지 않는다. 설령 조금 더 기다려 안개가 완전히 걷혔다고 치자. 안타깝게도 경쟁자는 이미 계곡을 건너고 있거나 벌써 건너편에 도착해 있을지도 모른다. 상대 팀의 보스는 위험을 감수하고 강을 건넌 것이다.

안내자가 필요한 것은 길을 잘 모르기 때문이다. 캄캄한 안갯속에서도 방향을 잡고 물살의 세기를 가늠할 사람은 안내자, 즉 보스뿐이다. 정보가 완전하고 충분하다면 누구라도 똑같은 결정을 쉽게 내릴 수 있다. 아니, 그때 내리는 것은 결정이 아니다. 훤히 보이는 길을 가는데 무슨 결정이 필요할까? 의사결정이 어렵고 또 필요한 것은 불확실한 상황에서 방향을 정하고 길을 가야 하기 때문이다. '조금만 더, 조금만 더' 하다가 출발시기를 놓쳐버리면 기회비용은 엄청나게 불어난다.

배짱이 부족한 사람들의 주특기는 결정하지 않고 놔두는 것이다. 그러면 누군가 속 타는 사람이 대신 결정하게 된다. 그런 일이 한 번, 두 번 되풀이되다 보면 그 보스의 결정권은 어느새 결정하는 사람에게 넘어가고 만다. 본인은 이름만 보스인 허수아비가 되는 것이다. 그래서 보스는 과감히 의사결정을 하는 배짱이 있어야 한다. 앞에서도 말했지만 모든 정보가 완벽하게 준비된 상황에서 내리는 의사결정은 없다. 정보의 빈틈을 메우는 것이 보스의 배짱이다.

보스가 흔들리면 그 조직은 얼마 가지 못한다. 보스가 명확한 결단을 내리지 못하고 망설이면 구성원들은 더욱 불안해진다. 구성원 간의 결속도 점점 느슨해진다. 부하직원들은 갈림길에 설 때마다 단호하게 길을 선택하는 보스를 원한다. 수렁에 빠질 때는 빠지더라도 방향을 정하지 못한 채 우왕좌왕하는 상황은 피하고 싶다. 그것이 부하직원들의 심리다.

:: 준비 없는 행동은 배짱이 아니다 ::

친구 중에 제조업을 하는 사장이 있다. 결론부터 말하자면 그는 실패했다. 그는 자신이 세운 기업을 한국에서 내로라하는 대기업으로 키우기는 했다. 하지만 경영이 악화하는 바람에 법정관리 신세를 면하지 못했다. 물론 완전히 망한 것은 아니다. 지금은 법정관리를 벗어나 재기를 꿈꾸고 있다. 그는 누구 못지않은 배짱을 갖고 있다. 누구든 그를 처음 만나면 대단한 회사의 오너인 줄 안다. 벤처기업을 할 때도 그랬다. 기업의 영업사원으로 제품을 팔러 다닐 때도 그랬다.

그는 회사를 급성장시켰다. 마지막에는 자신의 회사보다도 더 큰 회사를 인수했다. 그래도 경쟁회사에 비하면 여전히 규모가 너무 작았다. 나는 자꾸만 회사를 키워가는 그가 걱정스러웠다. 그래서 한번 조심스럽게 물어본 적이 있다.

"괜찮아? 대기업들과 경쟁해서 버틸 수 있어? 그렇게 무리해서 규모를 늘리면 감당하기가 쉽지 않을 텐데?"

대답은 명료했다.

"네 말이 맞아. 성공할 가능성이 크지 않아. 아무도 우리가 이길 수 있다고 생각하지 않아. 나도 그렇고. 하지만 그냥 가만히 있어도 답이 없긴 마찬가지야. 그들과 싸워 이기지 않으면 망하는 것은 시간문제야. 그러니 붙어봐야지. 이래도 지고 저래도 진다면 한번 해보기라도 해야 하는 것 아냐?"

그는 계속 "고Go"를 외쳤다. 회사 규모는 순식간에 커졌다. 선발 대기업들이 가볍게 보기 어려울 정도로 성장했다. 주변에서 우려 섞인 시선을 보냈지만 아랑곳하지 않았다. 그러나 결과는 걱정대로 패배였다. 역부족이었다. 그는 배짱 있게 밀어붙여 일정한 수준까지 회사 덩치를 키우는 데는 성공했다. 문제는 딱 거기까지였다는 점이다. 배짱이 통하는 데가 있고 그렇지 못한 데도 있었던 것이다. 무모한 도전이었던 셈이다. 조금만 더 자신의 처지를 고려하고 준비했어야 했다.

최근에 만난 그는 당시를 이렇게 회상했다.

"호기롭게 밀어붙였는데 통하는 데는 한계가 있더군. 주변의 시선도 바뀌었고 우려의 목소리도 들리기 시작했지. 그런데 그냥 무시했어. 여기까지 통했는데 좀 더 갈 수 있을 거라고 생각했지. 그때 좀 더 주변을 돌아봤어야 했는데, 자만했지. 한 번쯤 쉬어갔으면 좋았을 텐데……. 임원들만큼 나도 걱정이 되긴 했어. 그런데 거기서 중단하면 그때까지 큰소리친 것이 다 빈말이 될 것 같았어. 내 권위도 무너질 것 같았고. 내 정책이 모두 틀렸다고 판명 나면 어쩌나 두려웠지. 솔직하지 못했어. 용감하게 중단을 선언하고 상황을 점검했어야 했는데……. 그럴 용기가 없었지 뭐."

밀어붙이는 것만이 배짱이 아니다. 때로는 한계를 인정하고 잘못을 시인하는 것도 배짱이다. 아마 후자가 더 어려울 것이다. 솔직해지는 것이 진정한 배짱인지도 모른다.

배짱이 만용으로 흐르지 않으려면 철저한 조사와 연구가 필요하다. 보스가 정확한 결정을 내리려면 과거와 현재에 대한 치밀한 분석이 선행돼야 한다. 안개 낀 강에서 방향을 잡고 물살을 가늠하는 것은 수없이 많은 강을 건너본 사람만이 할 수 있다. 감에 의존해서 '이쪽이 곗거니' 하고 노를 젓는 것은 무모한 행동이다. 배짱이라고 부를 수 없다. 내 친구가 위험을 감지하고도 계속 밀어붙인 것도 그와 비슷하다. 물론 진정으로 배짱 있는 행동도 다른 사람의 시각에서는 무모하게 보일 수도 있다. 하지만 본인으로서는 '믿을 구석'을 만들어놓고 하는 행동이다. 그런 준비 없이 벌이는 행동은 배짱이 아니라 만용이다.

:: 배짱은 자기 확신이다 ::

앞서 언급했던 대기업의 사업기획팀장 후보자는 40대 중반이 다 된 나이인데도 그렇게 눈치를 봤다. 능력도 뛰어난 사람인데 왜 그렇게 눈치를 봤을까? 자기 확신이 부족했기 때문이다. 자기가 한 행동에 대한 신뢰와 자신에 대한 존중이 없는 사람들이 가진 한계였다. 자기 확신이 없는 사람들은 스스로 내부에서 자신의 존재 의미를 찾지 못해 계속 외부로 시선을 돌리게 된다.

하지만 자신의 존재 의미는 결코 외부에서 찾을 수 없다. 자기 확신을 얻으려면 끊임없이 사유해야 한다. 스스로 대화하고 마음과 교류하면서 존재 의미를 확인해야 한다. 힘은 절대적으로 내면에서 생겨난다. 권위는 남이 주는 것이고 다른 사람이 인정해주는 것이다. 하지만 기본적으로는 자존감, 자신감, 자부심에서 비롯된다. 자신을 존중하지 않는 사람이 어떻게 남으로부터 존중받기를 원하는가?

송나라에 범문공이라는 사람이 있었다. 한번은 관상쟁이를 찾아가 자신이 재상이 될 수 있는지 물었다. 관상쟁이는 범문공의 얼굴을 힐끗 살펴봤다.

"재상이 될 상은 아니군요."

그러자 범문공이 다시 물었다.

"그러면 의원은 될 수 있는지 봐주세요."

당시 의원은 지금과 달리 천한 직업이었다. 그래서 별다른 대접을 받지 못했다. 관상쟁이는 의아한 표정으로 물었다.

"왜 의원이 되려고 하십니까?"

"내가 출세하고 싶어서 재상이 되려는 게 아닙니다. 불쌍한 백성을 돕고 싶어서 그럽니다. 그런데 재상은 못 된다고 하시니 아픈 사람들을 도울 수 있는 의원이라도 되고 싶습니다."

관상쟁이는 잠시 생각을 가다듬었다. 그러고는 범문공을 향해 말했다.

"당신은 큰 재상이 되실 것 같습니다."

범문공이 깜짝 놀라 되물었다.

"조금 전에는 재상이 될 상이 아니라고 하시더니 말을 바꾸신 이유가 뭡니까?"

관상쟁이는 이렇게 대답했다.

"사람에게는 골상, 색상, 심상의 세 가지 관상이 있습니다. 골상과 색상만 놓고 보면 당신은 분명 재상감이 아닙니다. 그러나 심상으론 충분히 재상이 될 수 있습니다. 심상은 골상과 색상을 뛰어넘거든요."

나는 세 가지 관상을 이렇게 해석한다. 골상은 국적, 가문, 키, 시력처럼 내가 바꿀 수 없는 것들이다. 선천적으로 가지고 태어난다. 색상은 학력, 경력, 직장 등 내가 가꿔온 내 현재 모습이다. 그동안 삶의 결과물이다. 심상은 마음가짐이다. 심상이 골상과 색상을 뛰어넘는다는 것은 "태도가 능력"이라는 말과 일맥상통한다.

보스가 리더로서 단호한 결단을 내리기 위해서는 흔들리지 않는 소신이 있어야 한다. 그런 소신은 보스 자신의 내면에서 나오는 것이다. 탄탄한 자기 확신이라는 심상 위에서 나오는 내면의 힘만 있다면 아무리 급한 상황이라도 평정심을 유지하고 객관적으로 문제를 해결할 수 있다. 그것이 곧 배짱이다.

:: 두려워 말고 도전하라 ::

배짱은 도전을 상징하는 용어다. 지금 여기서 이것에 도전하는 것을 결정하려면 상당한 배짱이 필요하다. 망설이고 좀 더 고민하다가는 도전은 물 건너가 버린다. 도전은 불충분한 조건에서 결정하는 것이다. 모험을 전제로 하는 것이다. 사업은 도박이고 위대한 보스는 도박꾼일 수밖에 없는 이유가 여기에 있다.

그런데도 많은 보스가 의사결정을 미룬다. 전에 우리 회사의 일부 간부에게서도 그런 자세가 보였다. 답답한 마음에 이렇게 물었다.

"왜 결정하지 않습니까?"

대답은 항상 이랬다.

"상황이 명료하지 않습니다."

그래서 그 뒤 그들이 의사결정을 잘하기 위해서 어떤 노력을 하는지 지켜본 적이 있다. 그런데 딱히 특별한 것이 없었다. 당시 결정하지 않는 이유는 상황을 더 파악하고 정보를 더 수집하려는 것이 아니었던가? 많은 사람이 이렇게 그냥 결정을 미룬다. 지금 하나 일주일 뒤에 하나 달라지는 것이 없음에도 자신이 없기 때문에 일단 미룬다. 차라리 과감히 결정하면 기회비용이라도 줄일 수 있을 텐데 마냥 미루고 있는 것이다.

조직을 운영하거나 사업을 경영하면서 무수히 내리는 결정의 상당수는 불충분한 정보 속에서 이뤄진다. 안개가 완전히 걷히기 전에 위험을 무릅쓰고 빨리 출발해야 하는 경우가 허다하다. 나는 내보내야 하는 사람을 붙잡고 몇 달을 더 지켜 봐서 더 좋은 결과를 얻었다고 말하는 사람을 본 적이 없다. 그래서 실수를 하려거든 지나치게 늦은 결정을 하지 말고 차라리 지나치게 빠른 결정을 하라고 하는 것이다.

"리스크를 피하려고 지나치게 조심스럽게, 보수적으로 사업하면 기회를 놓친다."

잭 웰치의 말이다. 크라이슬러의 CEO였던 아이아코카도 비슷한 말을 했다.

"대다수 사람이 위기를 견디지 못하고 포기한다. 끈기와 배짱이 없으면 안 된다. 그것만 있으면 자신도 모르게 힘이 생긴다."

그래서 겁쟁이는 리더가 될 수 없다. 변화는 늘 불확실한 곳으로 향하는 것이다. 변화를 겁내고 거부하는 조직은 정체되고 퇴화한다. 제임스 쿠제스와 배리 포스너는 리더십을 연구하는 이유를 이렇게 설명한다.

"도전과제는 위대함을 시험하는 모진 시련이다. 리더십 연구는 불확실성, 고난, 혼란, 변화, 과도기, 회복기, 새로운 시작, 그리고 의미심장한 도전을 거치면서 사람들을 인도하는 방법에 관한 연구다. 또한 아무런 변화 없이 안주하는 시기에 적극 현재 상태를 뒤흔들고, 새로운 가능성을 깨닫고, 기회를 추구하는 방법에 관한 연구이기도 하다."

리더십은 불확실한 상황에서 도전하는 배짱이라는 말이다. 맞는 이야기다. 배짱은 리더에게 없어서는 안 될 자질이다. 리더가 혁신을 추진할 때는 특히나 더 필요하다. 케빈 프라이버그와 재키 프라이버그는 저서 『컷츠Guts!』에서 열렬하게 외친다.

"직원들에게 당신이야말로 왕이자 주인임을 각인시켜라!"

한마디로 배짱이 두둑한 권위자가 되라는 뜻이다. 변화가 일어날 때는 모두가 불안하다. 그 불안은 혁신이 계속될수록 점점 더 커진다. 이때 구성원들의 불안을 줄이는 유일한 방법은 보스의 확신에 찬 말이다.

"나를 믿고 따라오세요!"

요르마 올릴라는 노키아의 신화적인 CEO다. 1992년 취임한 그는 몇십 년 동안 영위해온 노키아의 모 사업인 펄프사업을 포기했다. 또 당시 안정적인 수익을 창출하면서 회사의 캐시카우 역할을 하던 케이블사업에서도 손을 뗐다. 대신 휴대전화기사업으로 미국에 진출해 당시 미국 휴대전화기시장을 지배하고 있던 모토로라에 맞섰다. 그 결정이 어떤 결과를 낳았는지 굳이 설명하지 않아도 될 것이다. 노키아는 세계 최고의 모바일회사가 됐으니까. 만약 그때 올릴라가 자신 있게 추진하지 않았다면 노키아의 혁신은 아마도 불가능했을 것이다.

그렇게 성공한 사람들을 보면 참 대단하다는 생각이 든다. 어떻게 그들은 최고의 자리에 올랐을까? 생각해보면 그들은 대부분 위험을 감수했다. 모험을 즐겼고 수시로 도전했다. 그들처럼 행동하려면 실패를 미리 걱정하는 두려움이 없어야 한다. 물론 실패가 두렵지 않은 사람은 없다. 단지 정도의 차이가 있을 뿐이다. 실패는 모두에게 힘들고 부담스러운 일이다. 그래도 그들은 그 부담을 감수하고 도전했다.

마이크 스타버 스타버그룹 CEO는 단호하게 말했다.

"겁쟁이들은 리더가 될 자격이 없다."

그러면서 강하게 역설했다.

"만약 어떤 리더가 결정을 최대한 늦추고 어려운 질문을 받기 싫어하는 겁쟁이라면 그를 리더의 자리에 둬서는 안 된다."

그는 겁쟁이를 이렇게 묘사했다.

"겁쟁이는 중요한 의사결정에 자신이 느끼는 불편함, 두려움, 저항

감 등을 반영하는 사람들로 지금 상황과 정반대되는 생각이나 행동을 거부하는 사람들이다."

그런 겁쟁이들은 어려운 질문을 싫어한다. 현재가 최선이라고 자위한다. 항상 쉬운 길을 택하고 결정을 늦추며 유행하는 방향으로 생각 없이 휩쓸려 간다.

마지막으로 제임스 쿠제스와 배리 포스너가 보스들에게 촉구하는 말을 들어보자.

"자신을 따르는 사람들을 고취하고 싶다면, 굴하지 않는 용기와 결단력을 가져라. 성공하는 방법을 찾을 때까지 인내하라. 일관성 있게 행동하면서 극복할 때까지 자신이 하는 일을 고수하라. 난관에 대처하는 진정한 배짱과 용기를 보여주면, 사람들은 당신이 지지하는 목표에 동참하지 않을 수 없다는 사실을 깨닫게 될 것이다. 사람들은 감동적인 일을 성취하는 데 동참하는 것을 좋아한다."

05
발언권은
어디서 생길까

한번은 전자부품회사에서 기획실장으로 일하고 있는 사람과 직장을 옮기는 문제를 두고 이야기를 나눈 적이 있다. 기획실장이라면 회사에서 평가를 받고 있고 앞날도 밝은 사람이다. 그런데 직장을 옮기고 싶다니 조금 의외였다.

"회사에서 기획실장이 어떤 위치에 있는지 잘 아실 겁니다. 그런데 어떤 이유인지는 몰라도 최근 들어 회의 때마다 제 의견이 잘 받아들여지지 않고 있습니다. 제가 실세인 부사장과 가깝게 지내지 않아서 그런가 생각도 해봤습니다. 우리 회사의 부사장은 사장의 고등학교 후배입니다. 그가 대학 동문을 밀어준다는 소문이 무성합니다. 하지만 영업담당 상무는 부사장과 대학 동문이 아닌데도 이번 인사이동

때 전무로 승진했습니다. 부사장이 아끼는 후배인 구매담당 상무는 이번에 승진을 못했습니다. 제가 나이가 어리고 경력이 약해서 그런 것일 수도 있다고 생각했습니다. 하지만 저와 연배가 비슷한 마케팅 상무의 의견은 잘 수용됩니다. 특별한 내용이 없는데도 그가 얘기하면 임원들이 다들 경청합니다."

그는 최고경영자들이 자신의 의견에 힘을 실어주지 않으니 부하직원들까지 자신을 무시하는 것 같아 걱정된다고 말했다.

"왜 사장과 부사장이 제 의견을 받아들이지 않는 걸까요? 왜 제겐 발언권이 없을까요? 친구들은 제가 내부 공채 출신 인사가 아니어서 그럴 것이라고 얘기합니다. 다른 임원들은 모두 공채로 입사한 이 회사의 토박이들입니다. 저만 외부에서 임원으로 영입됐습니다. 그게 사실이라면 제겐 전망이 없지 않겠습니까? 그래서 회사를 옮겨야겠다고 생각했습니다."

그가 정말 외부에서 영입된 인사라서 발언권이 없을까? 긴 대화 끝에 나는 그가 신입사원 시절부터 회사에 뼈를 묻었다고 해도 상황이 달라지지 않았을 것이라는 결론을 내렸다. 그가 안고 있는 문제는 네트워크가 아니었다.

:: 조직은 희생자를 기억한다 ::

회사에서, 혹은 자신이 속해 있는 조직 내에서 발언권이 약해 고민하는 보스들이 적지 않다. 그들은 발언권이 약하다 보니 자기 의견을 많이 반영하지 못해 자기가 세운 계획대로 조직과 사업을 이끌지 못한다고 불만을 표시한다. 또 부하직원들에게 위신이 서지 않아 리더십이 손상을 입는다고 주장한다.

하지만 그것은 인과관계를 잘못 파악한 것이다. 발언권이 약해서 부하직원이 자기 말에 따르지 않는 것이 아니다. 어떤 다른 원인 때문에 발언권이 약해진 것이다. 그리고 그로 인해 본인을 따르지 않는 부하직원이 생겨나는 것이다. 일반적으로 발언권은 집단에 이바지한 만큼, 희생한 만큼 커진다. 따라서 어떤 사람의 조직 내 발언권이 약화하고 있다면 조직기여도가 줄고 있다고 봐야 한다.

나는 기획실장과 이야기를 하는 과정에서 그가 회사구성원들에게 '우리 사람'이라는 인식을 주지 못하고 있다는 생각을 하게 됐다. 외국계 회사에서 오랫동안 일했던 그는 정시출근 정시퇴근이 생활화돼 있었다. 또 휴일에는 절대로 회사에 나오지 않았다. 부득이하게 처리해야 할 일이 있을 때만 잠깐 나왔다. 그리고는 일만 처리하고 바로 떠났다. 일이 밀려 부서원들이 휴일에 자리를 지켜도 마찬가지였다. 스스로 필요하지 않다고 생각하면 신경을 쓰지 않았다.

"자기 업무는 자신이 책임져야 한다."

그는 입만 열면 이렇게 말했다. 그가 속해 있는 회사는 전형적인 한국계 제조회사였다. 외국계 기업과 문화가 한참 달랐다. 그러나 그는 자신이 합리적이라고 생각했다. 익숙하게 몸에 밴 외국계 금융회사의 업무스타일을 유지했다. 자기 업무만 충실히 수행하면 됐지 남의 일에 신경 쓸 필요가 없다고 생각했다. 업무시간 준수는 그런 자기 스타일의 상징이었다.

그렇게 한참 시간이 흘렀다. 휴일 연휴가 끝난 어느 날 아침이었다. 그는 자신도 모르게 업무가 진행되는 것을 알게 됐다. 상황을 파악해 보니 휴일 연휴 때 출근해 일한 기획부장이 부사장의 지시를 받고 처리했다는 것이다. 기획부장은 "연휴 때 부사장께서 전화로 업무지시를 해서 처리를 했다"면서 "특별히 중요한 일도 아니어서 연휴가 끝난 뒤 상무님께 보고하려 했다"고 설명했다. 그 설명에 특별한 문제가 없어서 그는 "수고했다"며 이야기를 끝냈다.

문제는 그런 일이 수시로 벌어졌다는 데 있었다. 그러다 보니 직원들에게 기획실장은 점차 존재감을 잃게 됐다. 자연스럽게 업무의 주도권은 기획부장이 쥐게 됐다. 부사장 처지에서도 부르면 언제나 달려와 책임지고 일을 처리하는 기획부장과 일하는 것이 편했다. 다른 임원들도 마찬가지였다. 굳이 기획실장과 이야기하지 않아도 웬만한 문제는 기획부장이 다 처리했기 때문에 기획부장과 소통했다.

확인해본 결과 예상했던 대로 그 회사의 임원들은 그가 '머지않아 회사를 떠날 것'이라고 생각하고 있었다. 그렇지 않다면 기획실장이 부하직원들에게 업무를 맡기고 밖으로 나돌 리 없었기 때문이다. 일반적으로 기획실장의 머리에는 회사의 모든 업무가 들어와 있게 마련이다. 축구에서 전후좌우로 공을 배급하는 미드필더와 마찬가지다. 모든 업무가 기획실장에서 시작되고 기획실장에서 끝난다. 그래서 사장은 업무를 대부분 기획실장과 협의하게 된다. 임원들도 기획실장을 통해 최고경영자의 의중을 파악하게 된다. 대다수 기업에서 기획실장이 직급이 낮아도 상당한 영향력을 행사하는 데는 그런 사정이 있다. 그런데 앞서의 기획실장에게는 전통적 기획실장의 모습이 보이지 않았다. 국외영업이나 생산현장을 담당하는 부서 직원들은 퇴근 이후나 주말에도 일하는 경우가 많았다. 그러다 보니 업무시간 외에도 여러 문제를 기획실장과 협의해야 했다. 그러나 이 기획실장은 언제나 자리에 없었다. 이 때문에 자연스럽게 자리를 지키고 있는 기획부장과 업무협의를 하게 된 것이다. 기획실장은 그렇게 허수아비가 돼갔다.

:: 발언권은 투입한 시간에 비례한다 ::

서울에 있는 어떤 컨설팅회사가 빠르게 성장해 직원이 늘었다. 그래서 사옥을 옮기기 위해 장소를 알아보고 있었다. 직원들은 저마다 고객 접촉에 수월하고 출퇴근도 편한 곳을 추천했다. 외국계 회사를 주로 상대하는 부서는 도심의 광화문 부근을, IT업체를 상대하는 부서는 IT회사가 밀집해 있는 강남을, 정부부처를 주로 상대하는 부서는 과천 정부종합청사와 가까운 사당동이나 과천을 희망했다. 금융담당 부서는 금융회사가 모여 있는 여의도를, 경영지원실에서는 벤처기업이 몰려 있는 구로디지털단지를 강하게 밀었다. 각자 이해관계에 따라 많은 아이디어를 내놨다. 하지만 시간이 흐르면서 분위기는 구로디지털단지로 기우는 듯했다. 임대료가 저렴하다는 것이 표면적 이유였다. 하지만 사실은 회사에서 발언권이 가장 큰 경영지원실장이 인천 쪽에 살고 있었기 때문이다. 인천에서 출퇴근하는 경영지원실장 처지에서는 회사가 구로지역에 있는 것이 가장 좋았다.

금융담당 부서는 비상이 걸렸다. 사옥이 구로디지털단지로 이전하면 클라이언트인 국내외 금융회사들이 자신들을 깎아내릴 가능성이 컸다. 그러나 여의도로 이전하자고 주장하기에는 금융담당 부서의 발언권이 너무 약했다. 금융 쪽의 사업전망은 밝았다. 하지만 신설 부서라 아직 이렇다 할 성과가 없었다. 게다가 금융담당 부서장의 연배도 가장 낮았다.

금융담당 부서장은 신뢰하던 차장과 대리를 조용히 불렀다. 은밀하게 여의도에 사옥 건물을 알아보라고 지시했다. 현재 후보에 오른 구로디지털단지보다 저렴하고 깨끗해 경쟁력을 갖춘 건물을 찾으라고 했다. 세 사람은 그날부터 여의도를 샅샅이 뒤졌다. 사방팔방에 연락해 사옥 건물을 부탁했다. 그러던 어느 날 차장의 고등학교 동기로부터 연락이 왔다. 본사의 철수명령 때문에 사옥을 급하게 비워야 하는 외국계 회사가 있다고 했다. 잘하면 인테리어 비용까지 절감할 수 있었다. 다음날 금융담당 부서장은 여의도 사무실정보를 들고 회의에 들어갔다. 구로디지털단지보다 저렴하고 건물도 좋은 사옥이라는 점 때문에 분위기는 단번에 반전됐다. 임대료가 저렴하다는 이유로 가장 유력하게 검토됐던 구로디지털단지는 갑자기 2순위로 밀려났다. 임원회의에서 잠시 의견이 오갔지만 결국 사옥은 여의도로 결정됐다. 금융부서는 현재 매출 1위의 사업부서가 됐다. 당시 금융부서장은 임원으로 승진했다.

발언권이 세다는 것은 그의 의견에 따르는 사람이 많다는 뜻이다.

의견이 탄탄한 근거를 갖고 설득력이 강하다는 말이다. 금융담당 부서장은 훨씬 정확하고 풍부한 정보를 토대로 단박에 상황을 뒤집었다. 그보다 풍부한 경험이 있고 뛰어난 성과를 거두는 간부들이 여럿 있었다. 하지만 그가 제시한 근거는 반박하기 어려웠다. 목소리가 크다고 발언권이 강한 것은 아니다. 그가 제시하는 의견이 합리적이고 문제를 해결하는 방안을 담고 있다면 누구든 그 의견을 따를 것이다.

이를 위해서는 자신의 의견에 생생하고 정확한 정보가 뒷받침돼야 한다. 남들이 쉽게 반박하기 어려울 정도로 탄탄한 근거로 무장하고 있어야 한다. 물론 정보를 수집하는 과정은 녹록지 않다. 발품을 팔아야 하고 다른 사람에게 아쉬운 소리를 해야 할 수도 있다. 하지만 그 희생의 결과만큼 발언권은 커진다. 발언권은 정직한 시스템이다. 쏟아부은 만큼 생겨난다.

요즘 집에서 발언권이 없다고 하소연하는 40대, 50대 아빠가 많다. 자신들은 집에서 존재감이 없으며 가족이 자신들을 투명인간 취급한다고 주장한다. 아내와 아이들이 주말에 놀러 갈 계획을 짜거나 외식하러 나갈 때 자신에게는 물어보지도 않는다는 것이다. 간혹 아이들에게 "왜 내 의견은 들어보려 하지도 않느냐"고 물으면 이런 답만 돌아온다고 한다.

"아빠는 원래 안 가잖아요."

이런 말을 들으면 머쓱해지고 만다.

지금까지 가정경제를 책임지기 위해 열심히 노력했는데 왜 아무도 아빠를 인정해주지 않을까? 아빠들은 억울하다. 소외된다고 생각하니 처량하기도 하다. 그러나 자업자득이다. 많은 아빠가 아이들이 필요할 때 그 자리에 없다. 아이가 갑자기 아파서 병원에 갈 땐 회사 일이 바쁘다며 엄마에게 책임을 넘기곤 한다. 고객과 한 약속 때문에 가족의 주말 나들이에도 빠지기 일쑤다. 입학식, 졸업식, 생일 등 아이에게 중요한 날에 아빠들은 늘 거기에 없다. 아이들의 마음에 그런 아빠의 존재가 남아 있기를 기대하는 것은 무리일 수도 있다.

그래서 어떤 전문가는 그 해결책으로 아빠들에게 무조건 집에 있는 시간을 늘리라고 말한다. 아무 할 일이 없거든 거실에 앉아서 TV라도 보라고 한다. 그렇게 집에 있는 시간이 많아지면 오다가다 "어, 아빠가 집에 있었네."라며 아버지의 존재감을 인식하게 된다는 것이다. 물론 우스갯소리다. 하지만 아무리 아빠라고 하더라도 집에서 존재감을 인정받고 발언권을 가지려면 그만큼 시간을 투입해야 함을 강조하는 말이다.

:: 자기 희생이 발언권을 높인다 ::

일본 이와테 현의 리쿠젠타카타 시의 도바 후토시 시장은 시장이 된 뒤 가족과 제대로 시간을 보내지 못하는 것이 늘 마음에 걸렸다. 2011년 3월 11일, 그는 오랜만에 아내에게 전화를 걸어 외식약속을 했다. 그런데 전화를 끝내고 6분 뒤 지진이 발생했다. 곧이어 쓰나미가 덮쳤다. 서둘러 직원들을 옥상으로 대피시키다가 그는 해안가의 자기 집 부근이 초토화되는 것을 보게 됐다. 집에 계속 전화를 걸었지만 끝내 연결되지 않았다. 그는 아내를 구하기 위해 당장 집으로 달려가려고 했다. 그러나 시장이 시민부터 구해야지 개인적 이해에 경도돼서는 안 된다고 생각해 발길을 돌렸다. 남편보다는 시장으로서 책임이 더 앞서야 한다는 게 그가 내린 결론이었다. 이날 리쿠젠타카타는 대지진으로 시 인구의 10분의 1에 해당하는 2,300여 명을 잃었다. 도바 후토시 시장도 그날 이후 부인의 행적을 찾지 못했다. 하루에도 수십 번씩 아내 얼굴이 떠올라 집으로 달려가고 싶었다.

그러나 그는 사태수습 때문에 사사로이 부인을 찾아 나설 수가 없었다. 졸지에 엄마를 잃은 초등학생 두 아들마저 친척 집에 맡긴 채 재해대책본부가 설치된 학교에서 머물러야 했다. 그런 그에게 어느 날 열두 살 난 큰아들이 재해대책본부로 찾아와 눈물을 훔치며 말했다.

"엄마를 찾아주세요."

그래도 그는 그 자리에서 아들의 손을 잡고 함께 아내를 찾아 나서지 못했다. 경찰로부터 아내의 시신을 찾았다는 연락을 받은 것은 쓰나미가 휩쓸고 간 지 몇 주가 지나서였다. 그날은 공교롭게도 아내의 39번째 생일 다음날이었다. 아내는 자택에서 200미터 떨어진 곳에서 발견됐다. 하지만 그는 피해대책을 지휘하느라 밤늦게야 안치소로 향했다. 그는 아내를 확인하고는 시신을 안고 통곡했다.

보스의 희생을 극단적으로 보여주는 사례다. 자신에게 가장 소중한 것보다 먼저 시민을 생각해주는 시장. 시민들이 그에게 무슨 말을 할 수 있을까? 가진 것을 모두 내려놓고 조직을 위해 자신을 태우는 촛불 같은 보스. 사람들은 그런 보스 앞에 무릎을 꿇게 된다. 보스가 발

벗고 희생하면 구성원들은 자신의 행동을 다시 돌아보게 된다.

'우리 보스는 저렇게 자신을 전부 투입하고 희생하는데, 그동안 나는 내 이익만 취했구나!'

이렇게 자기 반성을 하게 된다. 그런 반성은 다시 구성원들의 용기를 자극한다. 기꺼이 위험을 감수하게 만든다.

보스의 영향력은 자기 희생에 비례한다. 지위를 떠나 마음에서 우러나오는 존경심이 생길 때 보스의 영향력은 강해진다. 그렇게 보스는 자기를 희생함으로써 좋은 보스에서 위대한 보스로, 사랑받는 보스로 성장해간다. 보스가 성장하려면 기꺼이 자기 희생을 감내해야 한다. 그러나 희생은 말처럼 쉽게 할 수 있는 것이 아니다. 도바 후토시 시장은 일 년 뒤 한 인터뷰에서 이렇게 말했다.

"나는 아내에겐 살아 돌아오기를 기대하는 것밖에 해주지 못했다. 도대체 나는 어떤 인간일까 회의하게 된다. 리더가 된다는 것은 어려운 일이다."

발언권이 없다고 투덜대는 것은 "나는 조직에 희생한 바가 없으니 보스의 자격이 없다"고 고백하는 것과 같다. 보스의 의견에 힘을 실어주는 것은 보스가 가진 권한이나 조직의 성과가 아니다. 근본적으로 발언권을 얻으려면 가진 것을 내려놓고 업무에 뛰어들어 희생하고 헌신해야 한다. 리더의 권위는 희생으로부터 나온다. 희생 없이는 권위가 설 수 없다. 권위가 없는 보스는 권력과 지위로 조직을 끌고 가게 된다. 이것은 보스에게도 조직구성원에게도 비극적인 일이다.

앞서 말했듯이 발언권은 영향력이다. 조직의 성장에 얼마나 이바지하느냐에 따라 발언권의 크기가 달라진다. 투자를 많이 해 지분율이 높은 주주가 주주총회에서 더 큰 발언권을 갖는 것과 같은 이치다. 만약 성과와 무관하게 발언권이 결정된다면 그 조직은 비정상적이고 비합리적으로 운영되고 있다고 봐야 한다. 같은 팀장이라도 발언권의 크기가 다른 것에는 이유가 있다. 전체 조직에 미치는 영향력과 조직의 발전에 대한 기여도가 다르기 때문이다.

:: 모든 것을 내려놓으라 ::

발언권은 조직에 대한 영향력과 기여도와 직결돼 있다. 그렇기 때문에 회사의 현재 상황, 앞으로 나갈 방향과 밀접한 관련이 있다. 회사가 위기에 처하면 그 분야를 담당하는 부서의 발언권이 커지게 마련이다. 자금난에 처하면 재무부서의 발언권이, 보안이슈가 생기면 보안부서의 발언권이 커진다. 누구의 발언권이 더 큰지 살펴보면 그 조직의 현재 상황, 지향성, 가치, 철학을 엿볼 수 있다.

노키아는 최전성기를 구가하던 2006년 법률회계전문가인 올리 페카 칼라스부오를 CEO로 영입했다. 관리에 강점을 가진 칼라스부오는 어떤 사업을 하건 '비용관리'를 제1원칙으로 내세웠다. 그러다 보니 순식간에 엔지니어보다 재무부서의 발언권이 훨씬 커졌다. 노키아가 아이디어와 혁신으로 시장을 주도할 때만 해도 경영진과 언론의 관심은 언제나 엔지니어들이었다. 그러나 칼라스부오의 취임 이후 재무회계담당자들의 발언권이 커지자 노키아의 전성기를 만들어냈던 엔지니어들은 회사생활에 재미를 느끼지 못했다. 결국 하나둘씩 짐을 쌌다.

특히 창의적 연구를 진행하던 간부들은 대거 노키아를 탈출했다. 그들은 발언권이 약해지면서 자신들이 회사에서 존재감을 찾기 어렵게 됐다고 느꼈다. 급기야 자기 능력을 더 인정해주는 곳으로 옮겼다. 창의성이 생명인 회사에서 창의의 주력인 엔지니어가 빠지면 그 회사는 생명력을 잃게 된다. 더구나 그 자리에 관료적 냄새가 짙은 법률회계전문가들이 포진했으니 노키아의 몰락은 예정돼 있었던 셈이다.

하버드 대학 비즈니스스쿨 교수인 마이클 포터는 회사의 기능을 주활동과 보조활동으로 구분한다. 주활동은 구매, 생산, 물류, 판매, 마케팅 등 회사의 본질적 기능이다. 보조활동은 인사, 기획, 재무, 디자인 등 주활동을 지원하는 기능이다. 그 기능은 산업이나 기업의 특성에 따라 변한다. 예를 들어 시장이 안정된 시멘트, 정유, 철강 등을 영위하는 기업에서는 생산, 관리 기능이 중요하다. 반면 소비자 성향에 민감하게 반응해야 하는 백화점에서는 구매, 판매, 마케팅 기능이 중요해진다. 기술집약적인 첨단 업종에서는 당연히 연구개발 기능이 핵심이다.

그렇게 회사마다 핵심기능이 다르기 때문에 내부 발언권도 기업마다 차이가 있다. 전통적으로 기술집약적인 첨단 전자제품을 다루는 노키아에서는 연구개발 기능이 중요했다. 전임 경영진은 그래서 엔지니어들을 중시했다. 그런데 칼라스부오는 이들을 무시했다. 법률, 회계 기능을 중시하는 쪽으로 회사 분위기를 바꿨다. 법률과 회계도 중요하다. 하지만 기본적으로 보조기능일 뿐이다. 보조기능 부서의 발언권이 커진다는 것은 그만큼 주기능 부서의 발언권이 약화하고 있다는 뜻이다. 조직이 관료화하고 있음을 의미한다. 노키아에서는 그렇게 순식간에 창의성이 사라지고 말았다.

회사의 자금 사정이 나빠지면 회사 안에서 자금부서의 발언권이 커진다. 회계 투명성이 약한 곳에서는 어김없이 회계부서의 발언권이 강하다. 오너, 대주주, 최고경영자의 도덕성이 문제가 되는 조직에서는 언제나 가신이 발언권을 갖게 된다. 제대로 된 조직이라면 조직의 성장 발전에 이바지하는 부하, 성과에 이바지하는 부하, 조직에 헌신하고 충성하는 부하, 조직을 위해 자신의 모든 것을 쏟아붓는 부하의 발언권이 커야 한다.

만약 발언권이 엉뚱한 사람에게 돌아가면 합리적인 문화가 사라진다. 부정적인 사람들의 발언권이 커지면 합리적 다수는 입을 다물게 된다. 그리고 조직은 침묵의 정체나 쇠퇴를 맞게 된다. 그래서 보스는 조직 내 발언권에 관심을 둬야 한다. 발언권이 보스가 추구하는 가치에 맞는지 살펴봐야 한다. 만약 발언권이 조직의 목표와 다르게 나타나고 있다면 보스는 조직의 상황을 점검해봐야 한다.

2장

보스의 미래 통찰력

예측력이 둔해지면 보스는 리더십을 상실하고 만다. 사자의 사냥술은 냄새로 소리로 눈으로 정보를 파악하고 예측하는 것이다. 힘은 사냥 성공의 작은 요소에 불과하다. 사자가 대장 지위를 잃는 것은 힘이 약해져서가 아니다. 예측력이 떨어져서다. 보스도 마찬가지다. 몸으로 부딪쳐 경험을 쌓고 끊임없이 연구해야 한다. 그렇지 않으면 미래를 읽는 능력을 상실한다. 결국 자리에서 밀려나게 된다. 또 그가 이끄는 조직도 쇠퇴의 길을 걷게 된다.

따라서 보스는 더 많은 시간을 미래에 투자해야 한다. 더 많은 시간 동안 미래에 대해 생각해야 한다. 미래에 대한 정보를 취득하고 다른 사람들과 미래에 관해 이야기해야 한다. 그래야 날카로운 예측력을 유지할 수 있다. 세상에는 공짜도 우연도 없다.

06
몇 수 앞을
읽을 수 있는가

　김 부장은 자동차부품회사에서 외국영업을 담당하고 있다. 내가 일하는 커리어케어의 추천을 받아 직장을 옮긴 분이다. 그는 입사 때 사장에게서 좋은 평가를 받았다. 덕분에 그 회사의 최대 시장이면서 경쟁이 가장 치열한 북미시장을 총괄하게 됐다. 입사 몇 달 후 그를 만났다. 그런데 표정이 그리 밝지 않았다. 업무성과도 그다지 좋지 못하고 전망도 밝지 않다고 했다.

　내가 김 부장을 다시 만난 것은 해가 두 번 바뀐 뒤였다. 그런데 표정이 달라져 있었다. 나중에 그 프로젝트를 담당했던 컨설턴트에게서 전해 들은 이야기는 참 드라마틱했다. 김 부장이 입사한 지 한 해가 다 돼갈 즈음 중남미지역부서의 부서장과 차장이 한꺼번에 사표를 냈다. 회사가 발칵 뒤집혔다. 중남미지역부서는 회사가 그해 초 의욕적으로 시장개척 의지를 불태우며 신설한 부서였다. 회사는 베테랑 부서장과 엘리트 직원들을 배치하면서 영업활동을 적극 지원했다. 김 부장이 입사한 것도 북미지역부서장이 중남미지역부서장으로 옮겨가면서 북미지역부서장 자리가 비었기 때문이다.

그러나 회사의 기대와 전폭적 지원에도 중남미지역부서의 성과는 매우 부진했다. 부서장을 비롯해 모든 부서원은 밤낮을 가리지 않고 애썼다. 그러나 결과는 늘 기대를 밑돌았다. 그러던 차에 금융위기가 터지면서 상황은 더욱 어려워졌다. 고심하던 부서장과 차장은 부담을 이기지 못한 채 결국 회사를 떠나고 말았다. 사장의 특별지시로 설립돼 큰 기대를 모았던 부서였기에 충격은 컸다. 본부장은 업무공백을 최소화하기 위해 서둘러 새 부서장을 찾아 나섰다.

본부장은 먼저 아프리카지역을 담당하는 최 부장을 불렀다. 최 부장은 지난번 중남미지역부서장 후보로 검토될 만큼 경험이 많았다. 능력도 인정받고 있었다. 본부장은 회사의 전략지역임을 설명하면서 중남미지역부서장을 맡으라고 권했다. 최 부장은 부담스러워했다. 그러자 본부장은 다시 아프리카시장과 중남미시장의 성격이 비슷하다고 자세히 설명했다. 그러니 새로운 부서장을 찾을 때까지만이라도 두 직책을 겸직해달라고 주문했다.

그러나 최 부장은 그 주문마저 여러 이유를 들어가며 선뜻 수용하지 않았다. 현재로서는 아프리카시장에만 전념하기에도 여력이 없다고 빠져나갔다. 새로운 부서장을 영입하는 것이 좋을 것 같다고 했다.

그러면서 자신이 새 부서장을 찾아보겠다고 말했다. 본부장은 몹시 불쾌했다. 그러나 하기 싫다는 사람에게 억지로 일을 맡겨봐야 성과가 뻔하다는 것을 잘 알고 있었다. 답답했다. 그런데 며칠 후 북미지역 담당 김 부장이 본부장을 찾아왔다.

"상황을 전해 들었습니다. 중남미시장에 대한 경영진의 관심을 잘 알고 있습니다. 조금 더 노력하면 가능성이 있습니다."

그는 중남미지역을 겸직하고 싶다는 의사를 밝혔다. 특히 북미지역 부서 직원들이 조금 더 노력하면 되기 때문에 인원을 보충하지 않아도 될 것 같다고 말했다. 본부장으로서는 고맙기 그지없었다. 물론 북미지역부서원들의 불만은 이만저만이 아니었다. 어지간해서는 성과가 나지 않을 일을 끌고 온데다 인력도 늘리지 않겠다는 것 아닌가? 그러니 일만 갑절로 늘어나게 된 것이다. 김 부장은 직원들을 다독이느라 애를 먹었다.

몇 달 뒤, 계속되는 경기침체에 회사는 결국 구조조정에 들어갔다. 지원조직은 물론 영업조직까지 대폭 축소됐다. 아프리카지역부서가 유럽지역부서와 통합되면서 최 부장은 본부 대기발령을 받았다. 부서 직원도 절반 가까이 줄었다. 이에 반해 북미지역부서는 중남미지역부서와 합해지기는 했지만 이전보다 훨씬 규모가 커졌다. 금융위기가 해소되자 미주시장은 급성장했다. 김 부장은 이사로 승진했다. 당시 북미지역부서원들에게 김 부장의 행동은 그저 신기할 뿐이었다.

"우리 부장님은 어떻게 아셨을까?"

:: 10분 뒤와 10년 뒤를 동시에 생각하라 ::

김 부장과 최 부장의 위치는 순간의 판단 차이로 완전히 뒤바뀌었다. 만약 그때 최 부장이 중남미지역부서장 제의를 수락했다면 구조조정 때 축소될 조직은 북미시장부서였을지도 모른다. 보스의 예측이 조직의 존폐를 바꿔놓은 것이다.

"격변의 시대에 필요한 것은 예측능력이다. 10분 뒤와 10년 뒤를 동시에 생각하라."

피터 드러커가 한 말이다. 보스의 예측과 결정은 조직의 5년 후, 10년 후를 바꿀 수 있다. 특히 CEO의 예측은 직원들뿐만 아니라 직원 가족들의 운명까지 바꾼다.

얼마 전 웅진홀딩스와 극동건설이 법정관리에 들어갔다. 웅진그룹은 CEO의 뛰어난 예측으로 번영하다가 무뎌진 예측으로 무너진 대표적 사례다. 웅진은 작은 출판사로 시작했다. 1989년에는 웅진코웨이를 설립하며 정수기사업을 시작했다. 당시 정수기사업은 거의 기업 등 단체고객을 상대하는 사업이었다. 웅진은 정수기를 가정에 설치하면 큰 호응을 받을 것으로 예상하고 사업에 착수했다. 이를 위해 정수기를 가정에 빌려주고 관리까지 책임지는 시스템을 도입했다.

웅진의 예측은 정확하게 맞아떨어졌다. 사업은 대성공을 거뒀다. 웅진코웨이는 무섭게 성장해 그 수익으로 그룹의 확장기반을 마련했다. 웅진코웨이는 지주회사인 웅진홀딩스에 순이익의 50퍼센트를 안겨줬다. 웅진그룹은 이를 토대로 거침없이 사업을 확장해나갔다. 화학, 태양광, 저축은행, 건설회사까지 손을 댔다.

그러나 2007년 극동건설을 인수한 뒤 미국발 금융위기가 시작됐다. 건설경기 침체로 건설업의 수익성이 급격히 나빠졌다. 끊임없이 자금을 쏟아부었지만 역부족이었다. 급기야 웅진그룹은 웅진코웨이를 매각하기로 했다. 그 대금으로 건설업과 태양광사업에 집중하겠다는 전략을 갖고 있었다. 그러나 문제의 원인은 그대로 두고 오히려 알짜회사를 매각하려는 것에 대한 그룹 안팎의 우려의 목소리가 높았다. 결국 2012년 초 극동건설과 웅진홀딩스가 나란히 법정관리를 신청했다. 가정용 정수기사업에 대한 선견지명은 웅진이 중견그룹으로 성장하는 데 초석이 됐다. 하지만 건설업에 대한 잘못된 예측은 그룹 전체를 뒤흔들고 말았다.

웅진그룹뿐이 아니다. 역사상 빗나간 예측으로 몰락한 기업은 수도 없이 많다. 자동차사업에 대한 잘못된 예측은 대마불사大馬不死를 무색하게 만들면서 대우그룹과 쌍용그룹을 해체로 몰아넣었다. 코닥은 디지털카메라시대의 도래를 예측하지 못했다. 과거의 필름카메라에 집착하다가 몰락했다. 휴대전화시장을 지배했던 노키아도 마찬가지다. 스마트폰시대를 예상하지 못해 현재 급격한 후퇴를 경험하고 있다.

누구를 탓할 것인가? 모든 판단의 책임은 온전히 보스에게 있다. 그래서 보스는 미래를 읽고 빠르게 대처해야 한다. 아무리 뛰어난 참모들이 주변에 있어도 결국 최종 판단은 언제나 자신의 몫이다. 그래서 보스는 자신의 판단력과 통찰력을 믿어야 한다. 자신을 믿고, 자신만 믿고 결정해야 한다. 그러니 고독하다는 것이다. 그렇다면 예측능력은 어디에서 오는가?

:: 보스의 예측이 잘못되면 조직은 무너진다 ::

보스에게 가장 중요한 능력 중 하나가 예측능력이다. 특히 요즘처럼 격변하는 시대에는 더욱 그렇다. 그런데 이때 예측은 단순한 예상이 아니다. 통찰력이자 안목으로 바라보는 것이다. 지식과 경험이 결합해 만들어진 지혜로 미래를 내다보는 것이다.

사실 예측하지 않는 보스는 없다. 그러나 제대로 예측하는 보스와 그렇지 못한 보스의 차이는 크다. 잘못된 예측을 하는 보스는 대개 과거의 성취에 도취해 있다. 그렇지 않으면 자만에 빠져 있다. 작은 성취에 흠뻑 젖어 다가올 변화에 무딘 것이다. 웅진그룹은 웅진코웨이의 성공에 도취한 나머지 건설업의 장기침체를 미처 읽지 못했다. 웅진코웨이의 성공신화 때문에 극동건설도 웅진코웨이처럼 성공할 수 있으리라고 확신했다. 그래서 실제로 건설업이 성과를 내지 못하고 있어도 사안을 가볍게 보고 버텼다. 그러다가 결국 무너진 것이다.

그렇다면 예측능력과 미래를 읽는 능력은 타고나는 것일까? 예측이 승패를 좌우하는 바둑에서 고수들은 20수, 30수 앞을 본다고 한다. 바둑의 고수들은 수 읽는 능력을 타고났을까? 아니다. 수십만, 수백만 번 수를 둬보며 연습하고 연구한 결과다. 내가 이렇게 두면 상대방은 저렇게 둘 것이다. 그때 나는 이렇게 두고 상대방은……. 그런 식으로 수많은 경우를 생각하면서 연습을 하다 보면 자연스럽게 예측력이 향상되는 것이다. 보스의 예측능력도 훈련을 통해 기를 수 있다. 다른 자질과 마찬가지다.

물론 노스트라다무스처럼 태어날 때부터 진짜 미래를 내다보고 예언하는 능력을 갖춘 사람이 존재할지도 모른다. 그러나 설령 그런 능력이 존재한다 하더라도 아주 극소수 사람만이 지녔을 것이다. 예측과 예언은 그래서 전혀 다른 개념이다. 일기예보도 내일 날씨를 '예언'하는 것이 아니다. 과학적 통계에 기초해서 내일 날씨를 '예측'하는 것이다. 기상전문가들은 구름, 기압골, 바람, 습도가 어떤 방향으로 어떻게 움직이는지 정확하게 파악한다. 이를 과거의 통계와 비교분석해서 내일 날씨를 점친다.

보스가 정보에 민감한 것이나 경험이 없는 사람이 보스가 되기 어려운 이유도 여기에 있다. 현재 우리가 접하는 정보는 다가올 미래에 관한 것이다. 미래가 제공하는 시그널이다. 따라서 분석과 해석 이전에 일단 그 시그널부터 확보해야 한다. 그것이 전 세계적으로 국가 간, 기업 간 정보전과 첩보전이 벌어지는 이유다. 먼저 정보를 얻는 자가 승리한다는 것은 적어도 보스의 세계에서는 풍문이 아니다. 냉정한 현실이다.

그래서 보스가 되면 자연히 신문을 가까이하게 된다. 신문에는 매일 방대한 최신 정보가 업데이트된다. 그러므로 신문을 꼼꼼히 읽으면 세상이 어떻게 돌아가는지 파악할 수 있다. 내가 몸담은 업계의 소식과 관련 분야의 뉴스를 매일 따라가다 보면 조금씩 동향을 읽을 수 있게 된다. 나아가 내일, 다음 주, 내년의 모습도 내다볼 수 있다. 그만큼 예측력이 향상된다. 내가 신문기자 출신이어서 하는 말이 결코 아니다. 제대로 된 보스치고 신문을 정독하지 않는 사람이 거의 없다. 역으로 신문을 정독하는 사람은 대개 보스이거나 보스가 되려는 '꿈을 가진 사람들이다.

김 부장이 중남미시장의 중요성을 정확히 짚어낸 비밀도 여기에 있다. 김 부장은 북미지역의 소식을 매일 살피던 중 가까운 중남미시장이 북미시장과 무관하지 않음을 발견했다. 또 전 세계의 주요 기업들이 중남미시장에 큰 기대를 걸고 있다는 점을 확인할 수 있었다. 그는 세계적 기업으로 성장하려는 자기 회사도 중남미시장에 대해 관심이 있을 것이고 조만간 진출을 시도할 것이라고 예상했다.

그뿐이 아니었다. 김 부장은 회사 인트라넷에 올라오는 임원회의 내용을 꼼꼼히 챙겨보는 편이었다. 중남미지역부서 신설 논의에 촉각을 곤두세웠다. 어느 날 그는 사장이 중남미시장에 큰 관심을 표명했다는 회의록을 읽었다. 자신의 생각이 틀리지 않음을 확신했다. 김 부장은 언론에 보도되는 중남미지역 주요 뉴스를 빠지지 않고 챙겨 읽었다. 동료직원들이 전하는 중남미시장 소식을 경청했다. 시간이 갈수록 중남미지역의 중요성이 피부로 다가왔다.

왜 회사가 중남미시장에 눈독을 들이고 있는지 충분히 이해할 수 있었다. 회사 입장에서는 현재 포화상태인 북미시장보다 중남미시장이 더 매력적일 수도 있다는 생각이 들었다. 그러던 차에 최 부장이 중남미지역부서장 자리를 고사했다는 소식을 들었다. 김 부장이 한걸음에 본부장실로 달려간 것은 당연한 일이다. 김 부장의 예측은 우연이 아니라 지속적 정보수집과 연구 끝에 얻은 결과였다.

:: 노이즈인가 시그널인가 ::

미래의 신호는 현재와 과거 속에 있다. 끊임없이 쏟아지는 정보의 거대한 홍수 속에서 보스는 정확한 시그널을 포착할 줄 알아야 한다. 마치 무의미한 노이즈 속에서 외계로부터 온 희미한 신호를 듣고자 하는 과학자처럼. 모든 미래는 신호를 보낸다. 따라서 진정한 보스는 그중에서 유의미한 시그널을 감지해 해석할 줄 알아야 한다.

최 부장은 김 부장처럼 연구하고 조사하지 않았을까? 사실 최 부장도 김 부장 못지않게 정보수집과 분석에 많은 시간을 쏟았다. 매일 신문을 읽고 중요하다 싶은 기사는 스크랩해서 꽤 여러 권의 스크랩북도 만들었다. 직접 현지의 상황을 파악하기 위해 장거리 외국출장을 다녀오기도 했다. 문제는 최 부장이 노이즈와 시그널을 구분하지 못했다는 데 있었다. 최 부장은 중남미시장이 회사가 최우선순위로 두는 시장이라는 시그널을 포착하는 데 실패했다. 그 때문에 굴러들어온 호박을 걷어차고 말았다.

"노이즈인지 시그널인지는 결과를 봐야 알 수 있는 경우가 많지 않습니까?"

그렇게 반문하는 사람도 적지 않다. 물론 노이즈와 시그널을 구분하는 것은 말처럼 쉽지 않다. 그러나 보스라면 충분히 구분할 수 있어야 한다. 보스들이 현재의 자리에 앉아 있는 이유이기도 하다. 그 능력은, 거듭 강조하지만 끊임없는 훈련을 통해 충분히 단련할 수 있다.

가장 중요한 자세는 열린 마음이다. '내가 시그널이라고 믿는 신호가 노이즈일 수도 있다'는 생각을 항상 가지고 있어야 한다. 내가 생각한 대로 일이 흘러가리라고 굳게 믿는 것은 위험하다. 지금까지 시대 변화에 발맞추지 못해 역사에서 사라진 기업들을 다시 떠올려보라. 폐쇄적이고 고집스러운 자세로는 절대 희미한 시그널을 포착할 수 없다. 미래를 올바로 예측할 수도 없다. 영화 「용의자 X의 헌신」에 이런 대사가 나온다.

"기하 문제인 줄 알았는데 함수 문제였다."

함수 문제는 기하 문제 풀듯이 풀려고 하면 아무리 노력해도 답을 구하기 어렵다. 보스는 무의미한 기하학적 정보를 모두 쳐내고 그 안에 숨어 있는 유의미한 시그널인 함수 문제를 찾아낼 줄 아는 사람이다. 모든 기하 문제와 함수 문제를 풀 수 있는 공식을 외우고 있다 하더라도 내 앞에 놓인 문제가 함수 문제라는 것을 깨닫지 못하면 아무 쓸모가 없다.

최근 예측능력이 중요한 보험회사에서 미래전문가 수요가 크게 늘고 있다. 보험이야말로 미래에 일어날 일에 따라 수익이 크게 좌우된다. 기대수명은 물론 질병, 사고, 전쟁, 선거, 자연재해 등 사람이 인생에서 마주할 수 있는 모든 일에 대한 확률을 종합적으로 예측해야 한다. 그래야 적절한 보험료를 책정할 수 있다. 그동안 한국의 많은 보험회사들이 예측이 빗나가는 바람에 큰 손실을 봤다. 그래서 부랴부랴 미래전문가 영입에 나서고 있는 것이다. 하지만 제대로 된 미래전문가를 찾는 것은 참 어려운 일이다.

보스는 스스로 미래전문가가 돼야 한다. 남에게 의지하지 말아야 한다. 스스로 지식과 경험을 쌓아 이를 토대로 정보의 경중을 판단할 수 있어야 한다. 정보는 홍수처럼 매 순간 흘러들어온다. 쓸모없는 정보는 과감히 버리고 미래에서 온 시그널을 정확히 포착할 줄 알아야 한다. 그래야 조직을 원하는 장소로 이끌 수 있다.

:: 항상 미래에 관심을 가져라 ::

"삼성전자에서 당신에게 CEO를 추천해달라는 요청이 들어왔다. 당신은 어떤 인물을 추천하겠는가?"

가끔 나는 회사 컨설턴트들에게 이런 질문을 하곤 한다. 질문을 접한 컨설턴트들의 상당수는 순간 멈칫한다. 나는 그 질문에 대해 이렇게 보충설명을 한다.

"삼성전자는 기술을 기반으로 하는 전자회사이니 CEO로 엔지니어 출신이 적합할 수 있다. 그렇지 않다. 삼성전자의 임직원은 10만 명이나 된다. 그 많은 직원을 관리하려면 HR전문가가 적임자다. 아니다. 삼성전자를 포함해 어느 회사든 돈이 제일 중요하다. 그러니 CFO 출신이 맞을 것이다. 틀렸다. 삼성전자는 이제 전 세계시장을 상대하는 글로벌 회사다. 그러니 세계화 전략을 수행할 글로벌전문가가 적합할 것이다. 그것도 아니다. 삼성전자는 이제 제조회사가 아니다. 디자인과 콘텐츠 기업이다. 그러니 그 분야의 전문가를 추천해야 한다."

삼성전자를 어떤 회사로 보느냐, 어떤 회사가 돼야 한다고 생각하느냐에 따라 추천하는 인재도 달라지는 것이다.

나는 앞서 보스는 해결사여야 한다고 말했다. 보스는 조직이 안고 있는 문제에 대해 답을 내놔야 할 책임이 있다. 현상에 대한 답은 무수히 많다. 바라보는 시각에 따라 해결책이 달라지는 게 정상이다. 앞 장의 강 부장의 사례를 다시 한 번 생각해보자.

담당자 부재로 완성을 못한 시장조사 보고서. 그 문제를 어떤 시각으로 보느냐에 따라 보스의 대처방안이 달라진다. 보고서 내용이 중요하다면 질책을 받더라도 마감시간을 늦춰서 내용을 채워야 한다. 하지만 마감시간이 중요하다면 당장 다른 담당자를 임명하거나 전 부서원이 달라붙어서라도 시간 안에 끝내야 할 것이다. 어느 선택이 옳을지는 전적으로 보스의 몫이다.

여기서 보스의 통찰력이 중요해진다. 보스는 보고서 내용과 완결성, 사장 주재 회의의 성격, 본부장과 기획실장의 업무스타일 등을 모두 종합해본 뒤 어느 것에 더 우선순위를 둬야 할지 재빠르게 판단해야 한다. 그래서 보스는 경험, 지식, 정보에서 팀원들보다 앞서야 한다. 훨씬 다양하고 깊이 있는 최신 정보를 접하도록 노력해야 한다. 그렇게 해서 자신만의 안목을 키워야 한다. 이 안목과 통찰력이 기반이 돼야 문제에 대한 올바른 해법을 제시할 수 있다.

보스의 관심은 항상 미래에 있어야 한다. 높은 곳에서 사방을 조망해야 한다. 먼 곳까지 관찰해야 한다. 다른 사람들은 현재에 충실하고 현안에 묻혀 있을 때 보스는 다가올 미래를 생각하고 감지하며 대처해야 할 책임이 있다.

나는 아프리카 초원에 우뚝 솟은 커다란 바위 위에 홀로 앉은 우두머리 사자의 모습을 볼 때마다 보스를 연상하곤 한다. 높은 곳에 앉아서 넓은 시야로 멀리 보며 다가올 일을 미리 읽는 사자의 모습. 그 눈에는 초원의 움직임이 한눈에 보일 것이다. 사자는 멀리 흔들리는 나뭇가지만 보고도 먹잇감이 얼마나 많은지, 행선지가 어딘지, 비구름이 언제쯤 몰려올 것인지를 예측할 수 있다. 새끼 때부터 초원의 모든 움직임과 변화를 끊임없이 살펴보고 학습한 결과다.

일부 대기업의 최고경영자들이 연말이면 사업구상을 위해 일본, 미국, 홍콩, 유럽으로 나가는 것도, 미국에서 열리는 CE 쇼나 독일에서 열리는 IFA 같은 세계적 전시회에 사람들이 몰리는 것도 이유는 같다. 트렌드, 과학, 인식, 세계의 변화를 감지하고 미래의 시그널을 파악하기 위해서다.

예측력이 둔해지면 보스는 리더십을 상실하고 만다. 사자의 사냥술은 냄새로 소리로 눈으로 정보를 파악하고 예측하는 것이다. 힘은 사냥 성공의 작은 요소에 불과하다. 사자가 대장 지위를 잃는 것은 힘이 약해져서가 아니다. 예측력이 떨어져서다. 보스도 마찬가지다. 몸으로 부딪쳐 경험을 쌓고 끊임없이 연구해야 한다. 그렇지 않으면 미래를 읽는 능력을 상실한다. 머지 않아 자리에서 밀려나게 된다. 또 그가 이끄는 조직도 쇠퇴의 길을 걷게 된다.

따라서 보스는 더 많은 시간을 미래에 투자해야 한다. 더 많은 시간 동안 미래에 대해 생각해야 한다. 미래에 대한 정보를 취득하고 다른 사람들과 미래에 관해 이야기해야 한다. 그래야 날카로운 예측력을 유지할 수 있다. 세상에는 공짜도 우연도 없다.

07
콘크리트처럼 굳은 조직을 바꾸는 법

'과연 제프리 이멜트가 잭 웰치처럼 거대한 조직을 잘 이끌어갈 수 있을까? 아니, 현 상황을 유지라도 할 수 있을까?'

세계적 기업 GE는 2001년 CEO 교체라는 매우 중대한 변화를 맞이했다. 잭 웰치가 퇴임하고 제프리 이멜트가 바통을 이어받은 것이다. 잭 웰치는 재임기간에 신들린 듯한 경영을 통해 GE를 세계적 기업의 반열에 올려놨다. 그런 그가 물러가자 회사 안팎에서 우려의 목소리가 적지 않았다. 그러나 GE는 성장 가도를 계속 달려가고 있다. 제프리 이멜트는 회장에 취임하자마자 9·11 테러와 세계적 금융위기가 터졌다. 그럼에도 제프리 이멜트는 꽤 성공적으로 GE를 경영하고 있다는 평가를 받고 있다.

그 비결은 무엇일까? 나는 제프리 이멜트가 내세운 비전이 회사 안 팎의 동의를 받았고, 임직원들 사이에서 그를 따르면 성공할 것이라는 확신이 생겼기 때문이라고 생각한다. 그는 '친환경사업'을 전면에 내걸었다. 그러면서 거대한 GE가 시대 변화에 유연하게 적응할 수 있도록 조직을 변화시켰다. 자신이 주창한 대로 회사가 바뀌면 무한경쟁 속에서 성장 발전을 이어나갈 수 있다며 끊임없이 조직구성원들에게 강한 확신을 불어넣었다. 그 결과는 GE의 현재 상황이 말해준다.

:: 조직 변화의 쌍두마차인 명분과 확신 ::

고인 물은 썩는다는 옛말이 있다. 조직은 끊임없이 변하고 혁신하지 않으면 쇠퇴한다. 하지만 현실에서 혁신은 말처럼 쉽지 않다. 많은 보스가 생산성을 끌어올리고 고객 만족도를 개선해 조직 수준을 한 단계 더 높이고 싶어한다. 그러나 직원들은 잘 따라오지 않는다. 어떻게 해야 목적지까지 직원들을 이끌고 갈 수 있을까?

무엇보다 목적지가 분명해야 한다. 왜 이 일을 해야 하는지 분명한 이유가 있어야 한다는 말이다. 직원들은 보스를 따르는 것이 아니다. 보스가 내세우는 대의명분을 따른다. 따라서 명분이 분명하고 설득력이 있으면 직원들의 수용성이 높아진다.

조직원들에게 분명한 목적지를 가리킨 뒤에는 노력하면 반드시 그 목적지에 다다를 수 있다는 확신을 심어줘야 한다. 그 사람을 따르기만 하면 성공할 수 있다는데 어느 누가 궁둥이 붙이고 앉아 있겠는가? 조직의 구성원이 움직이면 파문이 인다. 조직 안에 에너지가 쌓이기 시작한다. 그렇게 축적된 에너지는 일정한 시간이 지나면 조직의 능력으로 바뀐다. 보스의 임무는 기본적으로 이 에너지를 만들어내는 것이다.

앞서 설명했던 「구약성경」의 모세는 보스가 어떻게 일하는지를 잘 보여준다. 모세는 이스라엘 백성이 왜 이집트를 탈출해야 하는지에 대해 너무도 분명한 명분을 가지고 있었다.

'이스라엘은 선택받은 민족이다. 남의 노예로 살 운명이 아니다. 더구나 우리의 신은 이스라엘 민족에게 젖과 꿀이 흐르는 가나안 땅을 약속하셨다. 따라서 이스라엘 민족은 반드시 그곳으로 가야 한다.'

모세가 400년간 이어진 노예생활에서 벗어나기 위해 이집트 탈출을 추진하는 것. 여기에는 누구도 부인하기 어려운 강한 명분이 자리 잡고 있었다. 그러나 탈출이 성공하리라는 보장은 어디에도 없었다. 아니 실패할 가능성이 더 커 보였다. 이스라엘인들은 가나안 땅으로 가기도 전에 이집트 군사들에게 붙잡혀 다시 끌려오거나 살육당할 것을 우려했다.

당시 이집트는 이스라엘 민족을 노예로 이용하고 있었다. 이스라엘 민족은 힘을 쓸 수 있는 남성만 60만 명으로 묘사될 정도로 수가 많았다. 이집트인들에게 이스라엘 민족의 탈출은 대규모 생산계층이 일시에 빠져나가는 큰 타격을 의미했다. 이집트가 군사력을 총동원해 이스라엘 민족의 탈출을 막을 것이라는 점은 명약관화했다. 따라서 모세가 이스라엘 민족을 움직이기 위해서는 명분 못지않게 탈출에 성공할 수 있다는 확신이 필요했다.

　모세는 회의에 빠져 있는 이스라엘 민족에게 확신을 심어주기 위해 다양한 노력을 했다. 이스라엘 민족이 이집트를 떠나는 것을 승인하지 않는 이집트 지배층에게 신이 내린 열 가지 저주를 보여주며 이스라엘인들의 탈출을 허용하도록 요구했다. 신이 이스라엘인들을 보호하고 있다는 확신을 심어주려고 애를 쓴 것이다. 이런 노력 덕분에 모세의 이집트 탈출 운동은 뚜렷한 명분에다가 이제는 강한 확신까지 만들어졌다. 그러니 모세가 이끄는 이스라엘 민족의 이집트 탈출은 시작 이전에 이미 절반은 성공한 것과 마찬가지였다.

:: 명분이 약하면 헌신을 끌어낼 수 없다 ::

　보스가 추구하는 혁신에는 분명한 명분이 있어야 한다. 앞서 말한 대로 조직원들은 보스 자체가 좋아서 따른다기보다 그가 제시하는 명분, 그가 행동하는 이유, 그가 그리는 비전이 가슴에 와 닿기 때문에 따르는 것이다. 임진왜란 때 이순신 장군의 사례가 그랬다. 당시 기록을 보면 병들고 지친 병사들까지도 장군과 함께 움직이고 함께 전투에 참여했다. 궁핍한 삶 속에서 연명하던 백성조차도 장군을 따라 전쟁에 뛰어들었다. 나라를 살리고 임금을 구해야 한다는 명분이 분명했기 때문이다.

　물론 모든 병사들이 그런 대의를 받아들이는 것은 아니다. 누구나 자기 재산이 아깝고 자기 목숨이 소중한 법이다. 집에 병든 노모가 누워 있을 수도 있다. 초롱초롱한 눈망울로 자신을 쳐다보는 아이들이 기다릴 수도 있다. '총론 찬성 각론 반대'라는 현상이 나타나는 이유도 여기에 있다. 그럴 때 대의가 불분명하면 사람들은 쉽게 자신의 이해에 따라 흩어지고 만다. 결코 조직이 원하는 방향으로 움직이지 않는다. 그런 현상을 극복하려면 보스는 매우 분명하고 강한 명분을 내세워야 한다.

제임스 쿠제스와 배리 포스너는 저서 『리더십에 대한 10가지 진실』에서 이렇게 주장했다.

"헌신이 가치를 이끄는 것이 아니다. 가치가 헌신을 이끈다."

그의 얘길 좀 더 들어보자.

"가치가 헌신을 이끌어낸다. 당신만이 조직을 위해 전적으로 헌신할 수 있을 뿐이다. 다른 사람들은 당신이 소중하게 여기는 것과 조직이 소중하게 여기는 것이 딱 들어맞을 때 명분을 갖게 된다. 이 말은 리더로서 전력을 기울이려면 자신이라는 존재와 자신의 관심사를 알아야 한다는 뜻이다. 자신의 결정과 행동을 이끄는 가치가 필요하다. 신뢰를 얻는 리더는 자기 자신의 열망뿐만 아니라 다른 사람들의 니즈와 욕구에 귀 기울인다. 리더십은 관계다. 관계는 상호이해를 기반으로 만들어진다."

이처럼 조직구성원들은 보스를 따르기 전에 보스가 무엇을 믿고 지지하는지 알고 싶어한다. 보스가 추구하는 가치는 조직원들의 행동에 직접적인 영향을 미친다. 조직이 지향하는 것과 보스가 추구하는 가치가 일치하면 구성원들은 보스를 헌신하며 따르게 된다. 유능한 보스는 구성원들이 소중하게 생각하는 것을 잘 파악하고 있다. 그래서 언제나 자신이 추구하는 가치와 조직의 요구를 일치시킨다.

명분이 강하면 사람들은 목숨을 초개와 같이 버린다. 일제강점기 독립투사들이 그랬다. 군부독재 시절 민주화운동에 투신한 사람들도 마찬가지다. 북한에서 김일성 일가가 3대 세습을 할 수 있는 것도 어찌 됐든 북한 권력층이 내세우는 명분이 주민에게 '먹히고' 있기 때문일 것이다. 과거에 있었던 전쟁을 돌이켜보자. 전쟁을 하기로 결정하면 장군들은 곧바로 백성을 상대로 전쟁의 이유에 대해 거의 세뇌하다시피 역설했다. 전장으로 떠나는 출정식을 할 때 장군이 토해내는 사자후도 전쟁의 명분이었다. 그 명분이 명확하면 군사들은 망설이지 않는다. 죽음과 부상을 무릅쓴다. 강한 명분 앞에 개인의 사사로운 이해가 사라지는 것이다.

그러나 명분이 약하면 아무리 강하고 체계적으로 훈련된 군대라도 제대로 힘을 쓰지 못한다. 그래서 쿠데타를 일으킬 때도 주도세력은 명분을 만들려고 노력한다. 성공 이후에도 자신들의 행동을 정당화하려 애쓴다. 전 세계적으로 쿠데타에 성공한 세력들이 역사 서술을 바꾸려고 한 것도 힘이 명분에서 나온다는 것을 잘 알고 있었기 때문이다.

게다가 명분은 그 자체로 훌륭한 동기부여가 된다. 구성원들이 모두 대의에 동의하면 자신이 하는 일에서 가치를 발견하고 자부심을 느낀다. 사람은 누구나 가치 있는 거대한 명분의 일부가 되고 싶어하는 욕구가 있다. 따라서 조직이 그 욕구를 충족해주면 구성원들은 개인의 이해득실을 떠난다. 조직의 성공이 곧 자신의 성공이라고 믿게 된다.

:: 확신의 크기만큼 능력도 향상된다 ::

보스가 명분 제시 후 혁신을 위해 취할 다음 행동은 무엇일까? 확신을 심어주는 것이다. 구성원들에게 이번 혁신은 꼭 성공할 것이며 여러 가지 좋은 결과를 낳게 될 것이라고 확신을 주는 것이다.

역사적으로 전쟁 명분이 분명해서 출정하기로 결정했을 때 장수가 할 일은 군사는 물론 백성에게까지 반드시 이길 것이라는 믿음을 갖게 하는 것이었다. 방법은 다양했다. 과거 전쟁사를 보면 승리에 대한 확신을 심어주기 위해 종교를 이용했다. 귀신의 힘을 빌리기도 했다. 하늘에 계신 선조가 도울 것이라는 이야기도 등장시켰다. 화력, 병력, 전략의 압도적 우위, 장수의 강점 등을 근거로 삼기도 했다. 그렇게 다양한 방법으로 필승하리라고 설득해 구성원들의 사기를 끌어올린 것이다.

이순신 장군의 선승구전先勝求戰 전략은 그런 점에서 많은 것을 시사한다. 먼저 다양한 방법으로 치밀한 연구조사를 거쳐 '이런 전술을 이렇게 쓰면 이긴다'는 결론을 도출해낸다. 시뮬레이션을 반복해 적이 어떤 전술을 펼치고 나와도 이길 수밖에 없다는 결론을 끌어낸다. 장수들이나 병사들은 그 과정을 통해 승리를 확신한다. 사기가 충천한다. 이순신 장군은 그렇게 명분과 확신을 토대로 승리를 결정해놓고 싸움에 임했다. 그랬으니 23전 23승이라는 놀라운 전적이 가능했던 것이다.

명분에 확신이 갖춰지면 구성원들에게는 용기가 생긴다. 열정이 샘솟게 된다. 용기와 열정은 곧 능력이다. 다시 말해 확신의 크기만큼 능력이 향상되는 것이다. 능력이 향상되면 성공 가능성은 더욱 높아지게 된다. 마침내 '확신 → 용기와 열정 → 성공'이라는 선순환 고리가 만들어진다.

그래서 평론가나 회의론자는 절대로 보스가 될 수 없다. 그들은 절대로 확신을 심어주지 못한다. 그들은 태생적으로 김을 빼는 데 뛰어난 능력을 갖고 있다. 만나는 사람마다 "이길 수 있을까?"라며 의구심을 조장한다. "그 일을 왜 하는지 모르겠네."라며 명분에 의문을 제기한다. 이런저런 우려를 이야기해 구성원들의 확신을 흔들어댄다. 이 때문에 그들이 지나가면 열정이 사라지고 용기가 꺾인다. 이렇게 되면 승부는 보나마나다. 혁신이 성공할 가능성은 어느새 사라지고 만다. 실제로 적지 않은 보스가 답답하게도 그런 태도를 보인다. 그들은 팀장회의가 끝난 뒤 팀원들에게 이렇게 전달한다.

"내가 볼 땐 안 될 것 같은데 위에서 하라니까 한번 해보지 뭐."

내가 제일 싫어하는 유형이다. 그들은 절대로 확신을 보여주지 못한다. 자기 확신을 드러내지 않음으로써 실패에 대한 책임을 모면하려 한다. 비겁한 사람들이다. 회의 중에는 얼마든지 반대의견을 개진하거나 회의적 반응을 보여도 상관없다. 하지만 회의에서 결정이 이뤄지면 그다음부터는 팀원들에게 "잘할 수 있다"거나 "충분히 가능한 일"이라고 이야기해야 하지 않을까? 반드시 될 것이라고 확신을 심어줘도 될까 말까 한 일이다. 그런데 보스부터 회의적인 태도로 임한다면 그 일이 제대로 될 리가 없다.

고 정주영 현대그룹 회장은 확신에 찬 자세를 가장 잘 보여주는 인물이다. 그의 생전 별명 중 가장 유명한 것이 '불도저'인 것만 봐도 충분히 알 수 있다. 현대그룹 직원들에게 끊임없이 입력한 말은 이런 것이었다.

"할 수 있다."

"해봐라."

김중겸 전 현대건설 사장은 정 회장에 대해 이렇게 말한다.

"정주영 회장은 어떤 일이든 기획하고 나면 반드시 된다는 확신 90퍼센트와 할 수 있다는 자신감 10퍼센트로 밀고 나갔습니다. 불안감이나 회의는 단 1퍼센트도 떠올리지 않는 사고방식의 소유자였죠. 올림픽 유치, 사우디 주베일 산업항 공사, 조선소 설립용 차관 도입 등은 그런 실행력의 결정체들입니다."

나는 보스를 '조직이라는 축구공에 빵빵하게 바람을 불어넣어 주는 역할을 하는 사람'이라고 생각한다. 조직에 에너지를 주입해 활기를 만들어내는 사람 말이다. 그래서 제대로 된 보스라면 이런 말이 나오도록 해야 한다.

"저 사람이 오면 항상 성공해."

"저 사람이 오면 뭔가 돼."

정주영 회장처럼 말이다.

:: 자세가 곧 능력이다 ::

"나는 세계 최고다!"

전설적 권투선수 무함마드 알리가 무명 시절 챔피언전을 앞두고 인터뷰에서 외친 말이다. 사람들은 그런 알리를 비웃었다. 누군지도 모르는 애송이 권투선수가 건방지다고 손가락질했다. 그러나 무명의 무함마드 알리는 결국 챔피언 자리에 올랐다. 그리고 자기 말대로 오랫동안 세계 최고의 자리를 지켰다. 알리는 결코 "나는 세계 최고가 될 수도 있다"라거나 "나는 세계적 선수"라고 말하지 않았다. 확신에 찬 말투로 이렇게 단정 지었다.

"나는 세계 최고다!"

그렇게 확신에 찬 긍정적 태도가 아무도 예상하지 못한 훌륭한 성적을 낳은 것이다.

나는 개인의 능력은 지식보다 자세에서 나온다고 믿는다. 아무리 명문대를 나왔고 전도가 유망한 자격증을 갖고 있어도 마찬가지다. 언제나 얼굴을 찡그리는 부정적인 사람이 실제 자신의 능력을 100퍼센트 활용하는 모습을 본 적이 없다. 그러나 "할 수 있다"는 말을 버릇처럼 하는 사람은 다르다. 소위 스펙이 조금 모자라더라도 항상 자신의 능력을 뛰어넘는 역량을 발휘한다. 그 결과가 반복되고 습관이 되면 진짜 자기 능력이 된다.

우리나라 대기업 임원 중 명문대 출신 비율은 일반인이 상상하는 것보다 훨씬 낮은 편이다. 사람들은 당연히 명문대 출신이 절대 다수를 차지할 것으로 생각한다. 하지만 현실은 이와 다르다. 한국COX연구소가 2011년 9월 매출액 상위 1000대 기업의 최고경영자를 분석했다. 소위 'SKY(서울대, 고려대, 연세대)' 출신 비율은 41.7퍼센트였다. 또 2011년 한 해에 새로 선임된 CEO 가운데 SKY 출신이 차지하는 비중은 39.0퍼센트였다.

통계자료를 보고 뜻밖이라는 반응을 보이는 사람도 있다. 하지만 나는 충분히 이해한다. 조직을 이끄는 힘은 지식이 아니라 자세와 태도이기 때문이다. 회사가 내거는 명분을 얼마나 긍정적으로 받아들이는지, 회사가 가리키는 목적지로 갈 수 있다고 얼마나 확신하는지가 학력보다 더 큰 영향력을 발휘한다. 현실이 그렇다.

긍정적 자세는 실제 조직이 가진 것보다 더 큰 능력을 발휘하게 한다. 따라서 혁신이 성공하려면 보스는 구성원들에게 혁신의 필요성을 제공하고 성공에 대한 확신을 심어줘야 한다. 명분과 확신은 콘크리트처럼 굳어버린 조직도 살아 움직이게 하는 묘약이다.

08
자기 왕국 설계도를 갖고 있는가

　최근 우리 회사는 시스템을 전면 개편했다. 한국 헤드헌팅회사로서는 처음으로 시도하는 획기적 제도다. 지금까지 컨설턴트들은 자기 성과를 스스로 관리하고 혼자 책임지는 구조에서 일해왔다. 자기가 담당하는 고객이 정해져 있어서 그 고객만 상대하면 됐다. 따라서 고객에게 제공하는 서비스도 회사 차원이라기보다는 개인 차원 성격이 강했다. 부문장도 부문의 성과관리나 구성원들의 교육훈련 같은 조직의 성과를 끌어올리는 데 큰 관심을 두지 않았다. 자신의 실적관리와 부문의 관리행정업무에 주력했다. 한마디로 부문장은 조직의 성과를 책임지는 사람이라기보다는 행정관리 담당자였다.
　조직의 연대감도 느슨했다. 같은 부문이라도 다른 구성원의 업무는 본인과 큰 관련이 없었다. 동료가 협업을 요청하면 본인의 사정과 필요에 따라 수용 여부를 결정하면 그만이었다. 보상도 조직의 성과와 큰 관련 없이 주로 자신이 거둔 성과에 연동됐다.

그러나 올해부터 도입되는 새로운 시스템은 강력한 부문제다. 부문장이 부문원들에게 업무를 직접 배분한다. 평가도 부문의 목표달성 기여도나 협업정도 등에 따라 변한다. 개인이 아무리 혼자 열심히 해도 부문성과에 기여하지 못하면 좋은 평가를 받지 못한다. 보상 역시 부문성과에 연동한다. 그래서 부문구성원들은 전과 달리 부문성과를 높이기 위해 동료에게 관심을 두고 선후배직원을 챙기며 부문장을 돕고 있다. 선배는 후배를 교육훈련시키고 업무 노하우를 전수하고 있다. 후배로서도 선배의 지시를 따를 필요성이 생겼다. 협업이 일상화되면서 조직으로 일하는 시스템이 가동되고 있는 것이다.

시스템이 바뀌고 불과 얼마 지나지 않았는데도 부문 간 성과가 확연히 차이 나기 시작했다. 어떤 부문은 활기가 넘치고 어떤 부문은 아직도 과거 방식에서 벗어나지 못하고 있다. '도대체 이유가 뭘까' 궁금해 자세히 들여다봤다. 핵심요인은 부문장이었다.

이번에 시스템을 개편한 것은 고객에게 제공하는 서비스의 품질을 높이기 위해서였다. 서비스가 좋아지면 고객 만족도도 높아져 결과적으로 성과도 개선될 것이기 때문이다. 그런데 새로운 시스템이 도입됐지만 부문장의 생각에 따라 각 부문의 일하는 방식이 각양각색이었다. 대다수 부문장은 고객이 원하는 정보를 어떻게 제공할지를 놓고 매일같이 부문원들과 머리를 맞댔다. 각자 역할을 나눠 고객 접촉을 강화하고 후보자 접촉 폭을 넓혔다. 후보자 검증도 더 철저히 했다. 그러나 몇몇 부문장은 달라질 필요성을 별로 못 느끼는 듯했다. 그러면서 이렇게 말했다.

"서비스를 강화하기 위해 도입된 새로운 시스템도 궁극적으로는 매출을 늘리기 위한 것 아닙니까?"

그들은 '시스템 개편 취지도 결국 성과를 끌어올리기 위한 것'이라며 '현재 시스템으로도 충분히 성과를 낼 수 있다'고 생각하는 것 같았다. 이 같은 인식의 차이는 예상보다 큰 격차를 만들어냈다. 부문장의 머릿속에 든 목표, 비전, 팀에 대한 그림에 따라 성과의 차이가 컸다. 구성원의 만족도도 그랬다. 부문장 한 명의 비전 차이가 부문 전체의 업무 분위기와 성과 차이를 만들어내고 있었다.

:: 비전이 없는 조직은 해체된다 ::

비전 창출, 비전 창출. 모든 리더십 책에서 목청껏 강조하지만 잘 와닿지는 않는 말이다. 보스가 된다는 것은 자신의 왕국을 세울 기회를 얻은 것이다. 서너 명의 조직을 이끌든, 수십만 명의 직원이 일하는 거대한 회사를 이끌든 보스는 자신의 왕국을 이끄는 사람이다. 내 왕국을 어떻게 꾸릴 것인지 구체적이고 명확한 계획이 없다면 그 왕국은 방향을 잃고 우왕좌왕하게 될 것이다.

그 구체적이고 명확한 계획이 곧 비전이다. 비전vision은 '보다'라는 뜻이다. 현재가 아니라 미래를 본다는 의미다. 비전을 가지고 있느냐

그렇지 않느냐, 어떤 비전을 가지고 있느냐에 따라 조직 분위기는 물론이고 성과도 크게 달라진다. 그런데 내가 기자로, 신문사 사장으로, 헤드헌팅회사 대표로 일하면서 만난 기업과 단체의 수많은 임원들 가운데 '이 사람은 어떤 비전을 가지고 있는 걸까'라고 의구심을 갖게 하는 사람이 적지 않았다. 그런 보스들은 조직을 흘러가는 대로 놔둔다. 조직을 어떤 목적지, 어떤 목표를 향해 이끌고 가는 것이 아니다. 그냥 주어진 대로 운영한다. 마치 목적지도 모른 채 버스에 탑승한 승객처럼.

나는 패키지여행을 싫어한다. 물론 패키지로 떠나면 편하기는 하다. 가이드가 인솔하는 대로 고민할 것 없이 따라가기만 하면 된다. 어디로 가는지 알 필요도 없다. 버스에서 졸다가 내리라고 하면 내리면 된다. 사진 찍으라면 사진 찍고, 쇼핑하라면 쇼핑하고, 식사하라면 식사하면 된다. 계획 짜느라 애쓸 필요도 없다. 길 찾느라 고생할 필요도 없다. 그러나 여행이 끝날 때가 되면 '깃발만 따라다녔다'는 아쉬움이 남는다. 무엇을 보고 즐겼는지 제대로 기억나는 것이 없다. 여행을 한 것이 아니라 여행을 당한 느낌이다.

이에 반해 자유여행은 내가 알아서 계획을 짠다. 내 방식대로 움직인다. 훨씬 재미가 있다. 시간, 장소, 방법을 온전히 내가 정할 수 있다. 그러므로 마음먹기에 따라 완전한 내 여행으로 만들 수 있다. 물론 패키지여행보다 훨씬 신경이 쓰인다. 조금은 불편하기조차 하다. 여행 전에 여행 콘셉트를 정하는 것부터 머리가 아프다. 역사유적을 둘러볼 것인지, 자연경관을 감상할 것인지, 저렴하게 쇼핑을 즐길 것인지에 따라 숙소에서부터 교통편, 동선, 예산까지 모든 것이 달라지기 때문이다. 콘셉트가 불분명하면 계획을 치밀하게 세우기 어렵다. 그러면 결국 현지에서 어영부영하다가 돌아올 확률이 높다.

조직도 마찬가지다. 보스가 된다는 것은 패키지여행에서 자유여행으로 여행방식을 바꿨다는 뜻이다. 과거와 달리 본인이 조직을 어디로 어떻게 이끌 것인지 구체적인 계획을 세워야 한다. 나는 시스템을 바꾸면서 새로 선임된 부문장들에게 각자 맡은 부문의 그림을 명확하게 그려달라고 주문했다. 보스가 자신이 운영할 조직을 구체적으로 그리면 그것만으로 본인이 창출하려는 성과의 절반은 만들어진 셈이다. 앞서 언급한 대로 이스라엘 민족을 이끌고 이집트를 탈출한 모세가 가나안으로 가겠다는 목적이 있지 않았다면 광야에서 동족 간의 분쟁 같은 온갖 어려움을 견뎌내기 어려웠을 것이다. 모세가 가나안이라는 목표를 세웠을 때 이미 이집트 탈출은 시작된 것이다.

피터 드러커는 이렇게 역설했다.

"조직은 항상 '우리 조직의 존재 이유는 이것이다'라고 말할 수 있는 분명한 목적을 갖고 있어야 한다."

그렇지 않으면 조직은 혼란, 마비, 해체로 이어지며 쇠퇴한다는 것이다. 어떤 조직이든지 조직을 유지하는 힘은 명확한 존재 목적에서 나오는 법이다. 비전은 구성원들에게 조직이 어느 방향으로 가고 있는지 보여준다. 구성원들을 한 점으로 모으는 구심점과 같은 역할을 한다.

:: 비전과 목표는 동의어가 아니다 ::

앞서 언급했던 우리 회사의 시스템 변화는 사실 꽤 혁신적이다. 지금까지 헤드헌팅회사는 단순히 헤드헌터들이 모여 있는 형태가 대다수였다. 여러 명의 변호사가 모여 각자 자기 일을 하는 합동법률사무소 같은 형식이었다. 그러다 보니 고객인 기업들에 양질의 서비스를 안정적으로 제공하기가 어려웠다. 제대로 된 회사라면 어떤 컨설턴트가 담당하느냐와 무관하게 고객서비스의 질이 유지돼야 한다. 그러나 각자 자신의 고객만 상대하다 보니 담당 컨설턴트가 바뀌면 서비스의 질이 출렁대는 경우가 적지 않았다. 컨설턴트마다 경험과 지식은 각양각색이다. 그래서 회사가 제공하는 서비스의 질도 컨설턴트별로 차이가 큰 것이 현실이다. 결국 많은 토론 끝에 균질한 서비스를 안정적으로 제공하기 위해서는 시스템 변화가 불가피하다는 데 사내 의견이 모아졌다. 그렇게 반년 이상의 긴 준비를 거쳐 새로운 시스템이 도입된 것이다.

나는 시스템 변화에 따라 새로 부문장을 맡게 된 분들께 자신만의 스타일로 팀을 만들고 자신만의 가치와 철학을 담아낼 것을 부탁했다. 그리고 부문장이 자신만의 왕국을 세울 수 있도록 최대한 돕겠다고 했다. 회사는 부문장들에게 업무 배분부터 평가와 채용에 이르기까지 상당한 권한을 부여했다. 물론 책임이 따라간다. 부문장의 비전이 구성원들의 동의를 받지 못하면 성과가 부진하게 된다. 조직 분위기가 가라앉고 팀원이 이탈할 수도 있다. 고객이 등을 돌릴 수도 있다. 그러면 부문장은 그 자리를 내려놔야 할 것이다.

사실 비전이 없는 조직은 없다. 아무리 작은 회사라도 그럴듯한 비전은 한두 개씩 가지고 있다. 그러나 대다수 회사에서 비전은 조직구성원들의 일에 큰 영향을 미치지 않는다. 비전은 비전이고 일은 일일 뿐이다.

왜 그럴까? 제대로 된 비전이 아니기 때문이다. 그럴듯해 보이는 말을 갖다 붙이거나 다른 조직에서 쓰는 비전을 베낀 경우가 많다. 구체적이지도 않다. 보스의 가치관이나 조직 특성이 반영돼 있지도 않다. 보스는 자신이 이끌 조직의 목적, 목표, 문화에 대해 진지하게 고민해야 한다. 내가 이 조직을 통해 무엇을 이뤄야 하는지, 이 조직을 어디로 이끌고 가야 하는지, 그렇게 하기 위해 무엇을 준비하고 실행해야 하는지 깊게 고민해야 한다. 나름의 답도 갖고 있어야 한다. 그 답이 바로 비전이다.

조직을 성공으로 이끌 비전은 우선 구성원의 가치관과 맞아야 한다. 간혹 부하직원들에게 동기부여가 되지 않는다고 고민하는 보스들이 있다. 그것은 이렇게 고백하는 것과 같다.

"나는 부하직원들의 가치관에 맞는 비전을 제시하지 못했다."

보스가 제시한 비전에 조직적 공감대가 만들어지지 않으면 구성원들의 움직임은 눈에 띄게 둔화한다. 자발성이 사라진다. 그렇기 때문에 강제하지 않으면 동력 자체가 생겨나지 않는다. 비전은 또 간결하고 명쾌해야 한다. 누군가 당신에게 이렇게 물었다고 해보자.

"당신 조직의 비전은 무엇입니까?"

그때 즉시 대답할 수 있을 만큼 비전은 쉽고 분명해야 한다. 그래야 다른 사람에게 전파하고 공유하기가 쉽다.

　간혹 비전과 목표를 혼동하는 보스들이 있다. 목표는 주로 수치로 나타나는 구체적 목적지다. 반면 비전은 가슴을 설레게 하는 것이다. '시장점유율 1위' '매출 500억 원' 같은 것은 목표다. '원하는 사람은 모두 대학 교육을 받을 수 있는 세상' '출퇴근 개념이 없는 직장' 같은 것은 비전이다.

:: 공유되지 않는 비전은 보스의 욕심일 뿐 ::

　오랫동안 밤잠을 설쳐가며 고민한 끝에 드디어 나만의 비전을 만들었다. 깊이 생각해서 만든 만큼 내 가치관과 철학을 잘 담고 있다. 구성원들이 중요하게 생각하는 가치도 상당히 반영하려 애썼다. 노트에 빼곡히 메모한 내용도 한 줄로 다듬었다. 그렇다면 이제부터 본인의 비전을 조직원들과 공유하는 노력을 전개해야 한다. 아무리 좋은 비전도 구성원들이 모른다면 소용이 없다. 또 구성원들이 그 비전을 알기는 하지만 동의하지 않는다면 비전의 가치와 힘은 반 토막 나고 만다. 공유되지 않는 비전은 보스의 개인적 욕심일 뿐이다. 보스의 욕심이 구성원들의 동의를 받을 때 비로소 비전이 된다. 보스 개인의 욕심은 조직원들을 불행하게 만들 수 있다. 하지만 조직원들 사이에 공감대가 형성된 비전은 구성원들을 행복하게 만든다. 성공한 기업은 대체로 회사의 비전, 보스의 그림을 구성원 모두가 숙지하고 체화했다.

　미국 케네디 대통령은 1960년에 이런 비전을 발표했다.

"앞으로 10년 안에 인간을 달에 착륙시킨 뒤 무사히 지구로 귀환하도록 하겠다."

그리고 미국항공우주국NASA에 필요한 지원을 아끼지 않았다. 그 비전에 대한 국민적 공감대를 형성하기 위해 많은 애를 썼다. 어느 날 그가 나사의 화장실을 청소하는 직원과 마주쳤다. 직원에게 하는 일이 무엇이냐고 묻자 직원은 이렇게 자랑스럽게 대답했다.

"저는 인간을 달에 보내는 일을 도와주고 있습니다."

달 탐사에 대한 비전이 얼마나 잘 공유됐는지 보여주는 사례다. 그런 공감대는 많은 시행착오를 견뎌냈다. 마침내 1969년 아폴로 11호가 세계 최초로 달 탐험을 성공적으로 끝내는 데 큰 기반이 됐다.

비전공유는 단순히 그 내용이 좋다고 해서 잘 되는 것이 아니다. 많은 노력을 기울여야 한다. 구성원들에게 수없이 반복하고 입력해야 한다. 오죽했으면 GE의 전 CEO 잭 웰치가 이렇게 말했을까.

"회사의 비전을 700번 반복하여 제시하면 비로소 성과가 난다."

'단순노출효과'라는 개념이 있다. 어떤 대상을 보면 볼수록 익숙해지면서 친밀감이 상승한다는 심리학적 효과다. 우스갯소리로 아무리 못생긴 얼굴이라도 사흘만 지나면 좋아진다고 한다. 그저 웃어넘길 이야기가 아니다. 실험으로 입증된 사실이다. MIT에서 기억력 테스트를 한다는 명목으로 실험참가자를 모집했다. 실험참가자들에게 주문한 것은 간단했다. 컴퓨터 화면에 사람들의 얼굴과 이름이 1초 간격으로 지나가는데 최대한 많이 기억하라는 것이었다. 실험참가자들은 스무 장이 넘는 사진과 이름을 기억하기 위해 화면에 집중했다. 사진들은 여러 번 반복해 노출됐다. 모든 사진과 이름이 지나간 뒤 실험참가자들에게 연구진의 질문이 이어졌다.

"이 중에서 제일 마음에 드는 사람은 누구입니까?"

놀랍게도 대다수 실험참가자가 고른 사진은 화면에 가장 여러 번 나타난 사진이었다. 화면을 집중해서 보는 사이 가장 많이 마주친 사진에 자신도 모르게 익숙해졌다. 그래서 호감도도 올라갔다. 자주 마주치는 대상에 대한 친밀감이 상승하는 '단순노출효과'가 나타난 것이다.

비전도 마찬가지다. 구성원들에게 틈만 나면 들려주고 눈에 잘 띄는 곳에 붙여두고 만날 때마다 반복하면 어느새 다들 보스의 비전에 친숙해질 것이다. 그렇게 공유하는 과정에서 구성원들의 동의를 얻을 수 있다. 자연히 비전에 맞춰 행동하게 된다.

그런데 비전이 효력을 발휘하려면 구체적이어야 한다. 우리가 많이 들었던 사례를 한 번 더 생각해보자. 미국 예일 대학에서 졸업 뒤 20년이 지난 졸업생들을 추적조사했다. 그 결과 전체 졸업생 중 3퍼센트가 부와 명예를 얻고 세계적인 리더가 돼 있었다. 10퍼센트는 비교적 부유하게 사는 중산층이었다. 나머지는 그럭저럭 살고 있었다. 그런데 상위 3퍼센트에 해당하는 졸업생 대다수는 어릴 때부터 글로 쓸 정도로 구체적인 꿈을 가지고 있었다. 그다음 10퍼센트의 졸업생은 글로 쓰지 않고 마음속에 담을 정도로 꿈의 구체성이 약했다. 나머지는 글로 쓰기 어려울 정도로 구체적인 꿈을 가지고 있지 않았다. 즉 성공의 열쇠는 비전이 글로 쓸 만큼 구체적이어야 한다는 것이었다.

『어린 왕자』로 지금도 사랑받는 생텍쥐페리는 이런 말을 했다.

"배를 만들고 싶다면 사람들을 불러모아 목재를 가져오게 하고 일을 지시하고 일감을 나눠주는 등의 일을 하지 마라. 대신 저 넓고 끝없는 바다를 동경하게 하라."

생텍쥐페리의 말처럼 구성원들을 움직이는 힘은 비전이다. 보스의 비전만큼 강한 무기는 없다. 그만큼 조직을 움직이게 하는 강한 에너지도 없다. 보스는 그 에너지원을 만들어야 할 책임이 있다. 에너지가 강하고 오래갈수록 성과는 커진다. 효율성과 만족도도 높아진다.

:: 조직은 보스의 그릇만큼 크다 ::

보스는 자신만의 명확한 비전을 갖고 있어야 한다. 그런데 그 비전은 단순한 그림이 아니다. 구체적이고도 현실적인 실현방안이 들어 있는 청사진이다. 실행계획이 없는 비전은 허무맹랑한 공상이 되기 쉽다. 보스가 제시하는 비전은 그래서 단순한 스케치가 아니다. 실제 건축을 위해 작성한 설계도여야 한다.

미국의 케네디 대통령은 아무런 준비 없이 1960년대가 끝나기 전 인간을 달에 보내겠다는 계획을 발표한 것이 아니다. 물론 소련이 첫 우주비행에 성공하면서 다급해진 면도 없지는 않았다. 하지만 결코 단순한 꿈이 아니었다. 나사가 달 탐사를 위한 아폴로 계획에 착수하기 전에 이미 머큐리, 제미니 계획을 실행해 지속해서 실전경험을 쌓았다. 달에 우주선을 보내기 위한 재원 마련과 인력 확보계획도 단계

별로 세워 착실하게 실행에 옮겼다. 그런 과정을 거쳐 마침내 1969년 7월 아폴로 11호가 달에 무사히 착륙한 것이다. 당시 케네디 대통령은 암살당해 아폴로 우주선의 달 착륙장면을 지켜보지는 못했다. 하지만 그가 제시한 일정대로 1960년대가 끝나기 전에 유인 우주선이 달 탐사를 끝내고 귀환했다.

당신의 설계도는 어떤가? 집을 지을 때 주춧돌을 먼저 쌓고 바닥을 깔고 대들보를 올린 뒤 마지막으로 지붕을 얹듯이 모든 계획이 순서대로 짜여 있는가? 당신의 설계도에 대한 구성원들의 동의를 얻을 수 있는가?

보스의 비전은 현실로 구현될 수 있도록 매우 구체적이어야 한다. 실현이 어려운 꿈은 희망사항일 뿐이다. 설계도가 치밀할수록 건물이 제대로 지어질 가능성이 크다. 비용, 공법, 시간, 인력, 자금 등이 현실적으로 예측돼야 성공 가능성도 커진다. 성공할 수 있는 꿈에는 많은 사람이 동참하게 마련이다. 동참자가 많을수록 실현 가능성은 더욱 커진다. 선순환 고리가 만들어진다.

구성원이 모두 동의하고 공유하는 비전에서는 에너지가 분출된다. 비전에 동의하지 못한 채 일하는 구성원은 자신이 부품에 불과하다고 느끼기 쉽다. 그런 구성원은 금방 무기력감을 느낀다. 결국 조직에서 떨어져 나가게 된다. 구성원들에게 직무의 의미에 대해 설명하고 동의를 이끌어내야 한다. 자신이 하는 일의 의미를 아는 사람은 더 자발적으로 참여할 수 있다.

이를 위해서는 비전의 실현 가능성이 담보돼야 한다. 누구든지 들고 나면 고개를 끄덕이고 동참하겠다는 의지가 샘솟아야 한다. 명확하고 실현할 수 있어 조직원이 동의할 수 있는 비전은 그 자체로 조직에 엄청난 에너지 역할을 한다. 10년 안에 인간을 달에 보냈다가 귀환하게 하겠다는 케네디 대통령의 비전. 규모와 내용은 다르지만 보스라면 그런 비전을 만들고 제시할 수 있어야 한다. 수많은 경험을 통해 확인된 것 중 하나는 언제나 비전만큼 조직이 성장하고 발전한다는 사실이다. 위대한 조직을 만들고 싶은 보스라면 그래서 위대한 비전부터 세울 일이다.

09
성공한 보스는
속도의 마술사

"왜 그렇게 업무처리 속도가 더딘가?"

직장인들이 상사로부터 가장 많이 듣는 잔소리다. 부하직원들은 재촉하는 잔소리를 몹시 싫어한다. 상사들도 이런 사실을 잘 안다. 그래서 될 수 있는 대로 자제한다. 그러나 나도 일하다 보면 "아직도 안 했나요?"라는 말이 자주 튀어나온다. 업무지시를 한 지가 언제인데 아직 끝내지 못했는지 답답하기 때문이다. 가끔 착수도 안 한 경우를 발견하곤 한다. 그럴 때는 정말 속이 터진다. 잔소리가 나도 모르게 터져 나오고 만다.

"도대체 업무처리가 왜 그렇게 늦는 겁니까?"

일반적으로 보스는 성격이 급하다. 유능한 보스일수록 특히 더 그렇다. 유능한 보스들은 대부분 성과지향적이기 때문에 할 수 있는 일은 최대한 빨리 처리하려고 한다. 게다가 일이라는 것이 정해진 시기, 적합한 시기가 있게 마련이다. 보스는 그 시기를 놓치면 안 된다는 것을 잘 알고 있다. 그렇게 생각하는 보스들에게 꾸물대는 부하직원의 업무태도나 방식은 짜증을 불러일으키기에 십상이다. 금방 끝낼 수 있는데도 마감 또는 그보다 한참 후까지 일 처리를 미루고 있는 직원들을 보면 한숨이 절로 나온다. 그래서 보스가 직원을 평가할 때 "업무추진 속도가 빠르고 업무완성도가 높다"는 코멘트는 대단한 칭찬이다.

:: 빠른 자만이 살아남는다 ::

이와시타 마코토히로 시 아사히덴카공업 회장은 의사결정을 미루지 않기 위해, 또 서두르다 탈이 나지 않기 위해 결정해야 할 것들을 세 가지로 분류한다. 즉시 결정하지 않으면 안 되는 것, 1~2개월 안에 결정해야 하는 것, 몇 년에 걸쳐 결정해야 하는 것. 그에게는 며칠, 혹은 몇 주 안에 결정해야 할 것들이라는 분류는 없다. 그렇게 어정쩡하게 시간을 두고 결정해야 할 사안이라는 것이 없기 때문이다. 실제로 그가 분류한 결과 대다수 사안은 즉시 결정하지 않으면 안 되는 것들이었다.

속도는 비용이고 효율이다. 한국 기업의 성공함수 가운데 가장 강한 변수, 아니 이제는 상수처럼 된 요인은 속도다. 한국에 온 외국인들이 가장 먼저 배우는 단어 중 하나가 '빨리빨리'다. 어떤 외국인은 "한국인들의 DNA에 '빨리빨리'가 있는 것 같다"고까지 이야기한다. 한국은 자원이 부족하고 땅덩어리도 좁다. 그런데 인구는 많다. 그래서 세계 어느 곳보다도 경쟁이 치열하다. 경쟁 사회에서는 남들보다 조금이라도 빨라야 살아남을 수 있다. 모든 면에서 속도가 빠를 수밖에 없다. 한국에서는 속도가 곧 생존이다.

그러다 보니 모방도 발달했다. 동대문 패션상가에 가면 잘 팔리는 옷은 순식간에 짝퉁이 만들어진다. 음식점도 그렇다. 우리 회사는 서울의 강남구 삼성동 코엑스 맞은편에 있다. 부근이 음식특구로 지정돼 있어 음식점들이 밀집해 있다. 그런데 그 음식점들이 패션처럼 유행을 탄다. 찜닭이 유행하면 많은 음식점들이 찜닭으로 간판을 바꾼다. 사케가 유행하면 이자카야로 바꾸는 집이 즐비하다. 조금이라도 뒤처지면 생존할 수 없다. 그러니 잘 팔리는 메뉴를 빨리빨리 따라 하는 것이다. 아마도 한국만큼 경쟁이 치열한 곳이라면 어디든 속도가 중요할 수밖에 없을 것이다. 그런 문화에서 책임자로 성장한 보스들은 부하직원의 느려터진 업무처리에 속을 태울 수밖에 없다.

일 못하는 사람들의 습성 중 하나가 일을 붙잡아두는 것이다. 책상에는 언제나 서류가 수북하게 쌓여 있다. 머릿속에는 할 일, 해야 할 일이 줄 서 있다. 그러다 보니 늘 할 일이 너무나 많다고 생각한다. 즉시 처리해도 될 일을 처리하지 않고 책상에 쌓아만 두는 것이다. 사실 별로 복잡한 일도 아니고 어려운 일도 아니다. 팔을 걷어붙이고 처리하면 순식간에 다 해결할 수도 있다. 그런데 할 생각은 하지 않고 쳐다만 본다. 그리고는 '할 일이 너무 많다'고 푸념한다. '꼭 필요한 일이 아니면 다음에 하고, 지금 해야 할 일이 아니면 나중에 하자'라고 생각하는 것 같다. 그들에게 직장은 모든 것이 천천히 돌아가는 '슬로 시티'인 모양이다. 생각할수록 속이 터진다. 물론 빠름이 능사는 아니다. 미루는 것이 옳을 때도 있다. 그러나 미룰 때는 미뤄서 얻는 장점이 있어야 한다. 유감스럽게도 그들이 미룬 일들은 대부분 시간이 지나도 결정이 달라지지도 않고 처리방향이 바뀌지도 않는 것들이다.

일을 미루는 것은 조직의 효율성을 갉아먹는다. 내가 빨리 결정하고 처리하면 다른 사람에게 그 일이 넘어간다. 그 사람도 빨리 결정하면 순식간에 업무를 끝내고 다음 업무에 관심을 쏟게 된다. 그러나 내가 업무를 처리하지 않으면 그 업무와 관련된 모든 사람이 그 업무가 처리돼 넘어올 때까지 기다리게 된다. 따라서 습관적으로 업무처리를 미루는 것은 조직의 경쟁력을 약화하는 심각한 '해사행위'다.

:: 코너가 기회다 ::

특히 속도가 핵심이슈가 되는 때는 변화해야 할 때다. 변화할 때 시장이 요동치기 때문이다. 시장이 변하면 대다수 관련자는 위기상황에 처하게 된다. 지금까지 익숙하던 방식을 버리고 새로운 물결을 받아들여야 하기 때문이다. 어떻게 대처할지 결단을 내릴 때는 초를 다툰다. 여기서 보스의 역할은 위기상황을 진단하고 변화의 시기를 포착하는 것이다. 다들 전환점을 도는데 나만 달리던 방향으로 계속 달리면 목표는 저만큼 멀어진다. 경쟁에서 살아남지 못하게 된다.

육상의 달리기, 스피드스케이팅, 쇼트트랙 등에서 주로 순위가 바뀌는 때도 코너링할 때다. 코너를 어떻게 도느냐에 따라 선두가 뒤로 처지기도 하고 뒤에서 달리던 선수가 앞으로 치고 나오기도 한다. 즉 방향을 틀어야 할 때 얼마나 빨리 방향전환을 하느냐가 승부를 가른다. 방향이 바뀌는 시기에 승패가 결정되는 것이다. 전력으로 질주하던 속도 그대로 방향을 틀면 관성 때문에 넘어질 위험이 크다. 그렇다고 속도를 너무 늦춰서 안정적으로 코너를 돌려고 하면 앞서 가는 경쟁자들과 차이가 벌어진다. 방향전환 시기를 놓치면 트랙을 벗어나 실격당할 수도 있다. 그 속도를 조절하는 것이 선수의 능력이다. 좋은 성적의 관건이다.

조직도 마찬가지다. 변화할 때 속도를 어떻게 유지하느냐가 성과를 좌우한다. 유능한 보스는 그 속도를 능숙하게 조절한다. 조직이 저항을 견딜 수 있는 최고의 속도, 곧 성과에 필요한 최적의 속도를 찾아내 그 속도로 달리면서 방향을 전환하는 것이다.

2001년 GE의 CEO로 취임한 제프리 이멜트가 성공한 것도 최적의 속도를 찾아냈기 때문이다. 그는 경영권을 물려받은 지 겨우 나흘 뒤 미국을 공황상태로 몰고 간 9·11테러를 겪어야 했다. 테러는 미국은 물론 전 세계의 금융과 경제를 휘청거리게 했다. 엎친 데 덮친 격으로 세계적 금융위기까지 닥쳤다. GE는 재보험사업에서만 100억 달러의 손실을 보게 됐다. 게다가 항공여행 침체로 항공기엔진사업이 타격을 받았다. 에너지기업 엔론이 회계부정 스캔들에 휩싸여 몰락하면서 발전소의 가스터빈 발주도 취소됐다. 여러 악재가 한꺼번에 몰려왔다. 그러나 이멜트는 그런 위기상황 속에서 오히려 매출목표를 높게 잡았다. 지금까지 해오던 방식으로는 도저히 달성할 수 없는 수치였다. 당연히 이멜트의 경영방식에 우려를 표하는 사람도 생겨났다. 하지만 현재 새로운 GE가 성공적으로 경영되고 있다는 사실에 이견을 제기하는 사람은 없을 것이다. GE의 매출은 그가 경영을 맡기 전 1,080억 달러에서 2012년 1,470억 달러까지 증가했다. 순이익도 같은 기간 138억 달러에서 161억 달러로 늘어났다.

GE가 안정적으로 성장한 비밀은 이멜트의 속도 조절에 있다. 그는 9·11테러라는 유례없는 위기상황에서도 결코 우물쭈물하지 않았다. 과감히 빠른 속도로 방향을 틀어 혁신을 이뤄냈다. 이멜트는 전임 CEO인 잭 웰치가 신들린 듯한 경영을 펼친 뒤에 최고경영자로 취임했다. 이 때문에 회사 안팎에 그에 대한 미심쩍은 시선이 적지 않았다. 그러나 이멜트는 방향전환 시점을 잘 포착했다. 그리고 속도를 능숙하게 조절해 최적의 속도로 코너링을 끝냈다. 그는 취임 이후 수익성이 낮은 보험, 합성수지, 가전 등 구식 비즈니스를 과감하게 정리했다. 핵심역량인 에너지와 헬스케어에 집중하면서 체질개선에 주력했다. 그런 사업 구조조정은 방향이 급변하는 시기에도 GE의 성장 엔진을 멈추지 않을 수 있게 했다.

"위기가 변화의 기회"라고 말하는 것은 변화 시기에 어떻게 대처하느냐에 따라 변화 이후의 모습이 크게 달라지기 때문이다. 폭풍이 몰아칠 때는 웅크리고 앉아서 폭풍이 지나가기를 기다리는 것도 한 방법이다. 하지만 유능한 보스들은 폭풍 속에서도 움직인다. 그들이 지휘하는 위대한 기업들은 위기 때 속도를 내서 선발기업들을 따라잡았다. 그 결과 위기가 끝난 뒤 경쟁기업들 앞에 설 수 있었다.

나는 마라톤을 즐겨 본다. 2000년대 들어 마라톤 주법에 흥미로운 변화가 생겼다. 황영조, 이봉주 등 한국 선수들이 아시안게임 등 각종 마라톤 경기에서 한창 좋은 성적을 거둘 때만 해도 모든 선수는 초반에 천천히 달리면서 컨디션을 조절하다가 막판에 스퍼트를 내는 전략을 선택했다. 그런데 아프리카 선수들 때문에 그런 전략이 더는 먹혀들지 않았다. 아프리카 선수들은 처음부터 한국 선수들이 후반 스퍼트를 낼 때의 속도로 달렸다. 한국 선수들이 속도를 내기 시작할 즈음 아프리카 선수들은 이미 한참 앞서 있었다. 뒤처진 한국 선수들은 따라잡기를 포기하고 말았다. 모든 게 이런 식이다. 남들이 속도를 줄이고 안정을 취할 때가 바로 추격하거나 격차를 벌리는 절호의 기회다. 남들 쉴 때 같이 쉬고 남들 갈 때 같이 가면 후발은 영원히 선발과의 차이를 줄일 수 없다.

:: 공감이 속도를 높인다 ::

보스는 혼자 달리는 것이 아니다. 부하직원들을 놔두고 보스 혼자 속력을 내봐야 아무 소용이 없다. 모세는 이스라엘 민족을 이끌고 이집트를 탈출해서 가나안으로 향했다. 이집트에서 가나안까지 거리는 사실 얼마 되지 않는다. 대략 600킬로미터다. 40일이면 걸어서 충분히 갈 수 있는 거리다. 그런데 그 여정이 왜 40년이나 됐을까? 모세가 정예병 몇 명만 골라서 데리고 갔으면 한 달도 안 돼 가나안에 도착했을 것이다. 하지만 그는 200~300만 명이나 되는 이스라엘 백성과 함께 가야 했다. 속도를 내는 것이 쉽지 않았을 것이다.

보스는 조직구성원들과 속도에 관한 합의를 이끌어내야 한다. 내부 동의를 얻지 못하고 혼자 속도를 내면 조직원들은 원심력 때문에 떨어져 나간다. 모세가 이스라엘 백성의 상황을 살피지 않고 혼자서 가나안으로 달려갔다면 이스라엘 백성은 아마도 가나안에 도착하지 못했을 것이다. 이스라엘 민족의 내분도 해결하지 못했을 것이다. 이집트 군대도 물리치지 못했을 것이다.

일반적으로 보스가 조직의 변화를 시도할 때는 왜, 언제, 어떻게 할지를 놓고 깊은 고민을 거친 뒤다. 결정을 내릴 즈음에는 이미 충분한 연구와 검토가 이뤄져 있다. 그러나 그런 보스와 달리 구성원들은 보스가 내린 결정의 결과만 알게 된다. 왜 그런 결정을 하게 됐는지, 어떤 과정을 거쳐서 그런 결정이 이뤄졌는지 모른 채 변화를 맞게 된다. 행동강령만 전달받는 경우가 많다. 조직원들은 어디로 어떻게 갈지 아는 바가 없다. 동의한 바도 없다. 그러니 자발적으로 움직일 리 없다. 속도가 잘 안 나는 것이 당연하다. 구성원들 사이에 목적이 공유되지 않았기 때문에 보스가 제시한 목표는 공허하게 들린다. 그런 상황에서 일이 진행되면 효율성이 떨어진다. 성과도 부진할 수밖에 없다.

우리 회사의 글로벌본부는 외국인 인재를 발굴해 기업에 추천한다. 한국 기업의 글로벌화가 빠르게 진행되면서 최근 들어 많은 기업이 외국인 인재 영입을 추진하고 있다. 특히 엔지니어링, 연구개발, 디자인, 회계, 법무 등 한국 기업이 취약한 분야에서 외국인으로 부족분을 채우려는 기업이 적지 않다. 그런데 많은 한국기업들이 외국인 인재를 효과적으로 영입하지 못하고 있다. 그뿐 아니다. 정작 영입에 성공해도 기대했던 만큼 성과를 거두지 못하고 있다.

그 이유 중 하나가 공감대 형성을 소홀히 하는 것이다. 외국인 임원의 필요성을 느낀 사장은 인사팀에게 채용 지시를 내린다. 충분한 설명을 듣지 못한 채 외국인 임원 채용 지시를 받은 인사팀은 정확한 채용 이유를 모른 채 헤드헌팅회사에 의뢰해 인재를 추천받는다. 이 때문에 인사팀도, 헤드헌팅회사도 어떤 인재를 왜 뽑는지 정확히 알지 못한다. 누가 적임자인지 판단하지 못하고 우왕좌왕한다.

게다가 기업들은 외국인 임원 채용에 대한 경험이 부족하다. 그러다 보니 마치 외국인 임원을 한국인 경력자 채용하듯 한다. 국제적으로 공인된 탁월한 실적을 갖고 있어도, 세계 최고 수준의 기업에서 이미 임원으로 일하고 있어도 자기 회사의 경력자 채용기준을 적용하려 한다. 이미 글로벌기업에서 오랫동안 임원으로 일하고 있는데도 '우리 회사에서는 상무가 되려면 45세가 넘어야 하므로 상무 직급을 줄 수 없고, 상무가 아니니 부장급 연봉을 책정할 수밖에 없다'는 식이다. 세계 최고 수준의 엔지니어에게 평범한 한국 대기업 수준의 직급과 연봉을 제시하는 어처구니 없는 일이 흔하게 발생한다.

인터뷰도 마찬가지다. 채용 목적을 잘 알지 못하다 보니 채용하려는 사람이 어떤 능력과 자질이 있어야 하는지 잘 모른 채 면접에 임한다.

이 때문에 과장도, 부장도, 임원도 모두 비슷비슷한 질문을 하게 된다. 학교는 어디를 나왔는지, 어디서 근무했는지, 어떤 일을 했는지 같은 질문을 해댄다. 그런 질문에 계속 답을 하다 보면 외국인 임원들 처지에서는 이런 인터뷰를 왜 해야 하는지 짜증이 난다. 어떤 때는 "똑같은 내용을 물으려면 한 번만 하면 되는 것 아니냐"며 불만을 표시하는 사람들도 있다.

입사 후에도 혼란은 계속된다. 뽑기 전에 어디서 무슨 일을 할 것인지에 대한 공감대가 형성되지 않은 상태에서 뽑다 보니 출근해서도 몇 달 동안 할 일이 정해지지 않는 경우가 허다하다. 일단 뽑은 뒤 출근하면 그때부터 고민하는 회사가 적지 않다. 보통 외국인 임원은 계약기간이 2년, 길어야 3년이다. 따라서 시스템이 정비되고 조직이 갖춰져 본격적으로 업무를 진행할 즈음이면 계약기간이 끝나게 된다. 계약기간의 3분의 1, 어떤 때는 절반 가까이를 허송세월하는 것이다. 영입에 대한 충분한 공감대가 형성돼 있지 않다 보니 이런 웃지 못할 일이 일어나는 것이다.

외국인 임원이 필요한 자리와 역할을 미리 정한 뒤 영입에 대해 충분히 논의하고 추진하면 이런 문제는 없을 것이다. 뽑는 이유만 제대로 알아도 위와 같은 실수는 대폭 줄일 수 있다. 실무자와 임원이 인터뷰의 내용과 방식을 달리해 가며 후보자를 꼼꼼하게 검증할 수 있다. 입사해서 자리에 앉기 무섭게 각종 프로젝트를 맡겨 업무가 빠르게 진행될 수도 있다. 그렇게 되면 외국인 인재 영입의 효과를 톡톡히 볼 수 있다. 외국의 앞선 기술이나 경영기법, 시장정보 등을 한꺼번에 얻을 수 있다. 기업이 한 단계 도약해 글로벌시장으로 진출하는 데 획기적 계기를 만들 수 있다.

보스는 방향과 속도에 대해 구성원들과 상황을 충분히 공유해야 한다. 구성원이 항상 준비하고 따라올 수 있도록 해야 한다. 이해하는 것과 동의하는 것은 다르다. 우리는 종종 조직원들이 머리로만 이해한 것을 보고 동의가 이뤄졌다고 판단하는 잘못을 범한다. 그렇게 간주하고 일을 추진하다가 차질이 빚어지는 경우를 흔히 접한다. 우리 주변에는 조직원들이 이해는 했지만 받아들인 것은 아닌 경우가 너무 많다. 그래서 보스는 속도를 내고 전환점을 돌기 전에 꼭 확인해야 한다. 자신이 추진하려는 바를 조직원들이 마음으로도 동의하고 받아들였는지를.

:: 속도를 내겠다고 완성도를 포기하는 바보들 ::

속도의 중요성을 강조하다 보니 빨리만 하면 된다고 생각하지 않을까 걱정이 된다. 속도를 강조하는 것은 속도의 중요성 때문이다. 업무완성도의 중요성을 간과하고 있기 때문이 아니다. 업무완성도는 기본이라고 생각해 굳이 이야기하지 않았을 뿐이다. 찰리 채플린의 영화 「모던 타임스」에는 컨베이어 벨트가 등장한다. 컨베이어 벨트를 중심으로 일하면 나 혼자 속도를 높일 수도 없고 나 혼자 속도가 떨어져서도 안 된다.

내가 처리해야 하는 일을 제때 처리하지 못하면 나머지 사람들도 모두 일을 멈춰야 한다. 심각한 손실이다. 업무효율성이 떨어지는 것은 당연하다. 그래서 만약 나 혼자 속도가 뒤처진다면 따로 훈련해서라도 속도를 맞춰야 한다. 조직은 마치 컨베이어 벨트를 놓고 일하는 것과 같다. 내가 부족해 컨베이어 벨트가 멈추는 일이 있어서는 안 된다. 사전에 준비해서 남들과 협업하는 데 차질이 빚어지지 않도록 해야 한다.

종종 보스가 "왜 아직도 일이 되지 않았느냐"고 물으면 "이 일은 원래 늦는다"거나 "저쪽에서 늦기 때문"이라고 변명을 늘어놓는 직원들이 있다. 하지만 그런 변명은 자신이 무능하다고 고백하는 것과 다르지 않다. 보스는 어떤 방법을 동원해서라도 속도를 끌어올려야 할 책임이 있다. 속도가 결국 성과를 좌우하고 효율성을 좌우하기 때문이다. 속도를 끌어올리는 것이 생산성을 높이고 결과를 만들어내는 지름길이다. 그러므로 보스로서는 속도가 떨어지는 사람을 계속 놔두고 지켜보기 어렵다.

그런데 속도를 낸다고 완성도를 포기하면 오히려 더 나쁜 결과를 가져올 수도 있다. 완성도를 낮추고 속도를 높이는 것은 누구나 할 수 있다. 그러나 속도와 완성도는 하나를 포기해야만 다른 하나를 얻을 수 있는 관계가 아니다. '빨리빨리'의 함정에 빠지지 않고 완성도와 속도 두 마리 토끼를 모두 잡아야 한다. 보스는 이렇게 불가능해 보이지만 시장이 원하고 조직에 필요한 것이라면 두 마리 토끼 잡이를 포기해선 안 된다. 역설적이지만 그 역설을 현실에서 실현하는 게 유능한 보스다. 대형화와 전문화, 품질과 속도, 양과 질, 수익성과 성장성을 모두 추구하는 게 유능한 보스다.

보스는 속도 조절의 선수여야 한다. 이 차가 코너를 돌고 있는지, 고속도로를 달리고 있는지, 신호등 없는 교차로를 통과하고 있는지 잘 파악해서 도로와 차량에 맞게 차 속도를 조절해야 한다. 기본적으로 속도는 빠를수록 좋다. 특히 비즈니스에서 속도는 언제나 빨라야 한다. 방향을 크게 바꿀 때, 변화가 너무 심해 속도를 늦추지 않으면 차가 뒤집힐 위험이 있을 때나 어쩔 수 없이 속도를 늦추는 것이다. 저속도 괜찮아서 천천히 가라는 것이 아니다. 할 수만 있다면 코너에서도 변화 속에서도 속도를 내야 한다. 그렇게 하려면 조직과 소통해 높은 속도만큼의 공감대를 만들어내야 한다.

10
보스는
혁신에 매진해야 한다

"고인 물은 썩는다."

멈추면 제자리가 아니라 도태된다는 뜻이다. 모두 앞을 향해 가는데 나 혼자 멈추면 뒤처지는 것이다. 속도를 맞춰야 제자리를 겨우 지킬 수 있다. 자기계발을 게을리하지 말라는 조언으로 들릴 수도 있겠다. 하지만 이 말은 조직에도 명확히 적용된다. 끊임없이 변하는 시장 환경에서 우리 회사만, 우리 조직만 기존의 틀에 얽매여 있다면 앞서가는 조직과 점점 격차가 벌어지게 될 것이다. 도태되는 것은 시간 문제다.

시장의 선두에서 달리기 위해서라면 말할 것도 없다. 시장의 흐름과 발맞추기 위해서도 혁신은 불가피하다. 자기 변화, 자기 진화를 끊임없이 계속해야 그나마 내 자리를 지킬 수 있다. 조직에 그런 혁신을 이끌 사람은 리더뿐이다.

:: 멈추면 제자리도 못 지킨다 ::

변화 없이 정지된 상태이거나 변화가 필요하지 않다면 굳이 리더가 필요 없다. 정해진 시스템과 메커니즘에 따라 모든 일이 굴러가면 리더는 할 일이 없다. 안내자는 목적지를 알 수 없어 길을 잃고 헤맬 때 필요하다. 길이 명확하거나 집 안에 머무른다면 안내자가 있어도 소용이 없다. 결국 리더는 변화를 전제로 존재하는 것이다. 변화 없는 조직은 죽은 조직이나 마찬가지다. 기본적으로 조직은 끊임없이 변해야 한다. 시장의 변화에 맞게 자신을 혁신시켜야 한다. 그뿐 아니라 어떤 때는 변화에 앞서 변신해야 한다. 즉 조직은 의도적 변화를 꾀해야 한다. 그때 혁신의 1차 목표는 언제나 고객 만족이다. 궁극적 목표는 성과 향상이다.

그 혁신을 추동하고 지휘하고 이끌어가는 역할을 하는 사람이 리더다. 혁신을 어떻게 얼마나 잘 수행하느냐에 따라 리더에 대한 평가가 좌우된다. 애플의 전 CEO였던 스티브 잡스는 이렇게 말했다.

"혁신은 리더와 추종자를 구분하는 잣대다."

그만큼 리더와 혁신은 나눠 생각할 수 없다. 우리 회사도 창립 후 계속 혁신해왔다. 이 바람에 아직도 많은 직원이 이렇게 불만을 표시한다.

"왜 우리 회사는 만날 공사 중이고 수선 중이냐?"

해마다 조직을 바꾸고 시스템을 변경하고 프로세스를 수정하기 때문이다. 앞서 말한 것처럼 올해도 우리는 대대적으로 혁신하고 있다. 이제 조금 익숙해져서 편해졌는데 다시 기존 것을 버리고 새것을 도입한 셈이다. 그러니 직원들 처지에서는 조금 짜증스럽기도 할 것이다.

사람은 모두 안정을 원한다. 특히 지금 상태에 충분히 만족하는 사람은 변화를 불편해한다. 그러나 리더는 결코 현재 상태에 안주하면 안 된다. 시장이 변하는 속도를 보면 "지금으로 충분하다"고 말하기 어렵다. 끊임없이 시장은 변한다. 그 속도도 점점 빨라진다. 조금이라도 긴장을 늦추면 경쟁회사나 시장 흐름과 금세 차이가 벌어진다. 고객의 입맛은 수시로 바뀐다. 갈수록 고급화한다. 고객을 잡아두고 더 나아가 늘리고 싶다면 지속적으로 고객 만족을 강화해야 한다.

그래서 혁신이 필요하다. 혁신은 지금으로는 부족해서 바꾸는 것이다. 앞서 말한 대로 성과가 충분하지 않기 때문에 이를 끌어올리기 위해 고객 만족을 강화하게 된다. 혁신을 하면 고객들은 우리가 내놓는 상품을 더 많이 사고 서비스도 더 많이 이용할 것이다. 가격도 높게 지급할 것이다. 그 결과 자연스럽게 성과가 개선되는 것이다. 지금으로 충분하다고 생각하고 멈춰 있으면 결코 이룰 수 없는 것들이다.

한국 기업들이 세계적 기업으로 성장하는 과정에서 역량을 집중했던 것은 품질혁신이었다. 현대자동차가 1999년 시도한 '10년 10만 마일 무상수리'는 품질개선을 위한 극약처방이었다. 품질에 대한 고객

불만을 당연한 것으로 간주했다면 절대로 도입하기 어려운 혁신이었다. 당시 현대차의 품질은 바닥이었다. 현대차에 대한 고객의 인식은 더는 내려갈 수 없을 만큼 나빴다. 오죽했으면 미국 CBS 토크쇼 진행자 데이비드 레터맨이 이렇게 조롱했을까.

"우주비행사를 간 떨어지게 하려면 조종간에 현대차 로고를 박아 둬라."

그런 상황에서 정몽구 회장이 10년 10만 마일 무상수리 방침을 발표했다. 경쟁사들이 '미친 짓'이라고 평가절하하는 것도 이상하지 않았다. 그동안 품질경영을 통해 어느 정도 제품의 질을 끌어 올리기는 했다. 하지만 현대차 직원들조차 "가능할까"라며 회의적인 반응을 보였다. 위험한 도박이라는 지적이 적지 않았다. 그러나 미국 소비자들의 반응은 뜨거웠다. 소비자들은 그 서비스에 매력을 느꼈다. 그 서비스는 현대자동차에 대한 시장의 신뢰도를 높였다. 현대차는 그 해에 미국시장에서 16만 4,000여 대를 팔았다. 전년보다 82퍼센트나 증가했다. 다음 해에는 판매량이 34만 6,000여 대에 이르렀다. 현대차의 고객서비스 강화는 그렇게 현대차를 세계적 자동차회사로 변신시켰다.

삼성전자도 품질혁신을 통해 세계적 기업으로 성장했다. 1993년 이건희 회장은 미국 로스앤젤레스 전자상가 바닥에 뽀얗게 먼지를 뒤집어쓴 채 방치된 삼성 제품을 보고 '이대로 가면 삼성은 망할 것'이라고 생각했다. 상황의 심각성을 절감한 이 회장은 삼성전자 관계사 임원 200여 명을 독일 프랑크푸르트에 모이도록 했다. 삼성 임원들은 이날부터 68일 동안 유럽과 일본에서 세계 1등 제품을 보고 배웠다. 1등은 어떤 것인지, 삼성 제품과 차이 나는 점은 무엇인지 연구했다. 매일 밤 '반성의 모임'이 이어졌다. 모임이 하도 이상했는지 프랑크푸르트호텔의 지배인은 "무슨 종교집단에 속해 있느냐"라고 묻기도 했다. 그해 6월 이건희 회장은 "마누라와 자식만 빼고 모두 바꾸라"며 대대적 혁신을 주문했다. 이른바 프랑크푸르트 신경영선언이다. 이때부터 이 회장은 입만 열면 혁신을 외쳤다. 삼성전자가 내로라하는 글로벌 기업 반열에 올라 있는 지금도 마찬가지다. "위기다" "혁신해야 한다"를 강조하고 있다. 위기와 혁신은 이제 삼성의 문화로 자리 잡고 있다. 삼성의 오늘을 만든 핵심전략은 집요한 혁신이었다.

기업의 혁신은 그렇게 품질에서 시작된다. 품질은 고객 만족에서 가장 중요한 요소이기 때문이다. 따라서 품질은 혁신을 통한 고객 만족을 이끌어내려는 보스들에게 가장 중요한 관심사다. 세계적 기업들은 모두 제품과 서비스의 품질혁신에 성공했다. 이 때문에 프리미엄 기업으로 발전할 수 있었다.

세계 최대의 백색가전회사이자 세계적 전자회사를 꿈꾸고 있는 중국의 하이얼도 품질혁신에 성공한 기업이다. 1984년 하이얼의 장루이민 사장은 전 직원이 모인 자리에서 공장장에게 불량 냉장고 72대를 망치로 부수라고 지시했다. 당시 냉장고는 공장 직원이 2년 치 월급을 다 모아야 살 수 있을 정도로 비쌌다. 장루이민이 나중에 '큰 망치사건'으로 불리게 된 이벤트를 한 것은 품질혁신 없이는 회사의 생존이 어렵다고 느꼈기 때문이다. 35세 젊은 관료였던 그는 어느 날 갑자기

칭다오에 있는 다 쓰러져가는 국영 전자회사 책임자로 가라는 상부의 명령을 받았다. 당시만 해도 600여 명의 하이얼 직원이 한 달 동안 생산하는 소형 냉장고는 100대도 안 됐다. 만들어도 팔리지 않으니 많이 만들 필요가 없었던 것이다. 공장 직원들은 오전 8시에 일을 시작해 9시면 모두 자리를 떴다. 장루이민은 이렇게 회고한다.

"오전 10시에 공장 안에 수류탄을 던져도 누구 하나 다치는 사람이 없을 정도였다."

그가 취임해서 제일 먼저 한 일은 "공장 안에서 방뇨와 배변 금지"라는 경고문을 붙인 것이었다. 장루이민은 그런 최악의 상황에서 품질혁신을 위한 전쟁을 선언했다. 그 결과 하이얼은 세계적 회사로 성장했다.

그렇게 혁신은 한 기업을, 한 집단을 바꿔놓는 묘약이다. 그래서 리더는 끊임없이 혁신을 고민하고 시도한다. 상황에 밀려 억지로 변하는 사람은 리더라고 부를 수 없다. 어쩔 수 없이 바꾸는 것을 혁신이라고 말할 수 없다. 그런 혁신이 성공할 가능성도 크지 않다. 보스는 혁신의 필요성을 스스로 인식해야 한다. 자발적 주체적으로 변화를 이끌어내야 한다. 부하직원들이 보기에는 귀찮고 번거롭고 피곤한 일을 왜 하나 싶기도 할 것이다. 하지만 혁신하지 않으면 정체가 아니라 퇴출이라는 것을 보스는 알고 있다. 그래서 보스는 늘 혁신을 외치게 된다. 혁신강박증에 빠질 정도로 혁신을 고민하게 되는 것이다.

:: 혁신은 호기심에서 출발한다 ::

내가 신규 사업을 생각할 때 가장 먼저 가장 중요하게 고려하는 사항이 있다. '그 사업을 이끌 리더'다. 사업에 들어가는 재원, 사업방식, 착수 시기, 규모 등 고민할 것이 참 많다. 하지만 모두 부차적이다. 중요한 것은 누가 그 사업을 담당할 것인가 하는 점이다. 리더만 정해지면 사업 준비의 절반은 끝낸 것이다. 나머지는 대부분 그가 고민하고 처리할 문제다. 회사는 그가 추진하는 것들을 적극 지원하면 된다. 그만큼 책임질 사람이 중요하다는 말이다.

조직에서도 마찬가지다. 조직에서 혁신은 그 방법, 대상, 시기, 강도 등 고민하고 검토할 사항이 많다. 하지만 핵심은 그 혁신을 이끌 리더다. 제대로 된 리더만 찾으면 혁신은 이미 절반 가까이 해낸 것이다. 그만큼 조직의 혁신에서 리더가 차지하는 비중이 절대적이다. 또 그런만큼 제대로 된 리더를 찾기도 어렵다. 혁신의 필요성과 목표에 동의하고, 직원들이 자발적으로 혁신에 동참하도록 동기부여를 할 수 있는 리더는 그리 많지 않다. 만약 그런 리더를 찾지 못한다면 혁신을 시작하면 안 된다. 혁신의 성공을 좌우하는 핵심이 리더인데, 적임자 없이 혁신에 어떻게 들어가겠다는 것인가? 시기를 놓칠까 봐 걱정할 수도 있다. 하지만 적임자를 배치하지 못해 나타날 후유증을 고려해야 한다. 따라서 사업착수 시기가 조금 늦어지더라도 보스와 조직의 역량을 총동원해 적임자부터 발굴해야 한다.

제대로 된 리더라면 끊임없이 혁신한다. 어떻게 하면 고객 만족도를 높일 것인가 고민하고 또 고민한다. 이를 위해 조직도, 시스템도, 프로세스도 모두 개편한다. 흐르는 물살에 배를 맡기는 것은 누구나 할 수 있다. 굳이 뱃머리에 서 있는 리더가 필요치 않다. 노를 저어 속도를 내거나 방향을 바꾸도록 하는 것이 리더의 역할이다. '지금까지 그래 왔으니까'라는 자세로는 절대 발전할 수 없다.

GE의 전 CEO 잭 웰치가 후임자를 정할 때 당시 후보로 크게 주목받지 않았던 제프리 이멜트가 낙점됐다. "왜 그를 후임자로 지명했느냐"고 묻자 잭 웰치는 이렇게 대답했다.

"이멜트는 변화를 추구하는 마인드를 가졌기 때문이다."

그리고 "두 번째로는 호기심이 많아서"라고 덧붙였다. 경영학적 지식, 화려한 경력보다 변화를 추구하는 자세와 호기심을 우선으로 꼽은 것이다. 혹시 '세계 최고 수준 기업의 CEO의 조건으로는 너무 사소한 것 아닌가'라고 생각할지도 모른다. 그러나 시장의 변화를 체감하지 못하고, 혹은 체감했지만 아직은 괜찮다는 마인드로 굼뜨게 움직였다가 역사 뒤편으로 사라진 기업이 얼마나 많은가? 잭 웰치의 후계자 선정기준은 그의 오랜 경험과 지식에서 나온 것이다.

변화를 만들어내는 가장 기본적인 요소는 호기심이다. 간혹 "고양이는 호기심 때문에 죽는다"느니 "판도라의 상자를 열었다"느니 하며 호기심을 깎아내리는 사람들을 만나게 된다. 그들은 "호기심은 애들이나 갖는 것이지 다 커서 무슨 호기심이냐"며 호기심 많은 사람을 평가절하하기도 한다. 그러나 호기심은 사람을 움직이는 원동력이다.

'왜 지하철에서 책 읽는 사람이 줄었을까?'

'왜 우리 애는 토마스 기차만 좋아할까?'

'게임 기술을 자동차 기술에 적용하면 어떨까?'

이렇게 현상에 대해 의문을 품어야 그 이유와 해결책을 찾기 위해 부지런히 조사하고 뛰어다닐 수 있다. 반면 호기심이 없으면 시장과 고객을 살펴보는 데 게을러진다. 시장 변화를 예민하게 알아채지 못하니 발 빠르게 대응할 수도 없다. 시장의 기대에 미치지 못하는 상품과 서비스는 고객의 선택을 받지 못한다. 그런 현상이 반복되면 기업의 생존은 심각한 위협을 받게 된다. 그래서 언론사에서 뉴스를 만드는 사람만큼이나 조직을 이끄는 보스도 언제나 관심은 '왜?'로 향하게 된다. 왜 이런 일이 벌어지고 있고, 왜 상황이 이렇게 전개되고 있고, 왜 일이 여기까지 왔는지를 살피게 된다.

아는 만큼 보이고 보는 만큼 움직이는 게 사람이다. 뱃머리에서 물살의 방향을 주의 깊게 관찰하면 언제 어떻게 배를 움직여야 할지 예상할 수 있다. 그래서 파도가 밀려오기 전에 미리 대처할 수 있다. 그 자리에 언제나 머물러 있는 것은 없다. 조용한 듯한 시장도, 말 없는 듯한 고객도 겉과 달리 속에서는 변화가 한참 진행 중이다. 살아 있는 것은 절대 가만히 있지 않는 법이다. 그러니 마음 놓지 말고 지켜봐야 한다. 변화하는 고객과 시장의 입맛을 충족시켜야 한다.

:: 익숙함과 결별하라 ::

혁신하려면 익숙한 것에서 탈출해야 한다. 같은 생각으로 똘똘 뭉친 조직에서는 혁신이 이뤄지지 않는다. 다른 의견을 제시하는 사람이 없으니 무엇이 잘못됐는지 모른다. 변화의 필요성을 모르는 것이다. 특히 폐쇄적인 조직일수록 혁신은 일어나지 않는다. 그런 조직은 절대 다른 의견이나 가치관에 동의하지 않는다. 오히려 따돌리고 내쫓는다. 혁신이 이뤄질 리 없다.

세계 최대 의료기기회사인 메드트로닉은 그런 면에서 참 재미있는 회사다. 대다수 회사는 사내 연구개발실에서 낸 아이디어로 제품을 만든다. 그런데 이 회사는 외부 아이디어로 제품을 만드는 혁신을 추구한다. R&D Research and Development(연구개발)에서 D(개발)만 회사 내부에서 진행한다. 오마 이슈락 메드트로닉 회장은 '메드트로닉 혁신의 원칙'을 이렇게 설명한다.

"혁신적 제품을 개발할 때 핵심원칙은 우리 머릿속에서 나온 아이디어는 쓰지 않는다는 것이다. 우리 회사에선 무조건 외부 전문가들의 아이디어로만 제품을 만든다."

그렇게 만든 제품이 전체의 90퍼센트가 넘는다. 메드트로닉이 의료기기분야에서 세계 최대 회사로 성장한 비결이다.

혁신하려면 특히 익숙한 사람에서 벗어나야 한다. 매일 같은 사람들끼리 모여서 머리를 쥐어짜 봐야 혁신은 이뤄지지 않는다. 편안함 속에서는 아무도 움직이지 않는다. 메드트로닉의 사례처럼 외부 아이디어, 외부 문화를 적극 받아들여야 변화가 시작되고 조직이 성장한다. 그래서 'COO Chief Operating Officer(최고운영책임자)형 인재'에게서는 혁신을 기대하기 어렵다. COO는 새로운 전략을 짜기보다 이미 세워진 전략과 시스템을 공고히 하는 사람이기 때문이다. 그들의 관심은 새로운 것이 아니다. 안정과 효율이다. COO형 인재는 성실하며 조직의 규율을 잘 준수하지만 창의적이지는 않다. 그래서 어떤 사람들은 지금 애플이 예전처럼 혁신적이지 못한 이유를 현 CEO인 팀 쿡 탓으로 돌리기도 한다. 팀 쿡이 COO 출신이어서 기본적으로 혁신에 큰 관심을 두지 않는다는 것이다.

CEO로서는 COO형 인재들이 곁에 있으면 몸과 마음이 편할 수는 있다. 하지만 혁신은 일어나기 어렵다. 그래서 주변 사람들을 바꾸는 것으로 혁신을 시작해야 한다. 사람은 자기가 좋아하는 것, 원하는 것, 관심이 있는 것만 보려 한다. 보스 옆에 배치돼 있는 사람들이 현재 시스템에 만족하고, 현재 상황의 변화를 꺼리고, 새로운 것에 관심이 없다면 혁신은 쉽지 않다. 시장에 새로운 가치를 내놓고 고객에게 새로운 가치를 더해주는 인재를 가까이 둬야 혁신이 이뤄진다. 새로운 시각으로 보는 사람만이 혁신에 접근할 수 있다. 따라서 혁신이 잘 이뤄지지 않는 조직이 혁신을 원한다면 보스 자신을 둘러싸고 있는 사람들, 익숙하고 편한 직원들부터 바꾸는 것이 좋다. 낯설어 불편할 수는 있다. 하지만 그 불편함 때문에 혁신이 싹을 틔울 수 있다.

:: 작은 혁신을 통해 선순환 구조를 만들어라 ::

'혁신'이라는 말이 너무 크게 다가오는가? 그러나 아이폰처럼 세상에 없던 것을 내놓는 것만이 혁신은 아니다. 삼성의 이건희 회장처럼 "마누라만 빼고 다 바꾸라"고 말하는 것만이 혁신도 아니다. '내가 회사 사장도 아닌데 어떻게 혁신을 하겠어'라고 생각할 수도 있다. '혁신은 대기업 사장이나 임원, 적어도 일정한 규모 이상의 조직 책임자나 하는 일이지 나 같은 말단 간부가 무슨 혁신을 할 수 있겠나'라고 생각하며 지나칠 수도 있다. 그러나 수많은 크고 작은 회사가 혁신을 통해 성장해왔다.

그들은 지금도 혁신을 추진하고 있다. 작은 회사, 작은 조직이 성장 발전하는 것은 그 조직을 이끄는 보스가 혁신에 매진했기 때문이다. 우리 회사도 마찬가지다. 우리 회사에서 혁신을 이끌고 있는 부문장들 역시 큰 조직의 책임자가 아니다. 대부분 10명도 안 되는 부문구성원들을 이끌고 있다. 그런데도 자신의 권한 내에서 할 수 있는 최대한의 변화를 이끌어내고 있다.

이순신 장군도 처음부터 높은 지위에 있던 사람이 아니었다. 너무나 강직해서 오랫동안 말단을 전전했다. 그러나 가는 곳마다 자신이 할 수 있는 최대한의 혁신을 이끌어냈다. 한산도 병사들이 배 위에서도 무과시험을 치를 수 있도록 시험규정도 바꿨다. 신분과 관계없이 전쟁의 공을 공평하게 기록했다. 작은 시도였다. 하지만 병사들은 열광했다. 이것이 23전 23승이라는 전무후무한 전쟁사를 쓰게 했다.

'10년 10만 마일 무상수리'는 현대자동차만 할 수 있는 것이 아니다. 업종이나 규모가 다른 회사나 조직에서도 얼마든지 적용할 수 있다. 그대로 적용할 수도, 조금 변형할 수도 있다. 예를 들어 '마음에 들지 않으면 얼마든지 반품해도 좋다'는 식으로 고객서비스를 강화해볼 수도 있다.

조직구성원들의 만족도를 높여 고객 만족도를 끌어올리는 방법도 있다. 현대카드는 전화상담사들의 만족감을 우선하는 파격적 개혁을 단행했다. 그동안 전화상담사들은 무조건 고객의 이야기를 들어줘야 했다. 그 때문에 고객이 심한 말을 해도 꿀 먹은 벙어리처럼 듣고 있어야 했다. 그래서 전화상담사들은 극심한 스트레스와 우울증에 시달려야 했다. 감정노동의 강도를 견디지 못해 그만두는 상담사가 많았다.

현대카드 정태영 사장은 2012년 2월부터 정책을 바꿨다. 고객이 욕설하면 단호하게 "욕설은 허용되지 않는다"고 말한 뒤 전화를 끊도록 했다. 정 사장은 "직원들과 선의의 고객들을 지키는 것이 진짜 서비스"라고 했다. "민원서비스에 대한 고객들의 불만이 커지는 것은 감내하겠다"고 말했다. 그 결과 전화상담사들의 스트레스가 줄면서 업무 만족도가 올라갔다. 상담 품질도 좋아졌다. 고객 만족도도 덩달아 높아졌다.

높은 사람만 혁신하는 것이 아니다. 큰 것만 혁신 대상이 되는 것도 아니다. 혁신은 작은 조직의 작은 것부터 시작된다. 만약 당신이 보스로 있는 팀에 업무가 너무 많아서 팀원들이 매일같이 야근하고 있다면? 돌아가면서 집에 일찍 가는 날을 지정할 수도 있다. 팀원들이 업무에 공백이 생길까 봐 여름휴가도 제대로 즐기지 못한다면? 팀원들의 업무를 다들 조금씩 공유해서 백업 인원을 마련하는 방안을 만들 수도 있다.

혁신은 그렇게 시작된다. 우리 주위에는 조금만 관심을 두면 바꿀 수 있는, 그래서 성과를 개선할 수 있는 작은 혁신들이 널려 있다. 그런 작은 혁신들이 모여 팀 분위기를 바꾼다. 고객만족도를 높인다. 그리고 다시 팀의 성과로 돌아와 팀 분위기를 좋게 하는 선순환을 만든다. 그러면 내 조직의 수준이 한 단계 높아진다. 조직은 그런 보스를 원한다. 작은 혁신이라도 꾸준히 열정적으로 추진하는 보스를.

3장
보스의 조직 장악력

보스들이 자주 하는 생각, 그리고 자주 하는 말 중 하나가 '왜 내 뜻을 몰라줄까'다. '왜 내 말을 못 믿고, 내 진정성을 알아주지 않고, 내 뜻대로 안 따라오는지 모르겠다. 나는 진정으로 조직과 구성원들을 생각해서 선한 뜻으로 말했다. 내 계획대로만 하면 좋은 결과를 얻을 수 있다. 그런데도 따라올 생각은 하지 않고 앉아서 의심만 하고 있다.'

승진해서 보스가 된 사람들이 첫째로 하는 말도 바로 "직원들이 참 말을 듣지 않는다"는 것이다. 몇 명 되지도 않는 조직인데 이끌기가 정말 어렵다는 것이다.

조직이 움직이지 않는 이유는 대체로 조직의 철학이나 가치를 이해하지 못해서가 아니다. 보스를 이해하지 못하고 믿지 않기 때문이다. 그가 어떤 말을 해도 신뢰할 수 없어서다.

11
초보 보스를
실패하게 만드는 것들

나는 이 책에서 보스가 갖춰야 할 자질과 역량, 그리고 태도에 대해 이야기하고 있다. 그런데 초보 보스에겐 그들만이 직면하고 있는 공통된 문제가 있다. 어떤 문제들이 있으며 어떻게 대처해야 할까? 지금부터 함께 연구하고 고민해보자.

얼마 전에 중견기업의 한 팀장으로부터 고민이 한바탕 담겨 있는 메일을 받았다. 그는 올해 초 승진해 영업팀의 팀장을 맡고 있었다. 최근 몇 년간 뛰어난 실적을 기록해 주변의 예상을 깨고 조기승진했다. 그는 팀장으로서 첫 출근을 앞뒀을 때 마음이 설레서 잠을 이룰 수 없을 정도였다. 지금까지 많은 상사를 만나면서 생각해온 대로 이상적인 보스의 모습을 이제야 직접 실현할 수 있으리라고 생각하니 가슴이 벅차올랐다. 영업팀은 그의 고향과도 같은 부서였다. 신입사원부터 과장 승진 전까지 줄곧 그곳에서 근무했다. 누구보다도 그곳 업무를 잘 알고 있었다. 그는 업무 때 느꼈던 문제점들을 모두 개선하고 싶은 욕심이 들었다. 같이 근무했던 입사 후배들도 남아 있고 업무를 수행할 때 그들과 나눈 얘기들도 선명하게 기억하고 있다. 그래서 그에게는 영업팀장이 된다는 것이 여러 측면에서 의미가 있었다.

물론 기대만큼 부담도 적지 않았다. 가장 큰 부담은 뭐니 뭐니 해도 부하직원들 사이에 선배와 동기가 끼어 있다는 점이었다. 자기보다 2년 먼저 입사해 자신의 사수이기도 했던 선배는 이번에도 승진이 좌절돼 그대로 남아 있게 됐다. 대학은 한 해 밑이지만 입사를 같이 한 동기도 팀원이었다. 다른 사람들은 그리 문제가 안 됐다. 하지만 그 두 사람은 적지 않게 부담으로 다가왔다. 어쩌면 그들과 어떻게 지내느냐가 팀 운영의 성패를 좌우할 수도 있다고 생각했다.

그런데 "기대가 크면 실망도 크다"는 옛말처럼 이상하게도 첫날부터 어딘가 어긋나기 시작했다. 팀원들이 자신을 팀장으로 대접하지 않는 듯한 느낌을 받았던 것이다. 그는 팀장업무 첫날 회의를 열어 앞으로 하고 싶은 일, 해야 할 일, 지켜줬으면 하는 원칙들을 조목조목 설명했다. 그런데 팀원들의 반응은 심드렁했다. 또 팀장이라 조금 어려워하는 것이 정상인데 승진 전과 대하는 태도가 크게 달라지지 않았다. 일단 격의 없는 태도라고 좋게 생각하기로 했다. 하지만 자신이 존중받지 못하고 있다는 느낌을 지울 수 없었다. 시간이 지날수록 그런 느낌은 더욱 강해졌다. 팀원들은 업무방식을 바꾸라고 지시했는데도 못 들은 척 슬그머니 넘어가려 했다. 불러서 지적하면 "왜 그렇게 바꿔야 하느냐"고 반문했다. 그래서 다시 조목조목 설명하면서 다짐을 받는 일이 계속됐다. 그러다 보니 분위기도 서먹해졌다. 팀원들은 점심 때면 자기들끼리 슬그머니 사라졌다. 퇴근 때는 거래처 직원과 약속이 있다며 일찌감치 빠져나갔다.

그는 "왜 그러냐고 물을 수도 없고 그냥 놔둘 수도 없다"며 답답함을 토로했다. 보스 역할 제대로 해보겠다는 것은 꿈도 못 꿨다. '이대로 가다가 문제가 터지는 것 아닌가' 하는 불안감이 커졌다. 그는 시간이 지나면 나아질 것이라고 애써 위로하고 있다. 하지만 그냥 지켜보기에는 하루하루가 너무 피곤했다. 본부장에게 이야기할까 생각도 해봤다. 그러나 그러기에는 너무 자존심이 상했다. 이곳저곳 조언자를 찾다가 나를 발견한 것이다.

:: 초기 적응기간이 중요하다 ::

요즘은 어떤지 몰라도 한참 전에 군대생활을 한 사람들은 신임 소대장에 대한 에피소드를 한두 개씩은 갖고 있을 것이다. 장교 훈련을 마치고 갓 전방에 부임한 신임 소위들은 군대생활을 오래 한 선임 사병들에게는 '둥지에서 갓 떨어져나온 새끼 새' 같았다. 뭔가 모자라고 덜 떨어진 것 같은 느낌을 지울 수 없었다. 1960~1980년대만 해도 행정기관의 호적처리가 엉터리였고 군 행정도 체계적이지 못했다. 제 나이를 한참 지나 입대한 늙다리 사병들이 생겨났다. 이로 인해서 전방에서는 소대장보다 한참 나이 많은 사병들이 적지 않았다. 그들은 사회경험도 많고 군대생활도 오래 했기 때문에 신임 소대장은 도무지 영이 서지 않았다. 소대장이 뭔가 지시하면 못 알아들은 척하곤 했다. 엉뚱한 말과 행동으로 소대장을 골탕먹이기도 했다. 어떤 부대에서는 밤에 소대장을 불러내 구타하는 경우까지 벌어졌다. 소대장은 창피해서 그런 사실을 외부에 알리지도 못했다. 그러면서 한동안 혼자서 꽤 심한 속병을 앓았다. 물론 시간이 지나고 소대장도 상황에 익숙해지면 사병들도 소대장을 장교로 대접했다. 자연스럽게 소대장의 지휘력도 인정했다. 그때까지 몇 달 동안은 신임 소대장들의 마음고생이 상당했을 것이다.

초급간부인 하사도 마찬가지였다. 당시 군에서는 부사관이 부족했다. 그래서 사병들 가운데 하사를 선발해 단기교육을 한 뒤 원래 있던 부대로 복귀시켰다. 후배나 동기였던 사람이 몇 달 만에 상관으로 돌아오게 된 것이다. 부대원들이 그를 인정해줄 리 만무했다. 소대장보다 훨씬 더 곤욕을 치르는 것은 당연했는지도 모른다. 그들은 대부분 형식상 상사일 뿐 실질적으로는 동료였고 사병 신분을 벗어나지 못했다. 상당수의 하사는 그런 상황을 인정하면서 사병들과 어울려야 했다.

보스로 권위를 인정받는다는 것은 생각만큼 쉽지 않다. 승진해서 보스 자리에 앉아 있으면 부하직원들이 알아서 보스로 대접해주는 경우는 많지 않다. 보스는 스스로 되는 것이다. 남이 만들어줄 수는 없다. 그래서 우리 주변에는 외형상 보스지만 내부에서 인정받지 못해 권한을 행사하지 못하는 보스들이 적지 않다. 교회에서 아버지로부터 담임목사를 승계하는 아들 목사와 교회 원로들 사이에서 분란이 일어나는 것도 권위와 관련돼 있다. 머리를 쓰다듬어주던 아이가 담임목사가 돼 자신들의 정신적 지도자를 자처하고 나선다? 원로들 처지에서는 기가 찰 노릇이다. 아무리 아버지 목사가 아들의 권위를 만들어주려 해도 원로들 입장에선 받아들이기가 쉽지 않다. 결국 상당수 원로들이 아들의 담임목사직 승계를 인정하지 않고 문제를 제기하게 된다. 이런 식으로 교회가 내분에 휩싸이게 되는 것이다.

많은 초보 보스들이 정착과정에서 수많은 난관에 봉착하게 된다. 리더십이라는 것은 본인이 연습하고 훈련하며 확보하는 것이다. 하지만 현실적으로 리더라는 자리는 주어지는 경우가 많다. 연차에 따라 승진하다가, 혹은 회사의 발탁으로 보스 자리에 앉게 된다. 전혀 준비되지 않은 채 보스의 구실을 하게 되는 것이다. 이처럼 준비도 없이 경험도 부족한 상태에서 보스라는 자리를 맡다 보니 실수가 잦아진다. 적응과정에서 생각하지도 못한 다양한 어려움을 겪게 된다. 그렇게 첫걸음에서 실패하면 기가 꺾인다. 심지어 보스 자리를 포기해야 하는 경우까지 생긴다. 그러므로 초보 보스의 초기 적응기간은 매우 중요하다. 그런데 초보 보스들이 하는 실수는 비슷한 것이 많다. 따라서 그와 같은 공통된 실수만 줄여도 적응이 상당히 순조로울 수 있다.

:: 부하직원도 알 만큼 알고 배울 만큼 배웠다 ::

초보 보스들이 자주 하는 실수 중 하나는 교만이다. 부하직원들 입장에서 초보 보스는 엊그제까지 부하직원들과 동료로서 어깨를 나란히 했던 사람이다. 같이 술자리에 앉아 상사를 안주로 삼았던 사이다. 그런데 순식간에 팀을 지휘하는 보스로 변신했다. 직원들은 "갑자기 완장을 차더니 사람이 변했다"고 생각하기 십상이다. 특히 보스가 의욕을 부리면서 이것저것 지시하기 시작하면 분위기는 냉랭해진다. 부하직원들은 이미 많은 것을 이룬 사람들이다. 배울 만큼 배웠고 익힐 만큼 익혔다. 그런 사람들에게 교만한 보스의 모습은 업무 의욕을 잃게 한다. 보스의 교만이 계속되면 부하들의 마음은 조직과 업무에서 떠나게 된다. 더러는 몸마저 옮기고 만다.

앞서 소개한 중견기업의 팀장도 그랬던 것 같다. 업무에 대한 의욕이 넘쳐 부하직원들의 정서를 아직 생각하지 못했다. 업무를 개선하기 위해 이것저것 지시하고 관여하다 보니 직원들은 '팀장이라고 너무 티를 낸다'며 불만스러워 했다. 특히 인사 자체를 불만스러워하는 입사 선배와 동기는 심정적으로 팀장을 받아들이지 못하고 있었다.

얼마 전 베스트셀러를 많이 낸 출판사 사장은 "베스트셀러를 많이 낼 수 있었던 비결이 뭐냐"는 질문을 받자 이렇게 답했다.

"독자들 수준보다 한 단계 더 나아간 콘텐츠를 제공했기 때문이다. 다른 출판사 책들이 실패하는 이유는 대부분 독자 수준을 밑도는 콘텐츠로 책을 만들고 있기 때문이다. 독자들은 이미 많이 알고 있다. 책도 많이 읽어서 똑똑하다. 독자들이 우리보다 모를 거라고 생각한다면 오산이다."

초보 보스도 그런 점을 명심해야 한다. 부하직원들도 알 만큼 알고 느낄 만큼 느끼고 있다. 따라서 부하가 무지하다고 생각해 무시하는 듯한 태도는 절대 금물이다. 부하직원들을 존중하고 인정해야 한다. 우쭐한 마음에 교만한 태도를 보이면 소통은 단절된다. 신뢰는 사라진다. 부하직원이 잘못해도 잘못했다고 공개적으로 지적하는 것은 피해야 한다. 공격적 말투로 쏘아붙이면 안 된다.

"이렇게 해보는 게 어떻겠습니까?"

이렇게 의견을 물으면 직원들과 긴장관계가 조금씩 해소될 것이다.

보스의 태도가 특히 문제가 되는 것은 자신의 선배나 상사였던 사람과 부닥칠 때다. 차장이 승진해서 부장이 되면 자신의 선배나 상사였던 다른 부장들과 같은 위치에 서게 된다. 원리원칙대로 하면 자신도 엄연히 부장이고 한 부서를 이끄는 부서장이다. 그러니 다른 부장들과 대등한 위치에서 말하고 행동하는 것이 옳다. 그러나 다른 부장들은 한동안 여전히 그를 후배나 부하직원처럼 생각한다. 아무리 직급이 같다고 해도 상사이거나 선배였던 부장들은 그를 같은 그룹의 일원으로 대하기가 쉽지 않다. "이제 같은 직급이 됐으니 동료로 대해달라"는 요구가 조금이라도 드러나면 그들은 순식간에 생각을 바꿀 것이다. 아끼고 사랑하는 후배가 아니라 건방지고 교만한 초임 부장으로.

따라서 겸손해야 한다. 선임부장들의 생각이 바뀌기까지는 시간이 걸린다. 서두른다고 부장 대접을 받을 수 있는 것도 아니다. 시간이 지나면 선임부장들도 그를 자연스럽게 그룹의 일원으로 대접하게 된다. 그때까지는 후배처럼 부하처럼 겸손하게 처신해야 한다. 겸손이 명약이다.

:: 나처럼 되라고 요구하지 마라 ::

부하직원들에게 무조건 자신의 모습을 닮으라고 강요하는 것도 비슷한 실수다. 솔직히 말하면 나도 이런 실수를 많이 해왔다. 사람이 어떻게 다른 사람과 똑같이 생각하고 행동할 수 있겠는가? 경험도 다르고 취향도 제각각이다. 그런데 보스들은 그 점을 너무 쉽게 생각한다. 은연중에 '내가 이런 길을 밟아 성공했으니 너희도 이렇게 하면 된다'는 식으로 행동한다. 단순히 업무방식에만 국한해 말하는 것이 아니다. 어떤 보스들은 부하직원들이 생활방식, 사고방식, 행동방식까지 똑같기를 요구한다. 자신의 분신을 만들려는 것처럼 말이다. 이런 식으로 생각하는 듯한 느낌을 준다.

'너희들도 내가 자주 먹는 것을 먹어야지. 내가 자주 즐기는 것을 함께 즐겨야지. 너희들의 생각이나 기호는 그리 중요하지 않아. 내가 선택하고 행동해. 보스인 내가 주인이고 결정권자야. 그러니 너희들은 그런 불편함쯤은 감수해야 해.'

그러나 나와 똑같은 사람이라면 조식에 왜 필요하겠는가? 보스와 다른 요소가 있기 때문에 부하직원이 존재하는 것이다. 개성과 장점을 인정하고 살려야 한다. 어떤 조직이든 획일적인 것은 위험하다. 획일적 문화에서는 잘못된 길로 가고 있어도 문제제기가 나오지 않는다. 조직이 위험을 피하는 가장 좋은 방법이 있다. 다양성을 확보하는 것이다. 다양성은 업무와 소통에 다소 불편함을 준다. 하지만 합리성을 키우는 자양분이다. 그래서 보스는 조직 내 다양성을 인정하도록 온 힘을 다해야 한다.

일부 초보 보스들은 일사불란한 조직을 만들고 싶어한다. 보스인 자신이 한마디 하면 다들 알아서 착착 움직이기를 바란다. 그러나 사람은 관성이 있어서 쉽게 자기 언행을 바꾸기 어렵다. 보스가 지시한다고 해서 순식간에 하던 일을 중단하고 일제히 보스의 지시를 따른다는 것은 말처럼 쉽지 않다. 또 자기가 하던 방식을 하루아침에 모두 보스의 주문대로 바꾸는 것이 옳은 것만도 아니다. 일사불란함은 가치와 비전이 일치하고 목표에 대한 공감대가 이뤄졌을 때나 가능하다. 보스가 된 지 얼마 안 돼 요구하고 기대할 수 있는 성질의 것이 아니라는 말이다. 특히 초보 보스에게는 조직을 해치는 독약이다.

:: 성과도 업무도 독점하지 마라 ::

초보 보스들이 자주 하는 또 하나의 실수는 독점하는 것이다. 보스가 되고 나면 과시하고 싶어진다. 그런 욕심 때문에 자신도 모르게 조직의 성과를 자신의 것으로 만들게 된다. 그러나 독점은 조직 내의 신뢰를 깨뜨린다. 공동체성을 무너뜨린다. 따라서 공은 무조건 조직원에게 돌려야 한다.

보스는 조직원의 합이다. 조직원이 성장하고 발전하는 것이 곧 보스의 성공이다. 굳이 먼저 내세우지 않아도 조직원이 잘되면 사람들은 보스가 잘되게 만들었다고 생각한다. 절대 보스의 공을 간과하지 않는다. 더구나 성과는 보스 혼자 만든 것이 아니지 않은가? 구성원 모두가 고생한 결과다. 함께 헌신하고 희생한 산물이다. 누가 혼자 독

차지할 수 있는 것이 아니다.

　우리 회사에서는 연말이 되면 한 해 동안 가장 열심히 일하고 회사 발전에 크게 이바지한 임직원을 선정해 '커리어케어상'을 시상한다. 엄격한 기준을 적용하면 '사무실 불을 켜면서 출근하고 끄면서 퇴근하는' 임원이나 간부에게 상이 돌아가는 것이 맞다. 그들의 헌신을 나는 잘 알고 있다. 절대 일반 직원과 비교할 수 없다. 그러나 상을 받는 사람은 대부분 평직원이다. 대다수 임원과 간부들은 부하직원에게 상을 양보한다. 그렇게 부하를 띄우는 보스가 업무성과도 좋고 조직원들로부터 존경을 받는다. 만약 그 공을 보스가 차지하면 조직구성원들은 무기력해지기 쉽다.

　'내가 아무리 열심히 일해봐야 공은 전부 보스가 챙긴다.'

　그렇게 생각하게 된다. 그래서 제대로 된 보스라면 부하직원들이 상을 받는 것으로 자신의 공에 대한 평가를 갈음한다.

　독점은 성과만의 문제가 아니다. 간혹 업무독점도 문제가 된다. 성과독점은 결과를 가져가는 것이다. 하지만 업무독점은 과정까지 가져가는 것이다. 문제가 더 심각할 수밖에 없다. 자신이 직접 챙기지 않으면 불안한 보스들은 업무에서 손을 떼지 못한다. 사소한 실무까지 빠짐없이 관여한다. 자신의 업무를 상사가 하고 있다고 생각해보라. 얼마나 답답할까?

　보스에게는 보스만의 업무가 있다. 보스에게 "아무것도 하지 마라"라고 하는 조언이 있다. 그것은 조직원들이 해야 하는 업무까지 하지는 말라는 뜻이다. 답답하겠지만 조직원들이 해야 하는 업무는 그들에게 맡겨야 한다. 특히 보스가 실무를 담당하게 되면 그만큼 보스만의 고유업무에 구멍이 생기는 셈이다. 만약 어쩔 수 없이 같은 일을 해야 한다면 보스가 일하는 방식은 직원들과 달라야 한다. 똑같은 방식으로 똑같은 일을 하면 안 된다. 그렇게 하면 직원들은 '보스가 자신을 믿지 못하고 있구나'라고 의심하게 된다.

:: 첫 만남을 준비하라 ::

초보 보스들에게 준비 없이 새로운 팀원들을 만나는 것은 절대 금물이다. 첫 만남은 보스의 이미지에 상당한 영향을 준다. 첫 만남에서 생긴 이미지가 워낙 강하게 뇌리에 박히기 때문이다. 나중에 수정하기가 어렵다. 특히 아무 생각 없이 즉흥적으로 조직원들과 마주하면 숙성되지 않아 실현되기 어려운 것들을 거론하게 된다. 충분한 검토 없이 나온 말이지만 두고두고 보스의 발목을 잡을 수 있다.

조직원들이 무슨 생각을 하고 있고 무엇을 원하고 있는지 꼼꼼하게 파악한 뒤 만나야 한다. 자신을 어떻게 바라보고 있고, 자신에게 무엇을 기대하고 있는지 이해하면 대화하기가 한결 편해진다. 특히 조직원들의 장단점이 무엇인지 파악한 뒤 만나면 빠르게 가까워질 수 있다. 누구를 믿어야 하고 누구 말을 들어야 하는지 알고 접촉하면 초반의 시행착오가 많이 줄어든다.

많은 전문가가 초보 보스들에게 조용히 다가갈 것을 권한다. 보스가 되자마자 전 직원을 불러놓고 일장훈시를 하는 것은 그리 좋은 방법이 아니다. 먼저 조직의 상황부터 파악해야 한다. 조직이 처한 상황을 제대로 알기 위해서는 불필요한 긴장감을 없애야 한다. 암행어사처럼 조용히 진입해 있는 그대로 모습을 살펴보라. 진입한 뒤 한두 달 동안 아무것도 하지 말고 그냥 내버려두는 것도 좋은 방법이다. 본인이 없는 것처럼 만들어놓고 조직이 어떻게 굴러가는지, 어떤 상태에 있는지 파악한 뒤 정리해서 이야기하면 훨씬 효율적이다.

미국 하버드 대학 공공리더십센터 자문위원회 의장인 워렌 베니스는 『일곱 단계로 나뉘는 리더의 일생』에서 초보 보스였을 때 자신의 경험담을 생생하게 그리고 있다. 제2차 세계대전 당시 19세의 햇병아리 중위였던 그는 벨기에 전방의 소대장으로 부임하게 됐다. 그는 모두가 잠든 한밤중에 소대에 도착했다. 다른 소대원들이 자는 바닥 옆에 침낭을 깔고 누웠다. 하지만 잠을 이루지 못했다. 새벽이 되자 소대원들이 하나 둘 일어났다. 한 병장이 베니스를 가리키며 "누구냐"고 물었다. 다른 사람이 "새로 온 소대장"이라고 말했다. 베니스는 자는 척하며 그들의 대화를 들었다. 그 대화는 자신이 이끌 사람들에 대해 어렴풋이 이해하게 해줬다. 그들이 무엇을 필요로 하는지도 알게 해줬다. 의도하지 않았는데 첫 출발을 순조롭게 한 것이다.

초보 보스들은 베니스의 첫 출발을 기억할 필요가 있다. 이미 자리가 잡혀 있는 기존 조직에 새로 합류하는 경우 조직원들은 보스에 대해 기대하는 것들이 있다. 그것을 제대로 포착하지 못하고 어영부영 첫 만남을 하게 되면 첫 단추부터 잘못 끼우게 된다. 보스는 자신의 첫 행동의 의미와 영향력을 절대 과소평가해서는 안 된다.

:: 서두르지 마라 ::

베니스의 조언처럼 모든 상황에서 조용히 진입할 수 있다면 좋을 것이다. 하지만 회사의 상황이나 문화상 어쩔 수 없이 조직원들을 먼저 만나야 할 때도 있다. 그렇더라도 최대한 파악하고 만나야 한다. 그리고 가능한 한 적게 이야기해야 한다. 듣고, 듣고, 또 들어야 한다. 처음에는 입은 없고 귀만 있는 사람처럼 듣는 데 집중해야 한다. 자만심이나 자부심이나 조바심 때문에 보스는 조직원의 이야기를 듣지 않고 자기 생각을 밀어붙이는 실수를 종종 범한다. 뭔가를 보여주기 위해, 혹은 전임자보다 뛰어나다는 것을 확신시키기 위해 서둘러 정책을 추진한다.

그러나 초기에 너무 많은 변화를 빠르게 이루려다 보면 발걸음이 꼬이며 넘어지게 된다. 속도가 문제를 부르는 것이다. 욕심이 만들어내는 실수다. 이렇게 본인 생각만 밀어붙이다가 망가진 보스들이 얼마나 많은가? 처음부터 개혁하려 들면 안 된다. 처음에는 익숙해져야 한다. 부하직원들의 마음을 사는 데 집중해야 한다. 나는 너무 많은 변화를 지나치게 빨리 이뤄내려다가 자리에서 내려온 보스들을 자주 봤다. 절대 서두르면 안 된다. 조직은 버튼을 누르면 원하는 물건을 쏟아내는 자판기가 아니다. 성과를 내고 싶다면 먼저 조직의 미래에 대한 자신의 비전을 직원은 물론 다른 이해관계자들과 공유부터 하라.

리더십의 핵심은 조직이 자발적으로 움직이도록 이끄는 것이다. 강제로 끌고 가거나 의무감으로 억지로 따라오도록 하는 것이 아니다. 조직원들이 스스로 리더를 따라가도록 하는 것이다. 그러나 많은 초보 보스들이 그런 자발성을 만들어내는 데 실패한다. 교만에 빠져서이기도 하다. 욕심이 앞서서이기도 하다. 물론 경험이 없는 초보는 서툴다. 실수하는 것이 당연하다. 중요한 것은 한 번 실패했다고 해서 그 실패에 얽매이면 안 된다는 점이다. 더 유능한 보스, 더 뛰어난 보스가 되려면 자신을 끊임없이 되돌아봐야 한다.

12
조직이
뜻대로 움직이지 않는 이유

한번은 공기업에 다니는 어떤 과장으로부터 메일을 받았다. 그는 우연히 내 강연을 들었던 모양이다. 그 강연이 끝난 뒤 따로 물어볼 것이 있다며 명함을 받아갔다. 메일은 하소연 반 질문 반이었다.

"과장이 된 지 이제 일 년이 채 안 된 초짜입니다. 그래서 그런지 직원들이 제 말을 잘 안 듣습니다. 무슨 말을 하면 토를 달거나 침묵하는 것, 반응은 이 둘 중 하나입니다. 처음에는 침묵이 동의나 수긍인 줄 알았습니다. 그런데 알고 보니 그 반대였어요. 제 지시가 안 먹히다 보니 자꾸 싫은 소리를 더 하게 됩니다. 회의 때 목소리가 높아집니다. 부하직원들을 한 명씩 쫓아다니면서 쉬지 않고 잔소리를 해대야 겨우 일이 진행돼요. 훈계도 해봤습니다. 사정도 해봤고요. 그런데 개인적으로 만나 이야기를 하면 듣는 듯하다가도 공식적 자리에선 전혀 다른 태도를 보여요. 지금 심정으론 직원을 모두 내보내고 싶어요. 아니면 내가 과장을 그만뒀으면 좋겠어요. 차라리 저 혼자 하는 게 더 빠를 것 같다는 생각이 들 때가 많아요."

나는 그 긴 메일을 읽으면서 그가 어떤 환경에 처해 있는지 대강 파악할 수 있었다. 생각보다 이 과장처럼 마음고생 하는 간부가 적지 않다. 주로 '시간이 지나면 어떻게 되겠지'라거나 '원래 이런 거야'라고 위로하면서 견디곤 한다. 그러다가 도저히 참기 어려워지면 부하직원들에게 심하게 퍼붓게 된다. 그런데 상사로부터 심한 말을 들은 부하직원들은 더 엇나가게 마련이다. 상황은 계속 악화 일로를 걷다가 급기야 어느 한 쪽이 조직을 떠나는 상황이 벌어지기도 한다.

왜 조직은 보스의 뜻대로 움직이지 않는 걸까? 왜 부하직원들은 보스가 가고자 하는 방향으로 따라오지 않을까? 보스의 한마디에 일사불란하게 움직이는 부하직원들은 애초에 없는 것일까? 과장의 하소연을 좀 더 들어보자.

"얼마 전 회사에서 새로운 일을 줬어요. 그런데 처음부터 난관에 부닥쳤습니다. 새로운 서비스에 대한 고객반응을 파악하는 것이었습니다. 그런데 프로그램 참가자 모집이 잘 안 되는 거예요. 전혀 새로운 사람을 찾는 것도 아니었습니다. 그동안 프로그램에 참여했던 사람들을 대상으로 참가를 권유하면 되는 거였죠. 그런데 진척이 잘 안 돼요. 할 수 없이 제가 후보자 명단을 프린트해다 개인별로 할당해줬습니다. 그래도 정해진 시간 안에 전화를 끝내지 못한 사람이 몇 명 돼요. 스무 군데 정도 전화를 돌리면 끝나는 일인데요. 왜 그렇게 제 말을 안 듣는 걸까요?"

:: 직원들은 왜 내 뜻을 몰라줄까 ::

보스들이 자주 하는 생각, 그리고 자주 하는 말 중 하나가 '왜 내 뜻을 몰라줄까'다.

'왜 내 말을 못 믿고, 내 진정성을 알아주지 않고, 내 뜻대로 안 따라오는지 모르겠다. 나는 진정으로 조직과 구성원들을 생각해서 선한 뜻으로 말했다. 내 계획대로만 하면 좋은 결과를 얻을 수 있다. 그런데도 따라올 생각은 하지 않고 앉아서 의심만 하고 있다.'

승진해서 보스가 된 사람들이 첫째로 하는 말도 바로 "직원들이 참 말을 듣지 않는다"는 것이다. 몇 명 되지도 않는 조직인데 이끌기가 정말 어렵다는 것이다.

조직이 움직이지 않는 이유는 대체로 조직의 철학이나 가치를 이해하지 못해서가 아니다. 보스를 이해하지 못하고 믿지 않기 때문이다. 그가 어떤 말을 해도 신뢰할 수 없어서다.

교사들의 이야기를 들어보면 학교에서 문제를 일으키는 학생 중 일부는 교수, 변호사, 의사, 고위공직자 등 부모의 사회적 경제적 지위가 높다. 그들을 상담하다 보면 교사들은 문제 학생들이 부모를 그리 존중하지 않는다는 사실을 알게 된다. 부모가 사회적 존중을 받는 위치에 있는데도 자식들이 부모를 존중하지 않는 것은 부모의 언행 불일치 때문이다. 이들 부모는 밖에서는 "많이 배운 사람들부터 법과 질서를 준수하고, 많이 가진 사람들이 선행에 나서야 한다"는 등 온갖 좋은 이야기는 다 한다. 그런데 정작 본인은 아무 거리낌 없이 탈세와 탈법을 하는 것을 자식들은 다 안다. 아무리 자식이라고 해도 말과 행동이 다른 부모를 인정하기가 쉽지 않을 것이다. 더구나 한참 민감한 시기에 부모의 이중적인 모습은 자식들을 혼란스럽게 만든다. 아이들은 그런 부모의 모습을 보면서 '사회는 부조리하고 왜곡돼 있다'고 생각한다. '그런 사회에서 공부하는 게 무슨 의미가 있을까' 하는 회의에 빠진다. 일탈은 이렇게 종종 부모로 인해 시작된다.

부하직원들이 보스의 말을 경청하지 않는 사정도 비슷하다. 회의 때 늦게 들어오거나 자꾸 딴생각을 하거나, 준비 없이 앉아 있는 것은 모두 보스에 대한 불신의 상징이다. 직원들이 업무에 집중하지 않는 것도 대체로 보스에 대한 신뢰에 문제가 발생한 탓이다. 따라서 보스의 말이 영향을 미치면서 조직을 움직이게 하는 지름길은 조직구성원들로 하여금 보스를 존경하게 하는 것이다.

어떻게? 핵심은 언행일치다. 보스가 자신의 말을 행동으로 실천하고 자신의 생각을 현실에서 구현할 때 권위가 실리고 존경받게 된다. 한번은 사석에서 어떤 회사의 간부가 "부하직원들이 출근시간을 잘 지키지 않는다"고 푸념하는 말을 들었다. 그런데 나중에 알고 보니 그 역시 출근시간을 잘 지키지 못하고 있었다. 물론 사정은 있었다. 그는 아침마다 몸이 불편한 아들을 학교에 데려다 주고 와야 했다. 직원들도 그 사실을 알고 있었다. 그러나 직원들이 그 사실을 아는 것과 인정하는 것은 다른 얘기였다. 직원들은 '우리도 다 사정이 있는데 왜 부장의 사정만 인정돼야 하느냐'는 불만을 가지고 있었다. 자신이 못 지키면 자신들에게도 지키라고 이야기하지 말든가, 아니면 사람을 시켜 아들을 학교에 데려다 주고 자신은 시간에 맞게 출근해야 한다는 것이었다. 자신은 지키지 않으면서 부하직원들에게만 준수하라고 요구하니 받아들이기가 어려웠던 것이다.

제임스 쿠제스와 배리 포스너는 저서 『최고의 리더』에서 이렇게 말한다.

"만약 사람들을 이끌고자 한다면, 당신이 신뢰할 만한 사람이라는 기대에 부응할 수 있는 관계를 구축해야 한다. 만약 사람들이 당신을 기꺼이 따르게 된다면, 당신이 신뢰할 수 있는 사람이라고 여기기 때문이다. 실제로 신뢰할 수 있는 사람이 되려면, 자신이 하겠다고 약속한 말을 지켜야 한다. 그 말은 일상적으로 실천하는 자신의 믿음을 분명히 해야 한다는 뜻이다. 가치를 한결같이 고수하는 삶은 정직과 신뢰를 입증하는 행동방식이다. 이것은 자신이 선택한 길을 믿으며 에너지와 결단력을 가지고 앞을 향해 나아가고 있다는 사실을 증명한다."

얼마 전 르노삼성 CEO 프랑수아 프로보 사장이 국외출장을 다닐 때 이코노미석을 이용해서 화제가 된 적이 있었다. 대기업의 경우 보통 임원급만 돼도 편안한 비즈니스석을 이용한다. 글로벌 기업의 CEO가 좁은 이코노미석을 이용하는 것은 정말 드문 일이다. 프로보 사장이 정장 차림으로 비좁은 좌석에 앉은 것은 실적 부진 때문이다. 프로보 사장은 비용절감을 몸소 실천하기 위해 국외출장도 줄이고 이코노미석을 이용하기로 했다. 통상 비즈니스석은 이코노미석보다 요금이 두세 배 비싸다. 비록 작은 실천이지만 그런 행동은 조직구성원들에게 최고경영자를 비롯한 경영진에 대한 신뢰를 만든다. 그가 외치는 "비용절감" 역시 훨씬 더 호소력을 갖게 됐을 것이다.

:: 존경은 솔선수범에서 시작된다 ::

조직을 이끄는 방법에는 여러 가지가 있다. 가장 쉬운 방법은 보스의 권한을 휘두르는 것이다.

"내 지시대로 하지 않으면 다른 부서로 보내버릴 것이다."

"내 말을 잘 따르면 좋은 평가를 받아 승진에서 유리할 것이다."

말이 좋아 권한이지 협박에 가깝다. 그런 보스가 이끄는 조직은 단기적으로는 성과가 날지 몰라도 장기적으로 지속하기 어렵다. 보상으로 조직원의 변화를 유도하는 방법은 그리 효과적이지 않다. 시간이 길수록 점점 더 많은 보상을 주지 않으면 조직원들은 움직이려 하지 않는다. 이것은 역사적으로 많은 연구결과를 통해 검증됐다. 그럼에도 많은 경영자가 보상으로 조직을 움직이려는 잘못된 길을 걷고 있다.

가장 효과적인 방법은 조직원들이 마음에서 우러나와 보스를 따르도록 하는 것이다. 구성원들이 보스를 존중해서 전적으로 신뢰하도록 하는 것이다. 권위는 공식적 권한 때문에 생겨나는 것이 아니다. 비공식적 존중과 신뢰에서 만들어진다. 물론 말처럼 쉽지 않다. 자발적 존중을 끌어내는 것만큼 어려운 일이 어디 있겠는가? 그러나 그것이 진정한 리더십이다. 리더십은 기본적으로 자발성을 전제로 한다. 리더는 직원들에게 동기를 부여해 자발적으로 어떤 행동을 할 수 있도록 유도해야 한다.

가끔 부서원들의 존중을 얻는 것을 카리스마와 혼동하는 사람들을 보게 된다. 그러나 둘은 완전히 다른 개념이다. 카리스마는 일시적이고 선천적이다. 하지만 존중은 지속적이며 노력을 통해 얻을 수 있다. 카리스마 있는 보스라도 구성원들의 존중을 얻지 못하면 그 조직을 오랫동안 끌고 가기 어렵다.

구성원들의 존중을 만들어내는 가장 분명한 방법은 솔선수범이다. 남들이 하기 싫어하는 일, 어려운 일을 먼저 발 벗고 나서서 하는 모습을 보여야 한다. 최근 대통령선거 과정에서 나타난 '안철수 신드롬'도 솔선수범과 무관하지 않다.

안철수 의원은 뜨거운 대중적 인기에 맞는 많은 요소를 가지고 있다. 의사 출신으로 성공한 기업인이자 명문대학 교수를 지냈다. 또 품성이 온화하고 지적인 이미지를 갖고 있어서 합리적일 것이라는 느낌을 준다. 그러나 그것만으로 그의 인기를 설명하기 어렵다. 사람들이 정치신인인 그를 대통령 후보로까지 생각하게 된 것은 그가 자신의 이야기를 현실에서 실천하고 실현한 사람이기 때문이다.

그는 편하게 살 수 있는 의사인데도 소프트웨어 백신 개발에 뛰어들었다. 벤처기업을 세워 번 돈을 사회에 환원했다. 말과 행동에 일관성이 있고 언행이 일치했다. 그런 그에게 사람들이 진정성을 느끼고 신뢰감을 갖는 것은 자연스럽다. 그를 접하고 그를 아는 사람이면 자연스럽게 그의 삶에 경의를 표하고 그의 말을 경청하게 된다. 그의 삶을 신뢰하니 그가 꿈꾸는 사회, 정치, 경제에 대한 비전에 동의하고 동참하게 된다.

쿠제스와 포스너는 이렇게 말한다.

"리더십을 정의하는 다양한 말들이 있다. 하지만 그 모든 말은 한 가지 단순한 역학으로 설명될 수 있다. 말한 대로 행동해 신뢰를 얻으면 나머지는 저절로 따라온다는 것이다."

앞서 언급했던 어떤 회사의 간부가 "일찍 출근하라"고 잔소리하는 대신 본인부터 출근시간을 지켰다면 어땠을까? 말을 꺼내기 전에 부서원들이 알아서 일찍 출근했을 것이다. 아들을 학교에 데려다 줘야 한다는 자기 상황을 길게 설명하는 것은 아무런 변명이 되지 못했다. 오히려 역효과만 불러일으켰다. 프로그램 참가자 모집도 마찬가지다. 과장이 먼저 전화기를 들고 고객들에게 전화하기 시작하는 편이 훨씬 빨랐을 것이다. 자신은 두 손 놓은 채 "왜 빨리 전화하지 않는 거야"라고 윽박지르기만 하면 직원들은 "자기가 하기 싫고 귀찮으니 우리에게 시킨다"라고 냉소적으로 반응하기 쉽다.

장제스가 중국에서 쫓겨나 대만에서 정치를 할 때 일이다. 사회에 만연한 부패를 제일 먼저 척결하고자 했다. 자기 가족에게도 절대 부정에 연루되지 말고 항상 청렴하라고 당부했다. 그런데 어느 날 며느리가 부당한 방법으로 돈을 모으고 있다는 사실을 알게 됐다. 그는 며느리에게 권총이 담긴 보석 상자를 선물했다. 결국 며느리는 자살했다. 그 소식을 접한 대만 국민은 장개석 정부를 신뢰하게 됐다. 그 사건은 부패에 대해 엄격한 법이 시행되는 계기가 됐다. 그 이야기는 대만을 세운 초석으로 대만 사회에서 아직도 인구에 회자하고 있다.

많은 보스가 말로만 조직을 움직이려고 한다. 실무단계까지 내려가서 직접 수행도 하라고 말하면 이렇게 반문한다.

"그렇게 하면 간섭하는 것 아니냐?"

나는 단호히 말하고 싶다. 그런 생각이 들 때까지 해야 한다고. 그러면 일부 보스들은 이렇게 토를 달고 나온다.

"실무적인 일까지 내가 하면 체면이 구겨진다."

아니다. 겨우 그런 정도로 구겨질 만한 체면이면 체면이라는 것이 무슨 의미가 있을까? 조직원들의 마음속에 "당신부터 해봐"라고 하는 마음이 없어야 한다. 권위는 사소한 것으로 인해 쌓이고 무너진다.

1988년 서울올림픽 때 서울시에서 교통량을 줄이기 위한 대책을 내놓은 적이 있다. 홀수날은 차량번호 끝자리가 홀수인 승용차가 운행을 자제하고 짝수날은 짝수인 승용차가 쉬는 홀짝제를 시행한 것이다. 당시 홀짝제는 올림픽을 성공적으로 치르기 위해 시민의 자발적 참여를 끌어낸다는 차원에서 법으로 강제하지는 않았다. 시행 초기에는 참여율이 높았다. 그런데 추석 연휴가 끼면서 참여율이 떨어졌다. 그러자 서울시는 공무원을 동원해 현장지도에 나섰다. 이런 상황에서 당시 김용래 서울시장이 홀수 짝수 날에 맞춰 번호판을 바꿔 달다가 들통이 났다. 시장이 자신은 지키지 않고 교묘하게 피해 나갔던 것이다.

그렇게 많은 보스가 말과 행동이 다르다. 조직에 꼭 필요하지만 나는 별로 하고 싶지 않은 일은 온갖 이유를 대면서 피한다. 하지만 그 작은 행동이 직원들에게는 인정되지 않는다. 핑계를 대면서 작은 규칙은 가볍게 피하고 자기 행동을 정당화하려고 하면 존경을 받기 어렵다.

:: 등애 장군이 마천령 넘기에 성공한 비결 ::

불가능을 돌파하려면 반드시 리더가 먼저 솔선수범을 보여야 한다. 그런데 가끔 일부 보스는 자기가 잘하고 좋아하는 것을 하는 것이 솔선수범이라고 착각한다. 솔선수범이라는 개념은 이해하지만 정확히 어떤 일을 어떻게 해야 하는지 모르는 것이다. 등산을 좋아하는 어떤 보스가 아무리 험한 산에 오르더라도 그것을 솔선수범이라고 생각하는 사람은 없을 것이다. 솔선수범은 조직이 원하고 성과에 꼭 필요하지만 다들 꺼리는 일을 나서서 하는 것이다.

『삼국지』에 등장하는 인물 가운데 삼성 이건희 회장이 가장 높이 평가하는 인물 중 한 명이 등애다. 위나라 장수였던 등애는 종회 장군과 함께 촉나라 공격을 계획하고 있었다. 그러나 마막이 지휘하는 촉나라 군대는 몹시 강했다. 식량도 떨어지고 병사들의 사기도 말이 아니었다. 도저히 더 싸울 수 없었다. 종회는 회군명령을 내릴 계획이었다. 그런데 그때 등애가 3만 명의 군대를 이끌고 와서는 "왜 싸우지 않느냐"고 물었다. 종회는 "온갖 방법을 다 동원했는데도 끄떡하지 않는다"며 철군할 수밖에 없다고 말했다. 그 말을 들은 등애는 산을 넘자고 제안했다. 마천령이라는 이름의 그 산은 깎아지른 절벽과 봉우리가 즐비했다. 제대로 된 길도 없었다. 3만 명이나 되는 군대를 이끌고 넘을 수 있을 것 같지 않았다. 그러나 등애는 아들을 선봉으로 삼아 묵묵히 3만 명의 군사를 이끌고 마천령을 넘기 시작했다.

그러나 마천령에는 정말로 길이 보이지 않았다. 그래서 산허리를 자르고 바윗돌을 깨고 나무다리를 놓아 길을 내야 했다. 그렇게 조금씩 전진하던 등애의 부대는 깎아지른 듯한 절벽 앞에 멈춰 서고 말았다. 노련한 병사들은 물론 말까지 두려움에 떨었다. 한 발자국도 움직이려 하지 않았다. 그때 등애가 담요를 뒤집어쓰고 몸에 밧줄을 묶기 시작했다. 그런 다음 줄을 타고 절벽을 내려가기 시작했다. 그렇게 대장수가 위험을 무릅쓰고 절벽을 굴러 내려가자 나머지 병사들도 따라 내려가기 시작했다. 등애의 부대는 그렇게 20여 일 동안 무려 700리를 갔다. 촉나라 장수로 강유를 지키던 마막은 지형이 주는 안전함에 방심하고 있었다. 그러다가 등애 군대의 기습을 당했다. 마막은 즉시 항복했다. 이때부터 촉나라는 급속히 패망의 길을 걷게 됐다.

:: 소통은 말이 아니라 행실이다 ::

우리는 왜 테레사 수녀의 말에 마음이 움직이는가? 그녀가 한 말이 훌륭하거나 큰 의미를 담고 있어서만은 아니다. 그녀의 삶 자체가 그 말에 녹아 있기 때문일 것이다. 같은 말을 사기꾼이나 흉악범이 한다면 우리 마음이 움직일까? 만약 사기로 교도소를 제집 드나들 듯 한 사람이 법당에서 설법을 한다고 해보자. 사람들이 큰스님 말씀처럼 그의 말을 경청할까? "너부터 잘해"라며 코웃음만 칠 것이다. 앞서 말한 문제 학생들이 부모의 이중적 행동을 보면서 느꼈을 감정도 이와 비슷할 것이다.

소통이 안 되는 가장 큰 이유는 그 사람의 말뜻을 이해하지 못해서가 아니다. 무슨 말인 줄은 알지만 동의가 되지 않는 것이다. 보스가 부하직원들에게 행동 변화를 기대하며 수없이 이야기하지만 변화가 없는 것도 바로 그런 이유 때문이다. 평소 하는 행동과 잔소리하는 말이 달라서 고개를 갸우뚱하게 되는 것이다. 보스는 온몸으로 커뮤니케이션해야 한다. 몸으로, 삶으로, 행적으로 보여줘야 한다. 굳이 입 밖에 내지 않아도 무슨 이야기를 하고 무슨 생각을 하고 무엇을 바라고 있는지 부하직원들이 느끼고 받아들일 수 있게 해야 한다.

부하직원들이 보스 뜻대로 따라주기를 바란다면 먼저 조직원들로부터 신뢰를 얻어야 한다. 아니, 적어도 불신의 대상이 돼서는 안 된다. 보스에게는 조직과 부하직원들에게 제시한 가치를 본인이 먼저 행동으로 옮겨야 할 책임이 있다.

13

속 썩이는 부하를 다루는 법

내가 리더십에 관한 책, 보스에 관한 책을 쓴다고 했더니 가깝게 알고 지내는 어떤 기업의 사장께서 특별부탁을 해왔다. '속 썩이는 부하' 문제를 꼭 다뤄달라는 것이었다. 내가 헤드헌팅회사에서 오래 일해왔고 리더십에 관한 고민을 많이 했기 때문에 해법을 알고 있으리라고 생각한 모양이다. 그가 생각한 대로 헤드헌팅회사는 기본적으로 리더십 컨설팅회사다. 헤드헌팅회사가 발굴해 추천하는 인재도 대부분 리더들이다. 그래서 늘 리더십을 고민하게 된다. 어쨌든 그는 "사장으로 일하면서 가장 힘든 게 문제 직원을 대하는 것"이라고 했다. 그러면서 "어떻게 해야 문제 직원을 효과적으로 다룰 수 있는지 알려달라"고 했다. 별생각 없이 "그렇게 하겠다"고 대답했다. 나중에 고민할 일이라고 생각했기 때문에 그 자리에서 긴 얘기를 할 필요가 없었던 것이다.

그런데 그는 얼마 뒤 메일로 자신이 생각하는 문제 직원의 세 유형을 보내왔다. 그러면서 각각의 유형에 대한 대처법을 자세히 다뤄줬으면 좋겠다고 거듭 요청했다. 부정직한 직원, 불성실한 직원, 무능한 직원. 그가 분류한 '나쁜 직원들'이었다. 당시 나는 나중에 글을 쓸 때 '이기적인 직원'을 나쁜 직원 범주에 넣어야겠다고 생각했다.

그 뒤로 한참이 흘러 막상 책을 쓰려고 하니 막막했다. 나라고 무슨 뾰족한 수가 있겠는가? 나도 그 사장처럼 문제 직원들 때문에 속병을 많이 앓았다. 지금도 그렇다. 무슨 비결이 있다면 좋겠다. 하지만 그런 것이 어디 있을까 싶다. 목차를 훑어보다가 이 장부터 펼쳐본 독자도 계실 것 같다. 실망하게 해서 죄송하다는 말씀부터 드려야겠다. 혹시라도 좋은 방법이 있다면 언제든지 알려주시면 고맙겠다.

비결은 없지만 부탁하신 분을 생각하면서 독자 여러분과 고민을 함께 나누려 한다.

:: 부하 눈치 보는 상사들 ::

신문이나 방송에서는 상사나 부하직원에 대한 재미있는 조사나 통계를 꽤 많이 다룬다. 다들 관심 있어 하는 주제라서 그런지 내용이 비슷비슷해도 계속 다루는 것 같다. 한번은 부하직원에 대해 신문과 잡 포털이 공동조사한 것을 본 적이 있다. 그 조사에서는 '요령 피우는 부하직원'이 상사가 미워하는 밉상 1위에 올랐다. '업무 중에 인터넷으로 TV 보다 들킨 직원이 반성은커녕 구차한 변명을 하는 모습에 크게 실망했다'는 식이다. 예의 없는 부하, 불평만 많은 부하가 그 뒤를 이었다.

또 다른 설문조사에서는 '아무리 일을 잘해도 얄미운 부하직원이 있다'는 데 84퍼센트가 동의하고 있었다. 그 이유로 조사대상자의 51퍼센트가 '개인플레이를 하기 때문'이라고 지적했다. '선배의 실수를 꼬치꼬치 따져서' '업무나 밥값을 덤터기 씌워서'가 그 뒤를 잇고 있었다. 그 조사에서는 얄미운 부하직원에게 할 수 있는 가장 큰 복수로 '철저한 무시'를 가장 많이 꼽고 있었다. 복수라기에는 너무나도 소심해 보였다. 하지만 함부로 부하직원과 싸울 수도 없는 처지니 일면 이해가 갔다.

최근 들어 20대 신입사원들 문제로 골머리 썩는 보스들이 많다. 요즘 20대들은 남들과 같이 일해본 경험이 적다. 할머니 할아버지와 사는 것은 매우 드물고 형제도 옛날처럼 많지 않다. 많아야 하나, 둘이다. 외동으로 자란 사람도 적지 않다. 그러다 보니 부모의 보호와 사랑을 가득 받으며 온실 속의 화초처럼 자란다. 그런 사람들이 사회에 나오면 스트레스에 매우 취약하다. 함께 부대끼며 일하는 스트레스, 냉정하게 평가받는 스트레스를 견딜 수 없다.

이뿐인가? 이 세대는 개성도 강하다. 나이 든 보스로서는 이해하기 어렵다. 특히 1980년대 후반 이후 출생한 20대는 개성이 강해도 너무 강하다. 그래서 어떻게 대해야 할지 갈피를 잡을 수 없다. 시대가 변해서 직원도 변하는 것으로 생각하고 그대로 받아들여야 할까? 아니면 조직에 맞도록 변화를 요구해야 할까? 고쳐야 한다면 그들과 어떻게 대화해야 할까? 상사들은 머리가 아프다. 상사가 마음에 안 들면 한 번 확 대들고 사표라도 쓸 것이다. 하지만 부하직원에게는 싸움을 걸 수도 없는 노릇이다. 특히 비정상적 언행을 일삼는 직원을 만나게 될 때가 문제다. 보스들도 그때만큼은 뛰쳐나가고 싶다.

:: 개선계획서를 작성하게 하라 ::

속 썩이는 부하들을 어떻게 다뤄야 하는가? 내가 내린 결론은 단순하다. 속 썩이는 부하는 기본적으로 다른 길을 걷도록 해야 한다는 것이다. 부도덕하고 불성실하고 무능하고 이기적인 부하직원을 바꾸려고 노력하는 것은 정말 비효율적이다. 기업은 학교나 교회가 아니다. 비즈니스를 하고 효율성을 따지는 곳이다. 따라서 그들을 교육훈련해서 회사에 필요한 직원으로 만들겠다고 생각하는 것 자체가 문제다.

다 큰 어른, 몇십 년의 인생을 산 사람을 바꾸는 일은 성직자나 교육학자에게도 버거운 일이다. 하물며 효율을 따지는 기업이 맡을 일은 더욱 아니다. 기업의 접근 방식은 기본적으로 그 사람에게 맞는 길을 찾아주는 것이어야 한다. 그러려면 먼저 그가 정말 우리 회사에, 우리 팀에, 현재의 직무에 적합한지부터 확인해야 한다.

미국 카네기멜런 대학의 로버트 켈리 교수는 부하직원들을 다섯 가지 유형으로 나눴다. 성과도 태도도 좋은 모범형, 능력은 있지만 늘 불평불만인 소외형, 태도는 좋지만 능력이 모자라는 순응형, 능력도 태도도 이도 저도 아닌 수동형, 적당주의만 찾는 실무형이다. 보스로서는 모범형 말고는 모두 문제 직원으로 비칠 수밖에 없다. 그렇다고 네 가지 유형에 속하는 부하직원이 모두 구제불능은 아닐 것이다.

GE의 잭 웰치 전 회장은 직원을 2:7:1로 나눴다. 우수한 직원 20퍼센트, 평범한 직원 70퍼센트, 부족한 나머지 직원 10퍼센트. 그는 이 10퍼센트의 직원은 모두 가차 없이 해고했다. 그래서 중성자탄이라는 별명도 얻었다. 잭 웰치가 관심을 둔 것은 하위 10퍼센트가 아니었다. 중간층인 70퍼센트를 어떻게 20퍼센트로 끌어올릴 것인가에 관심을 쏟았다. 하위 10퍼센트는 관심을 쏟아도 개선하기 어렵다. 설령 개선되더라도 투입 대비 효과가 떨어진다고 본 것이다. 잭 웰치는 하위 10퍼센트에 쏟는 시간과 비용을 중위권 70퍼센트에 투입하는 것이 훨씬 효과적이라고 생각했다.

그런데 잭 웰치는 하위 10퍼센트를 어떻게 정리했을까? 나는 GE 임원에게 도대체 어떻게 그만두게 했는지 궁금해 그 방법을 물어본 적이 있다. 그러나 GE 임원이라고 해서 그들을 조직에서 빼내는 특별한 비법을 갖고 있는 것은 아니었다. GE가 자주 쓰는 방법은 면담이었다.

먼저 문제 직원을 불러 1차 면담을 한다.

"내가 생각하기에 당신에게 이런 문제가 있다. 이것 때문에 당신의 성과가 부진하다. 당신은 어떻게 생각하느냐?"

그렇게 이야기를 시작한다. 서로 문제점과 개선방안에 동의하면 개선계획서를 작성한다. 만약 같은 문제가 또 발생하면 2차 면담을 한다. 1차 면담 시 합의한 내용을 토대로 '왜 약속한 대로 진행되지 않았는지'를 따져본다. 그리고 다시 개선방안이 담긴 개선계획서를 쓴다. 그렇게 해도 문제가 해결되지 않으면 또다시 면담이 진행된다. GE 임원은 "면담이 세 번을 넘기는 경우는 많지 않다"고 말했다. 면담으로 개선이 이뤄지든가, 아니면 스스로 알아서 물러난다는 말이다.

문제 직원 처리는 단계적으로 접근해야 한다. 먼저 면담해서 회사와 보스의 뜻을 명확하게 전달해야 한다. 그러면서 그 직원의 행동이 어떻게 바뀌어야 하는지 합의를 이끌어내야 한다. 그렇게 합의를 몇 차례 하면 개선될 사람은 좋아지고 그렇지 않은 사람은 나가게 된다.

그러나 현실적으로 한국 기업에서 그런 절차를 거치는 보스는 많지 않다. 앞서 본 설문조사에서처럼 대다수 보스는 문제 직원을 무시하고 내버려둔다. 똥이 무섭지는 않지만 더러워서 피한다고 했다. 그렇게 문제 직원과 마주치려 하지 않는다. 물론 그것도 전략의 하나일 수 있다. 조직에서 그 사람의 존재를 조금씩 지우면서 제 발로 다른 길을 찾도록 분위기를 조성할 수도 있다. 하지만 그 방식으로는 문제가 해결될 때까지 얼마나 걸릴지 알 수 없다. 더구나 그 과정에서 조직의 분위기가 엉망이 돼버린다. 문제 직원을 무시하면 그 직원은 반감을 갖게 된다. 점점 더 보스에게 반기를 들게 된다. 분위기가 그렇게 되면 팀워크는 작동을 멈추게 된다. 문제 직원에게 쓴소리를 제대로 못하는 바람에 조직의 성과가 계속 하향곡선을 그리게 된다. 그 과정에서 유능한 직원이 조직을 떠나는 일이 생기기도 한다. 그러면 파장은 걷잡을 수 없이 커진다.

문제 직원은 독버섯 같은 존재다. 자꾸 자라면서 씨앗을 퍼뜨린다. 조직은 서서히 감염되고 굳는다. 문제 직원의 영향력이 점점 커지는 것이다. 나중에는 조직의 보스가 오히려 문제 직원처럼 간주되는 경우가 만들어지기도 한다. 문제 직원이 조직을 장악해 보스처럼 조직을 좌우하는 것이다. 어처구니없는 상황이다. 그래서 문제 직원은 빨리 다른 길을 찾도록 도와줘야 한다. 그들에게 들이는 시간과 에너지는 회수할 수 없는 낭비다.

:: 혼낼 때도 준비가 필요하다 ::

문제 직원은 이렇게 최대한 빨리 자신에게 맞는 길을 찾도록 하는 것이 맞다. 그러나 실제로 그렇게 정리되는 경우는 많지 않다. 보스의 면담 스트레스가 상당하기 때문이다. 면담하려면 많은 준비를 해야 한다. 명확한 근거가 있어야 한다. 인내심을 갖고 지켜봐야 한다. 급하게 밀어붙이면 부작용이 생긴다. 어떤 부하는 "당신은 잘 했느냐"라거나 "당신은 그렇게 했느냐"라고 반발하기도 한다.

그 때문에 많은 보스가 그냥 지켜보는 편을 택한다. 일을 주지 않고, 무시하고, 핀잔을 주는 방식으로 퇴진압력을 가한다. 그러나 그런 방식은 옳지 않다. 당사자의 감정만 상하게 한다. 논리적 접근도 불가능해진다. 문제의 핵심이 옳고 그른 것에서 좋고 싫은 문제로 변한다. 문제 직원은 자신이 잘못해서 지적받는다고 생각하지 않는다. 그 대신 보스가 내 편이 아니고 나를 싫어해서 그런다고 생각하고 문제를 확대한다.

신문사에 있을 때 한 임원이 말 안 듣는 직원 때문에 스트레스가 이만저만이 아니라고 하소연을 해왔다. 나는 면담을 해서 문제점을 지적하고 개선하도록 기회를 주되 개선이 안 되면 내보내라고 했다. 그러자 임원은 이렇게 말했다.

"그 직원이 빠지면 업무공백이 커서 함부로 내보낼 수 없습니다."

그래서 이렇게 경고도 했다고 말했다.

"그런 식으로 하면 나와 같이 일할 수 없다."

그런데도 말을 듣지 않으니 어떻게 해야 할지 모르겠다고 답답함을 토로했다. 나는 그에게 말했다.

"그 문제 직원은 당신이 자신을 절대 내보내지 못한다는 것을 알고 있습니다. 말로만 내보내겠다고 하는 압력은 통하지 않습니다."

같은 말이라도 실행계획을 세우고 전하는 말은 무게가 다르다. 나는 그 임원에게 즉시 후임자를 찾으라고 했다. 임원이 정말 자신을 내보낼 생각이 있다는 것을 알면 문제 직원이 분명 개선될 것이라고 말해줬다. 예상대로 임원이 후임자를 찾기 시작하자 그의 태도는 돌변했다.

외국 기업들은 문제 직원을 처리하는 것이 한국 기업보다 수월하다. 외국 기업들은 대개 같은 자리에서 승진하거나 연봉이 높아지도록 허용하지 않는다. 즉 똑같은 금전출납업무를 하면서 대리가 되고 과장이 되고 차장 부장이 될 수 없다는 얘기다. 승진하려면 업무영역이 넓어져야 한다. 따라서 대리 자리가 있고, 과장 자리가 있고, 차장 부장

자리가 정해져 있다. 승진하려면 그 자리로 옮겨가야 한다. 그러려면 그 자리에 필요한 역량을 쌓아야 한다.

또 주요 보직에는 반드시 후계자가 두세 명씩 내정돼 있다. 보통 인사팀에서 본인과 협의해 자신의 후계자를 정하도록 하고 있다. 따라서 본인이 빠지면 즉각 대기하고 있던 사람이 투입된다. 그런 인사방식은 문제 직원의 탄생을 줄인다. 한국 기업에서처럼 같은 자리에서 같은 업무를 계속하더라도 나이에 따라 승진하고 연봉이 오를 수 없다. 시쳇말로 '버틴다'고 되는 것이 아니라는 뜻이다. 또 후임자가 내정돼 있기 때문에 자신이 정한 후임자와 보이지 않는 경쟁을 해야 한다. 그런 점들이 한국 기업에서처럼 '버티는 문제 직원'의 탄생을 억제하는 것이다.

보스가 개선 면담을 효과적으로 하려면 철저한 준비가 필요하다. GE처럼 면담하면서 개선계획서를 작성한다는 것은 말처럼 쉽지 않다. 당사자가 자신의 잘못을 인정하고 이해할 수 있도록 명확한 근거를 제시해야 한다. 앞으로 어떻게 개선할 것인지에 대해 몇 가지 방안도 들고 가야 한다. 잘못을 단편적으로 마냥 지적하는 것은 아무런 의미가 없다.

어떤 대기업의 영업부서가 분기마다 매출 500억 원을 달성하기로 목표를 세웠다. 그러나 그 목표치는 번번이 달성되지 못했다. 이번 분기에도 350억 원에 그쳤다. 많은 영업본부장이 그런 상황에서 부서장을 면담한다. 말이 면담이지 추궁이다. 그런데 추궁이라는 것이 그리 오래 할 것이 못 된다.

"왜 목표를 달성하지 못했습니까? 그렇게 매번 목표달성을 못하면 어떻게 합니까? 다음 분기엔 목표달성이 가능합니까? 계속 그렇게 목표달성을 못하면 누군가 책임을 져야 하는 상황을 맞게 될 겁니다."

뭐 이렇게 이야기를 몇 마디 하고 나면 더는 할 말이 없다. 이런 식의 면담은 변화를 이끌어낼 수 없다. 부서장은 목표달성을 못한 핑계를 댄다. 아니면 아무 말도 하지 않고 상사의 다그침을 듣기만 할 것이다. 면담이 제대로 이뤄지기 위해서는 목표달성을 위한 여러 조건을 미리 조사해야 한다.

"부서원 교육은 충분히 이뤄졌습니까? 혹시 부서원이 부족하진 않았습니까? 고객 확보는 어떤 루트로 이뤄집니까? 기존 고객은 어떻게 관리되고 있습니까? 경쟁회사와 가격 차이는 크지 않았습니까?"

이렇게 세세하게 항목을 나눠 각 항목이 제대로 충족됐는지 체크해야 한다. 목표달성을 위해 필요한 조건을 갖추지 못했으면 이를 따끔하게 지적하고 개선하도록 요구해야 한다. 그 조건을 충족하지 못한 것이 문제지 매출이 부진한 것이 문제가 아니다. 원인을 제대로 알아야 개선방안을 만들 수 있을 것 아닌가? 그 개선방안이 이행돼야 다음 분기 목표매출 달성도 기대할 수 있다.

문제 직원에게 "다른 길을 찾아보라"고 통보하기 전에 그렇게 심층적인 면담이 선행돼야 한다. "여러 번 얘기했는데 도무지 말을 듣지 않는다"고 말하는 보스가 상당히 많다. 그러나 나는 "여러 번 얘기했다"는 것은 온전히 보스의 생각일 뿐이라고 지적하는 것을 잊지 않는다. 보스는 이야기한다고 했을 것이다. 하지만 직원은 보스의 말을 이해하지 못했거나 흘려버렸을 수도 있다. 많은 보스가 핵심을 정확히 짚어 진지하게 말하지 않고 돌려서 말하곤 한다. 다 알아들을 것이라며 추상적으로 말한다. 그러나 그렇게 이야기하는 것은 성과 개선에 필요한 대화나 면담이 아니다. 자위일 뿐이다. 내가 이야기한다는 것은 별로 중요하지 않다. 상대방이 듣고 이해해야 한다. 상대방이 들은 적 없다고 하면 당신도 이야기한 적이 없는 것이다.

문제 직원 때문에 머리 아파할 때마다 상사들은 채용의 중요성을 깨닫게 된다. 사람은 본디 잘 변하지 않는다. 나이가 들수록 변화가능성은 급격하게 줄어든다. 변하더라도 그 폭이 줄어든다. 속도도 떨어진다. 따라서 나이 많은 사람을 채용할 때는 매우 신중해야 한다. 그 사람에게 변화 가능성이 없다는 생각을 하고 뽑아야 한다. 치명적 약점이 있다면, 비록 당장은 영향이 크지 않더라도 언젠가는 결정적 리스크로 작용할 수 있다는 점을 고려해야 한다. 신입사원도 가능하면 다방면으로 검증해야 한다. 그래서 채용을 많이 해본 임원들은 이런 말을 자주 한다.

"능력보다 태도가 중요하다."

'능력보다 태도'를 넘어 '태도 자체가 능력'이라고 생각해야 한다. 그래야 태도를 제대로 평가하고 채용결정에 반영할 수 있다. 태도를 부수적인 것으로 다루지 않게 된다. 태도와 습관은 쉽게 바뀌는 것이 아니다. 실력이 하루아침에 달라지지 않는 것처럼 태도와 습관도 하루아침에 변하기 어렵다.

:: 사람이 아니라 성과를 관리하라 ::

많은 보스가 문제 직원을 내버려둔다. 앞서 말한 대로 간접적으로 압력을 가하거나 아예 피해버린다. 그러나 그것은 상사가 취할 수 있는 자세가 아니다. 상사는 무섭든 더럽든 문제가 되는 것은 치워줘야 한다. 생산성을 높이고 성과를 끌어올리려면 일하는 분위기가 만들어져야 한다. 그런데 문제 직원이 있으면 분위기는 엉망이 된다. 신경이 쓰이고 일할 마음이 내키지 않는다. 성과가 낮아지는 것은 너무도 당연한 얘기다. 미국 스탠퍼드 경영대학원의 로버트 서튼 교수는 속썩이는 부하를 '나쁜 부하'라고 정의한다. 나쁜 부하가 한 명이라도 있으면 조직의 성과가 30~40퍼센트 떨어진다고 주장한다. 그러면서 이렇게 강조한다.

"썩은 사과 하나가 상자 속 사과 전체를 썩게 한다. 그러므로 문제는 즉시 바로잡아야 한다."

그럼에도 많은 보스가 부닥치기 싫고 쓴 얘기를 하기 싫어서 내버려둔다.

'어차피 나는 오너가 아니다. 시간이 지나면 나도 다른 곳으로 갈 것이다.'

그렇게 생각하면서 문제가 커지지 않는 정도로 방어하려 한다. 주인의식은 온데간데없다. 그들에게는 성과보다 사람이 훨씬 중요한 문제다. 성과 차원에서 판단하면 당장 내보내야 한다. 그런데 선한 보스로 남고 싶어서 그냥 내버려둘 때가 적지 않다.

그런 오류를 저지르는 보스들은 '좋은 상사, 착한 상사'라는 평가에 목말라 있다. 그러나 그런 상사는 객관성을 잃기 쉽다. 당연한 말이지만 모든 사람을 만족하게 할 수는 없다. 문제 행동을 일으키는 부하에게 "왜 이렇게 보고서 제출이 늦나?"라고 물어보라. 백이면 백 그럴싸한 핑계를 댄다. 관련 부서에서 급하게 들어온 요청을 먼저 처리하느라, 날짜를 잘못 적어놔서, 회의가 길어지는 바람에……. 물론 귀 기울여 들어보면 모두 고개를 끄덕일 수밖에 없는 핑계다. 하지만 핑계를 하나하나 다 들어주다 보면 성과는 누가 언제 내겠는가? 이에 반해 성과 관점에서 보면 해결책은 명확하다. 사정이야 어떻든 각자 맡은 업무를 제대로 처리해줘야 목표한 성과를 달성할 수 있다. 따라서 누가 그 업무를 어떻게 처리하고 있는지가 관심사가 된다. 보스라면 그런 스트레스를 모두 감내해야 한다. 하지만 초보 보스들은 모든 문제를 관계로 풀려는 실수를 흔히 저지른다. 문제 직원을 지적할 때 업무나 성과를 근거로 말하지 않는다. 오히려 이런 식으로 말한다.

"당신이 나한테 어떻게 이럴 수 있나? 내가 당신을 얼마나 아꼈는데 이런 식으로 나올 수 있어?"

설득력이 떨어질 수밖에 없다. 네덜란드 암스테르담 대학 사회심리학 연구팀에서 흥미로운 연구결과를 발표했다. 상사가 업무에 관해 화를 내며 나무라면 부하직원들의 생산성과 창의성이 높아진다는 것이다. 학생들은 각각 화가 난 평가자와 감정을 자제한 평가자 앞에서 감자 사용법에 대한 아이디어를 냈다. 그런데 화가 난 평가자의 질책을 받은 학생들이 아이디어를 더 많이 냈다고 한다. 이뿐만 아니다. 창의성, 융통성, 적극성도 더 높았다. 성과를 내려면 가끔씩은 '나쁜 보스'

'까다로운 보스' 역할을 할 수밖에 없다. 해당 연구를 진행한 연구원은 이렇게 말했다.

"긴장이 풀린 직장에서 화는 더 열심히 일할 필요가 있도록 일깨워주는 효과를 낼 수 있다."

문제 직원에게 충분히 진정으로 이야기도 했고 그가 자신의 말뜻을 모르지 않는다고 생각되면 그때는 전달과 이해의 문제를 넘어선 것이다. 가치와 철학의 문제다. 그것은 바꾸기가 거의 불가능하다. 앞서 말했듯이 나이가 들수록 변하기 어렵기 때문이다. 그런 사람들에게는 변하라는 말보다는 선택하라는 말이 더 쉽다. "당신이나 회사 모두를 위해서 조직을 떠나는 것이 옳다"고 이야기해야 한다. 힘들지만 "당신은 우리 조직문화에 맞지 않는다"고 말해줘야 한다. 진심으로 다른 길을 권유해야 한다. 그것이 해법이다. 적어도 문제 직원과 관련해 내가 경험하고 찾은 방법이다. 그러나 앞서 말한 대로 뾰족한 수가 아니다. 상당히 평범하고 지극히 상식적인 방법이다. 그래서 독자 여러분께 좋은 방법, 비법을 알고 있으면 제게 알려주시기를 부탁하는 것이다.

14
리더는 팔로워에 의해 만들어진다

지금까지 조직의 발전이나 성과는 전적으로 리더에게 달려 있다고 여겨져 왔다. 그 때문에 조직운영은 물론이고 성과에 대한 모든 책임은 리더에게 돌아왔다. 국가경쟁력을 키워 선진국 대열에 오르게 한 공로는 대통령에게 돌아갔다. 금융위기로 국가경제를 위기상황에 처하게 한 것도 대통령의 책임이었다. 그런데 한 연구조사에서 조직 발전에 대한 기여도를 따져봤다. 리더가 차지하는 비중은 20퍼센트에 불과한 것으로 나타났다. 나머지 80퍼센트는 팔로워의 몫이었다. 군중은 우매하고 비합리적이기 때문에 리더의 방향을 수동적으로 따라간다는 통념을 뒤엎는 것이었다.

최근 들어 합리적인 대중의 역할이 주목을 받기 시작했다. 대중은 그동안 리더의 추종자에 불과했다. 리더가 방향을 제시하면 그쪽으로 움직이는 수동적 존재였다. 로마병정처럼 자기 생각이나 자기 주장이 없는 '무뇌의 무리'였다. 그러던 대중이 인터넷 같은 통신수단 발달 덕분에 마침내 고독한 껍질을 깨고 자신의 얼굴을 드러냈다. 자기 생각을 자유롭게 표현하고 그것을 다른 사람들과 공유하기 시작했다.

과거와 달리 요즈음엔 한 사람의 의견이 다른 사람의 공감을 얻으면 또 다른 사람들에 의해 공유된다. 이런 방식으로 순식간에 전 세계로 퍼져 나간다. 리더의 추종자에 불과했던 대중이 본격적으로 영향력을 행사하기 시작한 것이다. 리더만 존재하던 시대에 리더를 따르던 팔로워가 리더와 함께 협력하는 존재로 바뀌었다. 세상이 변한 것이다. 본디 팔로워는 조직에서 리더의 지시를 따르고 리더를 지원하는 추종자였다. 그런데 최근 들어 단순한 추종자가 아니라 조직의 성공과 발전에 이바지하는 추종자로 자기 위상을 끌어올렸다.

하버드 대학 케네디스쿨의 공공정책 교수이며 공공리더십센터 조사국장인 바버라 캘러먼은 팔로워의 중요성을 역설하는 대표적인 사람이다. 그동안 사람들에게 리더는 '발탁되는 존재'라고 생각돼 왔다. 상급자가 과거의 성과를 토대로 어떤 사람을 끌어올려 리더로 만든다는 인식이 지배적이었다. 그러나 바버라 캘러먼은 생각이 달랐다. 그는 리더를 태어나거나 몇몇에 의해 발탁되는 존재가 아니라 '팔로워에 의해 만들어지고 완성되는 존재'라고 생각했다. 그래서 리더의 성격과 모습을 결정하는 팔로워에 관해 이렇게 주장했다.

"훌륭한 리더는 리더 본인이 아니라 팔로워가 만든다. 리더의 영향력과 권위가 점점 줄어드는 현대사회는 리더를 따르는 부하나 추종자의 역할이 더욱더 중요하다. 성공적인 팔로워의 구실을 해본 사람만이 좋은 리더가 될 수 있다."

그는 특히 좋은 리더가 조직에 가져다주는 이익보다 나쁜 리더가 조직에 끼치는 폐해를 주목했다. 피터 드러커가 "해야 할 일 리스트보다 그만둘 일 리스트가 더 중요하다"고 말한 것처럼 캘러먼은 이렇게 강조했다.

"리더의 역할과 그가 만들어내는 성과보다 리더가 잘못해 만들어내는 폐해를 고민해야 한다."

리더에 대한 과도한 리더 의존도를 줄여야 한다고 생각한 것이다. 캘러먼은 자신의 저서 『팔로워십』에서 리더보다 훨씬 더 큰 영향력을 발휘하고 있는 팔로워의 역할과 책임을 거듭 역설했다.

"세상을 바꾸고 리더를 움직이는 보이지 않는 힘."

그 책의 부제이자 그가 관심을 쏟고 있는 팔로워의 성격을 단적으로 설명해주는 문구다. '팔로워는 세상을 바꾸고 리더를 움직이는 사람들'이라는 것이 그의 생각이었다. 그는 이제 "20퍼센트의 리더가 아닌 80퍼센트의 팔로워가 조직운명을 결정하는 변화의 시대"라고 말했다. 그러면서 팔로워십이 뒤따르지 않는 리더십은 사상누각이라고 강조했다. 극단적인 예이기는 하지만 제2차 세계대전 당시 자행된 유대인 학살은 아돌프 히틀러 한 사람 때문에 일어난 일이 아니다. 추종자들이 있었기에 나타난 비극이다. 마찬가지로 일본이 태평양전쟁을 일으켜 많은 희생자를 낸 것도 당시 일본 왕이었던 쇼와나 일본군 총

사령관이었던 도조 히데키의 책임으로만 돌릴 수 없다. 그들을 추종하던 광범위한 일본의 군국주의 세력이 없었다면 일본이 그렇게 전쟁의 광기를 뿜어내지는 않았을 것이다.

:: 팔로워에게도 따르는 능력이 요구된다 ::

팔로워십은 2008년 미국의 대통령선거가 끝나면서 본격적으로 주목받기 시작했다. 당시 미국 대선에 대한 분석 중에서 미국에서 막 유행하기 시작한 SNS Social Networking Service에 초점을 맞춘 분석이 주목을 받았다. 버락 오바마 대통령은 민주당 후보 경선에서 힐러리 클린턴보다 SNS를 훨씬 효율적으로 활용했다. 덕분에 그는 후보 지명을 받을 수 있었고 이어진 대통령선거에서도 승리할 수 있었다.

오바마는 대선 출마 선언 뒤 미국에서 가장 큰 SNS인 마이스페이스Myspace에서 4만 8,000여 명의 회원들과 '친구'를 맺었다. 온라인상의 친구들은 오바마가 가는 곳마다 열렬히 응원했다. 선거운동 지원에 나서 오바마를 띄우는 데 큰 역할을 했다. 오바마의 온라인 친구들이 하는 활동은 미국 전역에 급속도로 퍼졌다. 덕분에 오바마는 손쉽게 대선과정에서 승기를 잡을 수 있었다.

우리나라에서 팔로워라는 개념이 유행처럼 번진 것도 SNS인 트위터의 유행과 관련이 깊다. 트위터에서는 내가 다른 사용자를 '팔로우'할 수 있다. 자신을 팔로우하는 팔로워 수가 많을수록 트위터에서 영향력은 커진다. 팔로워가 많은 사용자의 의견은 무한히 공유되고 재

생산된다. 그러면서 강력한 여론을 만들어낸다. 이렇듯 최근 들어 여론을 주도하는 것은 전통적인 신문이나 방송이 아니다. 트위터나 페이스북 등 SNS로 소통하는 수많은 팔로워들이다.

팔로워의 영향력이 커지면서 "팔로워에게도 그 영향력에 맞는 책임과 의무가 있다"는 주장이 제기됐다. 리더에게 리더십이라는 책임과 의무가 있는 것처럼 팔로워에게도 조직을 구성하는 멤버로서 팔로워십이라는 책임과 의무가 따른다는 것이다. 또 리더에게 '이끄는 능력'이 필요하다면 팔로워에게도 '따르는 능력'이 요구된다는 주장도 나왔다. 리더십이 자신과 남을 올바른 방향과 방법으로 이끄는 능력이라면 팔로워십은 리더를 보좌하고 리더가 성과를 낼 수 있도록 적극 지원하는 능력이다. 제대로 된 팔로워라면 그런 능력을 갖추고 있어야 한다는 것이다. 로버트 켈리 카네기멜론 대학 교수는 팔로워를 이렇게 정의했다.

"자기 관리를 잘하고 집단과 조직에 헌신하며 용기 있고 성실하며 신뢰할 수 있는 사람들."

:: 모든 리더는 팔로워다 ::

팔로워십에 대한 논의가 활발하게 전개되고 있는 것은 단순히 팔로워의 힘이 크기 때문만은 아니다. 세상에 처음부터 리더였던 사람은 없다. 항상 리더의 역할만 하는 사람도 없다. 앞에서 조직 발전에 대한 리더의 기여도가 20퍼센트에 불과하다고 했다. 그런데 전문가들이 조사한 결과를 보면 어떤 리더라도 그가 리더로 활동하는 시간이 20퍼센트를 넘지 않는 것으로 나타났다. 나머지 80퍼센트는 팔로워로서 행동하고 있었다.

그렇게 누구나 팔로워와 리더의 속성을 다 가지고 있다. 얼핏 보면 리더와 팔로워는 큰 차이가 있는 것처럼 보인다. 하지만 사실 대다수는 리더이기도 하고 팔로워이기도 하다. 보스는 대부분 리더이자 팔로워라는 이중적 성격의 소유자다. 많은 사람이 보스는 항상 조직의 제일 앞에 서서 "나를 따르라"고 외치며 적진을 공격하는 『삼국지』의 장비 같은 사람이라고 생각한다. 그러나 보스의 상당수는 무리의 중간에서 직원들과 함께 움직인다. 그들에게도 "나를 따르라"고 외치는 다른 리더가 존재한다. 따라서 리더는 자신의 리더가 내리는 지시, 그가 내세우는 가치, 그가 꾸는 꿈을 공유하는 충실한 팔로워가 될 줄도 알아야 한다. 예를 들어 우리나라의 기획재정부 장관은 1,200여 명의 공무원을 이끄는 명실상부한 리더다. 예산, 세제 등 주요 경제정책을 주도한다. 하지만 그 역시 대통령의 지휘를 받아 국가 전체의 정책 입안과 집행에 참여하는 팔로워이기도 하다.

그러므로 모든 리더에게는 리더십뿐 아니라 팔로워십이 필요하다. 리더십과 팔로워십은 본디 한 인간에게서 뿌리를 내리고 있다. 그뿐 아니라 리더십은 팔로워십이라는 줄기에서 꽃이 피고 열매를 맺는 것이다. 그래서 팔로워십을 제대로 갖추지 못하면 리더십도 커지기 어렵다. 그러나 보스들이 훌륭한 리더를 키우는 데는 관심을 두면서도 유능한 추종자나 탁월한 팔로워가 되라고 격려하는 경우는 드물다. 여전히 모든 것이 리더 한 사람에게 달려 있다고 맹신한다. 대부분의 교육과정은 훌륭한 리더 키우기에만 초점이 맞춰져 있다. 그러다 보니 자연히 리더십 교육이 엇나가는 상황이 종종 벌어지기도 한다. 많은 아이가 어릴 때부터 리더십 훈련을 받고 있다. 그러나 나는 팔로워 훈련부터 받아야 한다고 생각한다. 아니면 적어도 리더십과 같은 비중으로 팔로워십 훈련을 받아야 한다. 그런데 내가 과문한 탓인지는 몰라도 아이들이 팔로워십 훈련을 받았다는 말은 거의 들어보지 못했다. 훌륭한 팔로워만이 훌륭한 리더가 될 수 있다.

아리스토텔레스는 이렇게 말했다.

"남을 따르는 법을 알지 못하는 사람은 좋은 지도자가 될 수 없다."

따라서 지금부터라도 아이들에게, 학생들에게, 신입사원들에게 팔로워십 교육을 해야 한다. 그렇게 해서 팔로워십이 뛰어난 직원을 리더로 발탁해야 한다. 그래야 조직이 물 흐르듯 운영된다. 공감대도 잘 형성된다. 그런 팔로워들이 성장해 보스가 될 때 조직구성원들은 보스를 자발적으로 믿고 따른다. 그리고 큰 성과를 만들어낼 수 있다.

:: 팔로워십이 부족한 리더들의 한계 ::

최근 기업의 조직이 점점 세분되면서 작은 팀의 보스도 많아졌다. 동시에 보스들에게 팔로워로서 역할도 요구되고 있다. 그러나 일하다 보면 자기 조직만 신경 쓰는 이른바 '조직 이기주의'에 빠져 있는 보스들과 마주치게 된다. 팔로워십이 부족한 보스들이다. 그들은 자기가 맡은 조직만 신경 쓴다. 자신이 일원으로 몸담은 더 큰 조직의 목표나 운영원리에 무관심하다. 조직운영에 부담을 주는 행동을 일삼는다. 그런 보스들이 많아지면 조직은 시끄러워진다.

팔로워는 시키는 대로 따라가는 사람이 아니다. 팔로워에게는 보스의 지시에 따르고 조직의 원칙을 지켜야 하는 책임과 의무가 있다. 보스라고 해서 리더의 역할만 한다면 그에게 부여된 나머지 80퍼센트의 몫, 곧 팔로워의 역할은 포기한다는 뜻이다. 그런 리더는 조직을 목적지로 이끌 수 없다. 자신이 리더라는 사실만 인지하고 팔로워라는 사실을 망각하거나 간과하는 사람이 조직을 이끌면 그 조직은 목적지가 아니라 엉뚱한 곳으로 향하게 된다.

내가 신문사에 있을 때 무슨 일이든지 자신이 주도하지 않으면 안 된다고 생각하는 간부가 있었다. 자신이 결재 라인에 서 있지 않아서 나중에 결정사항을 통보만 받기라도 하면 한바탕 소란을 피웠다.

"왜 나도 모르게 그런 결정을 했느냐."

"그런 결정을 한 것을 나는 모른다. 따라서 나는 따를 수 없다."

"내가 더 좋은 의견을 낼 테니 논의를 다시 시작하자."

뭐 이런 식이었다. 수시로 이미 협의가 다 된 프로젝트를 뒤집으려 했다. 그는 회사의 주요 간부였다. 애사심과 책임감이 강했다. 그래서 모든 논의에 자신이 참여해야 한다고 생각했다. 그러나 그가 모든 논의를 관장하는 사장이나 기획실장이 아니었기 때문에 그가 모른 채 넘어가는 일이 자주 벌어질 수밖에 없었다. 오히려 모르는 것이 더 많았다. 그럼에도 그의 계속된 자기중심적 사고는 같이 일하는 사람들을 힘들게 했다. 그런 사람들에게는 하나의 공통점이 있다. '자신은 조직의 리더이고 중심이지 결코 팔로워가 아니다'라고 생각한다는 점이다. '나처럼 뛰어나고 유능한 사람이 다른 사람을 따라갈 수는 없다'며 자신이 팔로워임을 거부한다. 그런 사람이 간부로 있는 조직은 불행하다.

작은 조직의 보스는 한편으로 더 큰 조직의 팔로워다. 따라서 큰 조직의 정책을 따라야 한다. 큰 조직을 이끄는 보스의 지시를 받아야 한다. 팔로워십이 부족한 리더는 다른 구성원에 대한 배려가 부족하고 자기중심적이다. 판단기준에 일관성이 없다. 자의적 판단이 빈번하다. 보스의 조직 이기주의적 행동은 부하직원들에게도 부정적 영향을 미친다. 조직을 강조하면서 한편으로 비조직적, 반조직적 행동을 하는 보스의 모습은 부하직원들을 혼란스럽게 만든다. 그는 리더로 있을 때는 조직의 가치와 규율을 강조한다. 그러다가 팔로워가 되면 개인 사정을 들어가며 원칙을 무시한다. 그런 사람들을 누가 존중하겠는가?

:: 부하의 재능을 끌어내라 ::

2002년 한일월드컵에서 한국 축구를 4강에 올려놓은 히딩크 감독은 한순간에 국민적 영웅이 됐다. 그러나 평가전과 예선전을 치르는 동안 축구팬들은 히딩크 감독의 리더십에 의심을 품었다. 히딩크는 당시 스타플레이어였던 선수들을 대표팀에서 제외했다. 반면에 박지성과 송종국 등 이름 없던 선수들을 기용했다. 게다가 월드컵 직전 평가전에서는 0:5로 패하는 바람에 '오대영 감독'이라는 불명예스러운 별명까지 붙어 다녔다. 그러나 월드컵 본선에서 한국 대표팀은 포르투갈, 이탈리아, 스페인 등 강팀을 꺾으며 4강까지 진출하는 놀라운 결과를 만들어냈다. 뛰어난 선수가 아무리 많이 포진해 있는 화려한 팀이라도 히딩크 감독의 지휘로 다져진 한국 대표팀의 조직력을 감당하기는 역부족이었다. 히딩크 감독은 조직력을 극대화함으로써 개인기가 뛰어난 유럽팀과 남미팀을 상대로 예상 밖의 돌파력을 보여줬다.

그런 히딩크의 리더십을 '멀티플라이어Multiplier'로 부르는 사람이 있다. 바로 와이즈먼그룹의 회장인 리즈 와이즈먼이다. 그는 조직구성원들의 능력을 최대로 끌어올려 조직의 생산성을 높이는 리더를 멀티플라이어라고 불렀다. 그는 이렇게 말했다.

"사람들이 스티븐 스필버그를 천재라고 생각하지만 그의 진짜 위대함은 주변 사람들의 천재성을 발견하는 데 있다."

그는 리더를 이렇게 정의했다.

"유능한 리더는 부하직원들의 재능을 발견하고 이끌어내는 사람이다."

그는 멀티플라이 리더의 특징으로 팀원의 재능을 발견하고 최대한 활용하는 것, 최고의 생각을 만드는 열성적인 분위기를 만드는 것, 다양한 아이디어가 받아들여질 수 있도록 도전의 영역을 넓히는 것, 토론해서 결정하는 것, 실행하는 것 등 다섯 가지를 꼽았다. 멀티플라이어와 반대되는 개념으로 구성원들의 능력을 절반밖에 활용하지 못하는 '디미니셔Diminisher'가 있다. 디미니셔와 멀티플라이어는 능력에서 큰 차이가 없다. 오히려 디미니셔의 능력이 더 뛰어난 경우가 많다. 와이즈먼은 이렇게 밝혔다.

"두 리더의 차이는 구성원을 파악하는 능력에서 비롯된다."

그리고 "이 능력은 팔로워 경험에서 나오는 것"이라고 강조했다. 팔로워 경험이 풍부한 멀티플라이어는 부하와 동료의 장점을 끌어내는 데 관심을 쏟는다. 하지만 디미니셔는 오로지 자기 세력의 확대에 주력한다.

리더 중에는 조직의 선두에서 "나를 따르라"고 소리 지르며 구성원들을 따라오게 하는 리더도 있다. 조직의 맨 끝에서 "돌격 앞으로"를 내지르며 구성원들을 독려하는 리더도 있다. 그러나 리더는 팀 전체가 함께 갈 수 있도록 앞에서 이끌기도 하고 뒤에서 격려하기도 해야 한다. 때로는 한가운데서 구성원과 함께 달려가야 한다. 조직의 성과를 극대화하려면 리더는 모든 조직구성원과 함께 가야 한다. 리더가 팔로워여야 하는 이유도 바로 여기에 있다. 팔로워를 경험하고 제대로 팔로워십을 갖춘 사람만이 동료의 자발성을 이끌어내고 조직구성원들의 참여를 만들어낼 수 있다.

최근 서울 강남에서는 유치원 때부터 고위층 자녀들끼리 어울리는 모임이 만들어지고 있다. 아이들에게 어릴 때부터 '리더가 될 특별한 사람'이라는 인식을 심어주고 리더에게 필요한 네트워크를 형성하도록 하기 위해서다. 그러나 그렇게 리더에만 관심을 갖는 것은 오히려 아이에게 독이 된다. 사회의 일원으로서 규칙을 따르는 훈련이 돼 있지 않으면 오만과 독선에 빠져 편협한 시각을 가지게 될 가능성이 크다. 리더라고 해서 사회의 규범에서 예외가 될 수 없다. 리더가 규칙을 무시한다면 누가 그 규칙을 지키겠는가?

동원그룹 김재철 회장은 자식 교육을 독특하게 한 것으로 유명하다. 그는 장남인 김남구 한국투자금융지주 부회장이 대학을 졸업하자마자 6개월 동안 참치 잡는 원양어선을 타게 했다. 김 부회장은 다른 어부들과 함께 그물도 치고 참치를 잡으며 갑판청소까지 했다. 물론 김 회장은 김 부회장에게 회장의 아들이라는 말은 입 밖에도 꺼내지 못하게 했다. 차남인 김남정 경영지원실 부사장도 마찬가지였다. 대학 졸업 뒤 창원의 참치통조림 공장에서 생산직 노동자들과 함께 일하도록 했다. 두 딸도 가나안농군학교에 보내 근검절약과 성실하게 일하는 습관을 가르쳤다.

김 회장의 이 같은 자식 훈련을 '경영수업'이라고 부르는 사람들도 많다. 그러나 나는 '팔로워 훈련'이라고 생각한다. 경영수업이라면 MBA에 보내든가 글로벌 기업에서 근무하도록 하는 것이 더 효율적이다. 그러나 김 회장은 현장에서 평범한 직원들처럼 일하게 했다. 팔로워십을 훈련하고 싶었던 것이다. 처음부터 회사의 간부나 임원을 맡았던 재벌 2, 3세들은 팔로워로서 자세가 부족해서 많은 문제를 일으킨다. 조직 구성원들과 함께하지 못한다. 멀티플라이어가 아니라 디미니셔가 되고 만다. 김 회장은 팔로워의 심정을 이해하고 그에 따른 역할도 해낼 줄 알아야 리더로 자리 잡을 수 있다고 판단했는지도 모른다.

조직은 오케스트라에 자주 비유된다. 회사가 재무팀, 영업팀, 기획팀 등이 모여 이뤄진다면 오케스트라는 바이올린, 첼로, 플루트, 호른

등의 파트가 모여 이뤄진다. 전체 파트를 통솔하는 것은 지휘자의 몫이다. 각 파트를 이끄는 것은 파트 수석의 몫이다. 음악 하나를 완성하기 위해서는 모든 파트의 수석이 지휘자의 지휘에 귀를 기울이고 그에 따라 파트 연주자들을 지도해야 한다. 만약 첼로 수석이 지휘자의 곡 해석에 동의하지 못하고 자신의 뜻대로 첼로 파트를 연주한다면 그 곡에는 불협화음이 끼게 된다. 수석은 파트의 최고이기 이전에 오케스트라의 연주자다. 그것을 잊은 연주자는 오케스트라에서 퇴출당할 수밖에 없다.

팔로워로서 경험이 없다는 것은 보스로서 결격사유가 된다. 팔로워의 심정을 이해하지 못하기 때문이다. 팔로워의 사정을 모른 채 내리는 지시와 명령은 팔로워의 자발성을 끌어내기 어렵다. 게다가 더 큰 조직의 원칙과 가치를 따르는 법을 모르기 때문에 조직에 불협화음을 조성할 가능성이 크다. 유능한 보스를 꿈꾼다면 먼저 유능한 팔로워 연습을 해야 한다. 팔로워 없이는 리더도 존재하지 않는다. 그렇기 때문에 먼저 제대로 된 팔로워가 되는 노력부터 하는 것이 순서다.

15

2인자 리더십

"두 번째로 달에 착륙한 사람은 아무도 기억하지 않습니다." 아무도 2등은 기억하지 않는다는 광고 문구가 있었다. 당시 많은 비판을 받으면서 그 문구는 금방 사라졌다. 하지만 그 문구 자체가 틀렸다고 생각한 사람은 없었을 것이다. 기업 경영에서 자주 등장하는 "1등만이 살아남는다"라는 말은 부정하기 어렵다. 그런데 언제부터인가 '2인자'라는 말이 유행처럼 번지기 시작했다. MBC 예능 프로그램 「무한도전」의 MC 중 한 명인 박명수는 아예 '2인자'라는 별명으로 불린다. 그렇게 우리 주변에는 꼭 1등이 아니어도 2등만의 독특한 역할과 매력으로 인기를 끄는 사람이 적지 않다.

마케팅에서도 '2등'이 주목받은 적이 있다. 1960년대 업계 2위였던 미국 에이비스렌터카는 2등 광고로 주목을 받았다.

"우리는 2등입니다. 그래서 더 노력합니다."

당시 미국 렌터카시장에서는 허츠가 독주하고 있었다. 에이비스는 내셔널과 함께 2위를 다퉜다. 하지만 1위와 격차가 워낙 큰 데다 적자에 허덕이고 있었다. 그래서 업계에서는 2위라는 것에 큰 의미를 부여하지 않고 있었다. 그렇게 허츠의 독주를 바라만 보던 상황에서 에이비스가 과감하게 2등임을 인정하는 마케팅에 나선 것이다. 얼핏 보면 2등을 인정하는 정직하고 겸손한 전략인 것 같다. 하지만 사실은 더 열심히 해서 1등이 되겠다는 야심을 드러낸 마케팅이었다. 2등을 인정함으로써 1등과 연결하는 아주 흥미로운 전략이었다. 에이비스는 2등 마케팅으로 두 달 만에 흑자로 전환해 빠르게 성장했다. 허츠마저 에이비스의 무서운 성장에 화들짝 놀랐다. 그래서 허츠는 서둘러 절대지존 마케팅으로 대응했다.

"허츠가 있고 그리고는 없습니다."

:: 2인자의 착각 ::

"1등만 기억하는 더러운 세상"이라는 말이 유행어가 된 적도 있다. 그만큼 사람들은 모두 1등을 꿈꾼다. 1등으로 기억되기를 바란다. 조직에서도 마찬가지다. 누구나 1인자가 되기를 바란다. 하지만 현실적으로 자리는 한정돼 있다. 그래서 2인자에 머무는 경우가 많다. 2인자를 즐기는 사람은 아마 거의 없을 것이다. 2인자의 상당수는 지금의 자리를 1인자로 가기 위한 경로나 과정쯤으로만 생각할 뿐이다.

그런데 2인자라고 해서 모두 처지가 같은 것은 아니다. 어떤 사람은 2인자의 자리에서 살아남고 장수한다. 2인자의 역할을 성공적으로 해낸 다음 1인자의 자리로 올라가기도 한다. 1인자의 그늘에 가려 있지만 1인자의 성공을 도운 숨은 주역으로 평가받기도 한다. 반면 어떤 2인자는 그냥 사라져버리거나 1인자와 큰 갈등을 겪고 조직에서 떨어져 나가기도 한다. 도대체 무엇이 그런 차이를 만들어낼까?

많은 2인자가 자신은 어쩔 수 없이 2인자가 됐다고 생각한다. 충분히 1인자가 될 수 있는데 운이 따르지 않아서, 또 자리가 한정돼 있어서 2인자에 머무르고 있다고 착각한다. 그래서 끊임없이 1인자 자리로 치고 올라갈 궁리를 한다. 이들에게 1인자를 존경하거나 존중하는 마음은 애초에 없다. 하지만 그런 생각이 2인자를 위태롭게 한다. 2인자는 1인자가 되지 못한 설움의 자리가 아니다. 2인자는 그 자리만의 독특한 위상이 있다. 그에 따른 역할도 존재한다. 그러나 대다수 2인자는 자신의 역할이 무엇인지 정확히 파악하지 못한다. 2인자가 이렇게 2인자의 역할을 하지 않으니 조직이 제대로 돌아갈 리 만무하다.

판소리에 '일고수 이명창'이라는 말이 있다. 가수와 고수 단둘이 공연하는 소리판에서 가수보다 고수가 더 중요한 역할을 한다는 뜻이다. 언뜻 생각하면 소리하는 가수가 먼저 아닐까 싶다. 하지만 소리판에서는 이 말이 상식으로 통한다. 20세기 초반 소리판의 대가로 인정받던 국창 이동백은 일고수 이명창에 대해 이렇게 말했다.

"소리하는 사람에겐 고수처럼 고마운 사람이 없다. 북채가 잘 가고 못 가는 데 따라 흥이 좌우된다. 흥이 안 나면 제아무리 만고명창이라도 소리가 될 리 없다. 명창의 소리도 고수에 달렸다고 할 수 있다."

이동백은 당시 최고의 소리꾼이었다. 왕과 대신들이 그의 공연을 관람하기도 했다. 그는 잘생기고 소리도 잘해 팬이 많았다. 최고에 걸맞은 자부심도 있었다. 그러나 고수 앞에서만큼은 언제나 겸손했다. 소리꾼이 역량을 펼치려면 고수가 조성하는 분위기가 매우 중요하다는 사실을 잘 알고 있었다. 실제로 소리꾼에게 고수는 단순히 장단만 맞추는 사람이 아니다. 추임새를 넣어가면서 순간마다 소리꾼과 호흡해야 한다. 소리꾼의 수족이나 마찬가지다. 그러나 아무리 '일고수 이명창'이라고 해도 무대에서 빛나는 것은 명창이다. 절대 고수가 빛날 수 없다. 고수는 공연을 풍성하게 만드는 데 꼭 필요한 존재다. 그렇다고 해서 그 중요성이 소리꾼을 앞설 수는 없다. 굳이 자신이 돋보이지 않아도 성과의 주역으로서 보람을 누리는 전형적인 2인자인 것이다.

:: 기꺼이 악역을 맡아라 ::

2인자는 1인자가 되지 못한 사람이 아니다. 대체로 보스는 조직 전체를 책임지고 대표한다. 2인자는 내부를 장악한다. 그 때문에 보스는 외부에서 많이 영입된다. 하지만 2인자를 영입하는 경우는 별로 없다. 대체로 2인자는 현업을 쭉 거쳐서 올라온 사람이다. 그만큼 기술적으로, 실무적으로 자신의 분야에서 최고의 위치에 오른 사람이다.

영어로 2인자를 나타내는 접두사는 'vice'다. 거기에는 '악'이라는 뜻이 있다. 어떤 사람들은 2인자에게 붙어 있는 부정적 접두사를 가지고 2인자의 역할을 설명하기도 한다. 2인자는 조직에서 악역을 담당해야 한다는 것이다.

2인자는 조직 내부를 실무적으로 세세하게 관장한다. 시스템과 프로세스를 전반에 걸쳐 꿰찬다. 조직의 실무를 관장하다 보면 잔소리를 많이 하게 된다. 사정을 잘 알고 있으니 뭐든 한마디 더 얹게 되는 것이다. 하지만 잔소리하는 악역을 제대로 수행하지 못해 1인자의 눈 밖에 나고 조직에도 나쁜 영향을 미치는 2인자들이 적지 않다. 그들은 대체로 자신이 2인자라는 사실을 받아들이지 않는다. 역할에서 1인자와 차이를 두지 않는다. 좋은 상사가 되고 싶은 마음에 잔소리하는 역할을 피한다. 언젠가 보스가 될 때를 대비해 이미지를 관리하는 것이다. 그렇게 2인자가 악역을 피하면 누군가 그 역할을 떠맡아야 한다. 대개 보스가 나설 수밖에 없다. 본래 덕담을 주로 하던 보스가 잔소리까지 하게 되면 조직의 분위기는 묘해진다. 최고책임자가 덕담은 멀리하고 쓴소리만 일삼는 조직이 어떤 상황일지는 굳이 설명할 필요가 없을 것이다.

2인자는 보스에게도 쓴소리를 아끼지 말아야 한다. 때로는 보스의 허물을 과감히 지적할 필요도 있다. 어떤 보스는 자발적으로 그런 2인자를 원하기도 한다. 보스가 2인자의 직언을 겸허하게 받아들인다면 두 사람은 많은 일을 할 수 있을 것이다. 그 둘이 포진하고 있는 조직은 큰 성과를 거둘 수 있다. 대표적인 경우가 월트디즈니의 전 CEO였던 마이클 아이스너 회장과 월트디즈니 부활의 1등 공신인 프랭크 웰즈 사장이다. 아이스너 회장은 웰즈 사장을 친구이자 동료로 대했다. 중요한 결정을 해야 할 때면 하루에도 열 번 넘게 웰즈 방을 들락거리면서 의견을 구했다. 아이스너에게 웰즈가 중요한 것은 그가 한 역할 때문이다. 아이스너는 경제주간지 『포춘』과 인터뷰에서 웰즈에 대해 이렇게 말했다.

"웰즈는 결점만 보는 사람 역할을 하면서 끊임없이 이의를 제기했다."

웰즈는 이의가 있으면 주저하지 않고 말했다. 아이스너는 그 말을 경청했다. 2인자 웰즈의 직언과 1인자 아이스너의 경청은 「인어공주」 「미녀와 야수」「뮬란」「몬스터주식회사」 같은 인기 만화를 만들었다. 두 사람은 몰락하던 월트디즈니를 다시 일으켜 세웠다.

그렇게 직언이 중요하다. 하지만 직언을 좋아하는 사람은 드물다. 듣기 좋은 말이라도 계속 들으면 독이 된다. 그런데 쓴소리는 오죽할까? 쓴소리만 계속하는 2인자를 곁에 둘 보스는 없다. 돌부처가 아닌 이상 쓴소리를 감당하기가 쉽지 않기 때문이다. 특히 나이 든 보스에게 직언하는 것은 퇴진의 지름길이다. 그래서 홍성태 한양대 경영학부 교수는 이렇게 조언한다.

"2인자는 결코 직설적 반대나 쓴소리를 해서는 안 된다."

그러면서 현명한 2인자의 핵심조건을 이렇게 설명한다.

"쓴소리를 쓰지 않게 말할 수 있는 것."

중국 춘추시대 제나라에 안영이라는 재상이 있었다. 매우 지혜로웠고 유연성이 뛰어났다. 그가 재상이 됐을 때 모시던 왕 경공은 무능했다. 게다가 요란하고 화려한 것을 좋아하고 사치를 즐겼다. 그 바람에 제나라의 국력은 약해질 대로 약해져 있었다. 그러나 안영은 최선을 다해 경공을 보좌했다. 경공을 모시면서 쓰러져 가는 나라를 일으켜 세우려고 애를 썼다. 그런데 안영이 다른 나라에 사신으로 떠나자 왕은 화려한 궁전을 지으라고 지시했다. 당시 나라에는 매서운 추위가 엄습했다. 하지만 왕은 공사를 멈추지 않았다. 사람들은 안영이 귀국하기만을 기다렸다. 왕에게 공사 중단을 간언할 사람은 안영뿐이었기 때문이다.

마침내 애타게 기다리던 안영이 임무를 마치고 귀국했다. 상황이 심각하다는 것을 확인한 그는 즉각 왕에게 달려가 공사를 멈춰달라고 간언했다. 안영을 신뢰하던 경공은 그의 간청을 받아들였다. 즉시 공사 중단을 결정했다. 그런데 왕을 알현하고 나온 안영은 백성의 기대와 전혀 다른 태도를 보였다. 그는 공사현장으로 달려가 "왜 이리 공사가 늦느냐"고 호통을 쳤다. 공사 속도를 높이라고 인부들을 다그쳤다. '안영이 돌아왔으니 이제 고생은 끝났다'며 집에 돌아갈 수 있길 기대하던 백성은 크게 실망했다. 안영도 이제 어쩔 수 없는 모양이라고 한숨을 지었다. 그렇게 실망과 원망으로 분위기가 무너져내릴 무렵 왕의 공사 중지명령이 도착했다. 백성은 '이제야 살았다'며 모두 집으로 돌아갔다. 그렇게 안영은 왕의 체면도 살리고 백성의 고통도 덜어줬다.

쓴소리를 쓰지 않게 하는 안영의 지혜는 '이도살삼사二桃殺三士'라는 고사성어에서도 잘 드러난다. 안영이 모시던 왕 옆에는 항상 '제나라 3걸'로 불리는 세 명의 용사가 붙어 있었다. 그들은 왕의 총애를 믿고 횡포를 부려 폐해가 컸다. 안영은 그들을 그냥 두면 안 되겠다고 생각했다. 그러던 차에 마침 기회가 왔다. 노나라 군사를 위한 연회가 한창 무르익었을 때였다. 안영은 왕에게 뒤뜰의 복숭아를 따서 안주로 삼을 것을 제안했다. 복숭아는 희귀종이어서 매우 컸고 색과 향도 뛰어났다. 노나라 군사와 신하들은 복숭아의 맛과 향에 놀라 감탄사를 연발했다. 복숭아가 두 개로 줄자 안영은 격려차 세 용사에게 줄 것을 왕에게 제안했다. 그러면서 이렇게 덧붙였다.

"이왕이면 노나라 군사 앞에서 제나라 용사의 위풍과 솜씨를 자랑하게 하면 어떻겠습니까?"

왕은 "그것 참 좋은 생각"이라며 세 용사를 불렀다. 각자 자기 공을 자랑하면 가장 뛰어난 사람에게 복숭아를 상으로 주겠다고 말했다. 세 용사는 시간이 가는 줄도 모른 채 자기 공을 자랑했다. 그런데 복숭아는 두 개밖에 없었다. 안영은 어쩔 수 없다는 듯 둘에게 복숭아를 상으로 줬다. 그러자 복숭아를 받지 못한 용사가 억울함을 참지 못했다. 그 자리에서 칼을 뽑아 자결했다. 이번에는 두 용사가 "우리는 죽을 때 함께 죽기로 의형제를 맺은 사이"라며 연이어 자결했다. 안영은 그렇게 왕에게 쓴소리를 하지 않고 복숭아 두 개로 골치 아픈 용사 셋을 제거했다.

2인자의 쓴소리는 조직운영에서 매우 중요하다. 악역을 맡는 사람이 없으면 조직이 제대로 굴러갈 수 없다. 2인자는 기본적으로 실무를 책임지고 있는 사람이다. 보스가 꿈을 꾸는 사람이라면 2인자는 그것을 실행에 옮기는 사람이다. 실무를 하다 보면 자연스럽게 프로젝트나 현안에 대해 구체적 조언을 하게 된다. 그 과정에서 쓴소리는 피할 수 없다. 그렇게 조직은 보스와 2인자가 사이좋게 역할을 나눠 꾸려가는 것이다. 2인자의 악역은 보스에 맞서 분란을 일으키는 것이 아니다. 악역을 자처할수록 조직이 발전하고 자기 위상도 커지는 건강한 악역이다.

:: 보스를 불안하게 하지 마라 ::

2인자가 흔히 저지르는 실수 중 하나가 자꾸 자신을 보스와 동일시하려는 것이다. 앞서 말한 대로 대부분의 2인자는 자신이 운이 없어 2인자가 됐을 뿐이라고 착각한다. 이 때문에 역할이나 언행까지 보스처럼 설정한다. 앞서 2인자는 실무적으로 최고 위치에 있는 사람이라고 거듭 강조했다. 그래서 업무와 조직운영에 관한 잔소리를 할 수밖에 없는 존재다. 그런데 2인자가 실무는 뒷전으로 하고 보스처럼 조직 전체를 조망하고 관리하는 역할만 하려 한다면 보스와 역할이 중복된다. 그런 2인자를 보면 보스는 불쾌함과 함께 불안함을 느낀다.

'저 친구가 내 자리에 욕심을 내고 있구나.'

그런 2인자를 그냥 놔둘 보스는 없을 것이다. 한때 높은 시청률을 자랑하며 인기를 끌었던 드라마 「선덕여왕」에서 미실은 오랫동안 신라를 실질적으로 통치한 2인자였다. 미실이 쇠락하기 시작한 것은 왕이 되겠다는 욕심을 내면서부터였다. 반란을 꿈꾸는 2인자는 보스를 불안하게 만들었다. 결국 자멸의 길을 걷게 됐다.

삼성의 이학수 부회장은 무려 14년 동안이나 그룹 2인자 자리를 지켰다. 이건희 회장의 의중을 잘 읽었다. 삼성 임원들 사이에서 이 회장의 '복심'이라 불렸다. 그는 충성심도 강했다. 그래서 이 회장은 그를 신임했다. 그러던 그가 2010년 11월 이건희 회장이 경영에 복귀하면서 갑자기 일선에서 물러났다. 이 회장이 그렇게 아끼던 이 부회장이 하루아침에 업무에서 손을 놓은 것이다. 당연히 여러 해석이 나왔다. 그중 하나가 "이 부회장의 힘이 너무나 강해졌기 때문"이라는 것이었다. 이건희 회장은 2008년 비자금사건이 터졌을 때 경영에서 물러났다.

이 회장이 떠난 뒤 삼성의 경영을 주도한 것은 이학수 부회장이었다. 이 부회장의 위상은 급격하게 높아졌다. 그의 영향력도 빠르게 확대됐다. 심지어 "이 부회장이 삼성을 가져갈 수도 있다"는 말까지 나돌 정도였다. 터무니없는 말이었지만 그런 얘기를 자꾸 듣다 보면 누구든 의심이 생기게 마련이다. 게다가 이 회장의 불편한 심기를 눈치챈 사람들이 이학수 부회장에 대해 좋지 않은 말을 많이 하고 있다는 소문까지 돌았다. 내부적으로 어떤 사정이 있었는지 정확히 알려지지 않았지만 결국 이 회장이 경영에 복귀하자마자 이 부회장뿐만 아니라 측근들까지 줄줄이 자리에서 물러났다. 그들 중 일부는 삼성 고위임원들이 퇴직 후 받는 전관예우까지도 제대로 받지 못한 것으로 알려졌다.

보스가 2인자를 의심스러운 눈초리로 보는 것은 2인자가 자신과 정보를 완전히 공유하지 않는다는 사실을 알 때부터다. 정보공유는 신뢰의 문제다. 상대방이 정보를 차단하기 시작하면 그가 나를 신뢰하지 않고 딴생각을 품고 있다는 뜻이다. 이를 눈치채면 1인자는 불안해진다. 어느 날부터 남편이 아내에게 누구와 저녁을 먹는지, 누구와 함께 출장을 가고 여행을 하는지 알려주지 않기 시작한다고 생각해보자. 아내는 당연히 남편을 의심하게 될 것이다. 따라서 2인자가 보스의 걱정을 덜어주려면 수시로 만나 자신이 새로 들은 정보나 최근 갖게 된 생각, 조직의 상황 등을 이야기하는 것이 좋다. 굳이 물어보지 않았는데도 먼저 정보와 생각을 공유한다는 것은 그만큼 보스를 신뢰한다는 뜻이다. 당연히 보스도 그를 믿게 된다.

한번은 삼성 이건희 회장이 자신을 25년 동안 보좌한 상무를 경질한 일이 있었다. '실세'로 불렸던 그가 자리를 잃게 된 이유는 자신의 행동을 숨겼기 때문으로 알려졌다. 그는 이 회장의 동향을 이 회장 모르게 비서실에 보고해왔다. 그 사실을 뒤늦게 안 이 회장이 몹시 화를 냈다는 것이다. 2인자가 보스 모르게 정보를 혼자 가지는 것은 불가능에 가깝다. 권력에는 항상 정보가 모인다. 권력을 쥐고 있는 보스의 귀에 정보가 들어가는 것은 시간문제다. 간혹 보스가 없는 자리에서 2인자가 보스에 관한 뒷말을 하다가 문제에 봉착하는 일이 벌어진다. 보스가 없는 자리에서 보스의 잘못을 지적하는 것은 최악의 실수다. 언젠가 분명히 보스의 귀에 들어가기 때문이다.

2인자는 보스가 없으면 자신도 없다는 생각을 해야 한다. 2인자 혼자의 힘으로 보스를 꺾고 올라가기 어렵다. 그래서 보스가 자신을 믿고 존중하도록 해야 한다. 그러려면 2인자 자신부터 보스를 믿어야 한다. 보스가 2인자를 불안하게 여기기 시작하면 그 순간부터 2인자의 자리도 흔들리기 시작한다.

:: 2인자도 부하직원에게는 상사 ::

꽤 오래전에 인기를 끌었던 한 개그 프로에서 전형적인 밉상 2인자가 등장한 적이 있다. 상사 앞에서는 시쳇말로 '딸랑딸랑'거리면서 부하들 앞에서는 '군기'를 잡는 2인자는 순식간에 많은 사람의 공감을 얻었다. '밉상 2인자'는 보스에게는 귀엽게 보일지 모른다. 하지만 부하직원들에게는 꼴불견인 상사다. 상사로서 권위를 인정받기 어렵다.

앞서 2인자는 악역을 맡아야 한다고 했다. 하지만 어디까지나 업무상 악역을 담당하라는 것이다. 무턱대고 부하직원을 다그치라는 뜻이 아니다. 따라서 2인자는 부하들에게 쓴소리는 하되 인간적으로는 부하로부터 좋은 평가를 받아야 한다. 부하직원이 업무에 실수를 저지르면 이를 엄격히 지적하고 교육하면서도 수치심이나 모욕감을 주면 안 된다.

2인자의 자리는 훈련의 자리이기도 하다. 보스가 되기 위해 반드시 거쳐야만 하는 자리다. 2인자의 자리에서 끊임없이 공부하고 인격을 수양해야 한다. 그 자리를 거치지 않고 바로 보스가 되면 부하들의 심정을 모른 채 조직의 수장이 되는 것이다. 창업 사장들은 젊고 스마트하며 변화에 예민하다. 많은 장점을 지니고 있다. 하지만 그에 못지않은 한계를 안고 있다. 처음부터 1인자였기 때문이다. 2인자를 거치지 않은 1인자는 부하직원의 심리를 이해하지 못해 독선적 보스가 될 가능성이 크다. 2인자는 자신의 아래에 더 많은 구성원이 있다는 사실을 항상 기억해야 한다. 자신이 1인자가 됐을 때 그들을 이끌어야 할 수도 있다. 부하직원에게 존중받지 못하는 2인자는 오래가기 어렵다. 그러므로 2인자는 항상 부하직원들에게 관심을 기울여야 한다. 그들에게 어떤 상사로 비치는지 자신을 되돌아봐야 한다.

:: 2인자로 살아남기 ::

2인자는 상사도 만족시켜야 하고 부하직원들에게도 신뢰를 얻어야 한다. 그만큼 어려운 자리다. 그러면서도 드러나지 않는 자리다. 전면에 나서서도 안 되는 자리다. 그림자 같은 2인자가 조직에서 살아남아 성공하려면 어떻게 해야 할까? 송혜진 숙명여대 교수는 국가중요무형문화재였던 김명환 고수에 대해 이렇게 말하고 있다.

"'내 북에 앵길 소리가 없다'며 고자세로 소리판에 나서던 고수가 있었다. 국가중요무형문화재 반열에 오른 김명환 고수가 그중 한 사람이다. 그는 가수의 소리가 마음에 들지 않으면 추임새조차 넣어주지 않을 만큼 자부심이 엄청났다. 그러나 그는 쓸쓸히 세상을 떠났다. '가수 없는 고수'라 외로웠던 명고수. 그는 과연 '일고수'로서 행복감을 맛본 적이 있었을까? 뛰어난 역량을 제 본분에 맞게 잘 발휘해 비록 내가 돋보이지 않더라도 '판'을 성공하게 하는 명고수의 리더십이었다면 더 좋았을 것이라는 생각이 든다."

2인자는 고수처럼 보스가 리더십을 발휘해 조직을 성공적으로 이끌 수 있도록 '판'을 만들어주는 사람이다. 그러나 많은 2인자가 자신이 돋보이려는 실수를 저지른다. 보스에게 선택받지 못하는 2인자는 외로울 수밖에 없다. 당연히 조직에서 떨어져 나간다. 보스로 오를 기회조차 잃게 된다.

　또 하나 중요한 것이 있다. 2인자는 보스와 달라야 한다는 점이다. 그렇지 않은 2인자는 1인자의 축소판인 리틀 1인자일 뿐이다. 리틀 1인자가 2인자로 있는 조직은 효율이 떨어질 수밖에 없다. 1인자 처지에서도 그런 2인자는 조직 내에서 효용가치가 없다. 언제든지 내보낼 수 있다. 부하직원 처지에서도 마찬가지다. 1인자와 비슷한 2인자를 따를 리 없다. 그럴 바에는 1인자에 충성하는 것이 낫다. 지금까지 '리틀'이라는 칭호를 달았던 사람 치고 제대로 빛을 본 인물이 없다. 정계에서도, 재계에서도 마찬가지였다. 연예인 중에서도 데뷔 초 '리틀 이효리'라든가 '리틀 김태희'라는 타이틀로 반짝 관심을 끈 신인들이 있었다. 그중 지금까지 꾸준히 사랑받는 연예인이 있는가? 이효리라는, 김태희라는 원조가 여전히 사랑받고 있는 한 대중이 아류에 관심을 돌릴 리 없다. '리틀 김대중'이나 '리틀 김영삼'으로 불리던 정치인들도 사정은 비슷비슷했다.

　그래서 2인자는 자신만의 특징이 뚜렷해야 한다. 누구라도 저 사람이 있어야 조직이 완전해진다고 생각할 수 있어야 한다. 보스로서도, 부하직원으로서도, 조직 전체로서도 2인자를 필요로 해야 한다. 자신만의 전문성을 계발해야 1인자가 미처 다루지 못하는 영역을 세심하게 챙길 수 있다. 2인자가 작은 1인자일 뿐이라면 그 사람은 상품가치가 없다. 오케스트라에서 콘서트 마스터가 그런 2인자의 역할이 아닐까? 지휘자가 미처 챙기지 못하는 호흡을 맞추는 것이 콘서트 마스터의 역할이다.

조직에서 2인자로 있다면 무조건 1인자를 인정하고 존중해야 한다. 존경하지 않는 사람 밑에서는 오래 버틸 수 없다. 물론 2인자들이 자신의 보스를 스스로 선택하는 것은 현실적으로 어렵다. 내가 선택했다 하더라도 1인자의 모든 면을 존경하고 따르기가 쉽지 않다. 부부 사이에서도 배우자의 모든 면을 사랑하고 이해할 수 없는 노릇이다. 그런데 상사라고 해서 쉽게 되겠는가. 그래서 2인자의 핵심덕목은 희생과 헌신이다. 1인자를 위해서가 아니라 조직을 위해서, 혹은 사회를 위해서 1인자에게 헌신하는 것이다.

역사적으로 가장 본받을 만한 2인자로 조선시대 황희 정승을 꼽을 수 있다. 왕을 네 명이나 모셨다. 임금뿐만 아니라 다른 신하들로부터 깊은 신임을 받았다는 뜻이다. 그는 자신만의 명확한 역할을 가지고 임금을 보필했다. 임금 개인이나 자신의 부귀영화를 위해 헌신한 것이 아니었다. 국가, 사회, 백성을 위해 일했기에 위아래로부터 모두 신뢰를 받은 것이다. 아무리 그림자에 가려 있어도 2인자의 희생과 헌신은 보스는 물론 조직구성원 모두에게 알려진다. 그런 사람들만이 2인자로서 성공한다. 나아가서는 1인자로 가는 좁은 문도 통과할 수 있고 위대한 1인자로 기억될 수 있다.

4장
보스의 성과관리

보스의 임무는 조직의 목표를 달성하는 것, 곧 성과를 내는 것이다. 그 임무에 충실하기 위해 갖춰야 할 것들이 여럿 있다. 그러나 핵심은 적임자를 구하는 능력이다. 어떤 사업에서도 성과를 내기에 적합한 사람들로 조직이 이뤄져 있는지가 성과의 크기를 좌우한다. 물론 조직구성은 회사에 의해 정해지는 경우가 많다. 하지만 보스의 의지에 따라 상당히 큰 폭으로 바뀔 수 있다. 어떤 구성원을 어떻게 배치하고 누구에게 어떤 과제를 부여할 것인가 하는 문제는 기본적으로 보스의 영향권에 놓여 있기 때문이다. 당연한 말이지만 성과를 내려면 보스는 유능한 구성원을 만나야 한다.

16
왜 위임하지 못하는가

신임 보스들이 자주 고민하는 것이 있다. 그중 하나가 위임에 관한 것이다. 그들은 보스가 되기 전 대체로 이런 의문을 품어왔다.

'보스는 왜 저렇게 업무를 쥐고 놔주지 않나?'

그러면서 속으로 다짐해왔다.

'나는 보스가 되면 팀원들에게 내 업무를 과감히 넘기겠다.'

그러던 그가 정작 보스가 되면 달라진다. 부하직원에게 업무를 넘기는 것이 쉽지 않다는 사실을 깨닫는 것이다.

'이 업무는 내가 가장 잘 아니까 내가 해야 해. 이 업무는 중요하니까 내가 할 수밖에 없다. 이 업무는 굳이 내가 하지 않아도 돼. 하지만 맡길 만한 사람이 없네. 그냥 내가 하는 편이 마음 편할 거야.'

물론 직원들은 겉으로 아무런 의사표현을 안 한다. 그러나 눈빛을 보면 '왜 약속을 지키지 않느냐'고 따져 묻는 것 같다. 그래서 다시 직원들에게 넘길 것이 있는지 살펴본다. 하지만 정말로 넘길 수 있는 것이 거의 없다. 어떨 때는 '꼭 위임해야 하나'라는 생각도 하게 된다.

'위임이 중요한 게 아니라 성과가 중요하잖아? 위임은 수단에 불과한 거야. 내가 하면 더 좋은 성과를 낼 수 있잖아? 굳이 위임할 필요가 없는 것 아냐? 아니, 위임하면 안 되는 거잖아?'

상당수의 신임 보스들이 그렇게 '위임의 덫'에 걸려 있다. 보스가 되기 전에는 권한과 책임을 적극 넘겨야 한다고 생각해왔다. 주변에서도 약속이라도 한 듯 넘기라고 주문한다. 하지만 정작 무엇을 어떻게 넘겨야 하는지 갈피를 못 잡고 있는 것이다. 아니, 위임의 필요성에 대한 생각부터가 바뀐 것 같다. 도대체 뭐가 잘못된 것일까?

:: 성과 없는 위임은 무의미하다 ::

위임의 가장 큰 목적은 성과를 내는 것이다. 바늘을 혼자 만들면 온종일 스무 개밖에 못 만든다. 그러나 다음과 같이 하면 하루에 몇백 개도 만들 수 있다. 한 사람은 전체 공정을 챙긴다. 나머지는 철을 자르고, 끝을 날카롭게 갈고, 바늘귀를 뚫고, 포장을 한다. 일을 나누는 것이다. 보스에게 모든 권한이 집중돼 있으면 의사결정 과정은 길어질 수밖에 없다. 또한 보스가 모든 업무를 담당한다면 업무과다로 스트레스를 받기 쉽다. 천하의 제갈량도 촉나라를 혼자 짊어지다가 과로로 사망하지 않았는가? 그러므로 조직구성원이 조금씩 업무와 권한을 나누면 일이 훨씬 효율적으로 진행된다.

조직을 오케스트라에 비유하자면 보스는 지휘자다. 바이올린, 첼로, 플루트 등 각 파트의 연주를 모두 이끌어 음악 하나를 완성해야 한다. 그러나 지휘자 한 명이 많게는 마흔 명이 넘는 모든 연주자의 연주를 일일이 점검하기는 어렵다. 그래서 콘서트 마스터가 존재한다. 보통 제1바이올린 수석이 콘서트 마스터가 된다. 그는 지휘자의 손이 닿을 수 없는 세밀한 부분을 담당한다. 연주 전 오케스트라의 음을 조율하고 현악기의 보잉(활 긋는 방향)을 통일하는 것이 콘서트 마스터의 역할이다.

특히 연주 때는 지휘자의 지휘만으로는 박자를 맞추기 어렵다. 이 때문에 콘서트 마스터의 눈짓과 호흡이 매우 중요해진다. 콘서트 마스터가 통솔하기 어려운 각 파트의 미묘한 박자는 각 파트의 수석 몫으로 돌아간다. 음악을 만드는 지휘자의 권한 일부가 콘서트 마스터와 파트 수석에게 위임된 것이다.

위임의 효과는 효율성 개선뿐이 아니다. 보스의 업무와 권한을 함께 나눴다는 사실은 구성원들을 자극함으로써 구성원 모두가 성장하는 계기가 된다. 담당자에게 권한을 넘기면서 자연스럽게 교육과 훈련이 이뤄진다. 그런 과정을 지속하고 반복하면 조직원은 실무경험을 쌓고 한 단계씩 성장하게 된다. 오케스트라의 콘서트 마스터도 마찬가지다. 지휘자와 직접 소통하기 때문에 곡에 대한 이해도 풍부해진다. 또 오케스트라 단원들의 눈이 자신을 향하고 있으니 연습도 게을리할 수 없다. 바이올린 솔로도 콘서트 마스터가 연주한다. 결과적으로 자신의 연주도 한 걸음 더 나아가게 된다. 이렇게 권한 위임은 조직이 지속해서 성과를 창출하기 위해 보스가 쥐고 있는 권한을 현장으로 분산하는 것이다. 그 과정에서 조직원이 성장하며 성과도 좋아지는 선순환이 만들어진다.

:: 왜 권한과 책임을 넘기지 않는 것일까 ::

위임은 그렇게 효과적이다. 그래서 보스에게 끊임없이 요구된다. 보스 자신도 그 필요성을 잘 알고 있다. 그런데도 왜 보스는 부하직원들에게 권한과 책임을 넘기지 않는 것일까?

바로 말하면 위임할 수 없기 때문이다. 대부분은 위임은 안 하는 것이 아니라 못 하는 것이다. 제대로 된 보스라면 진심으로 업무와 이에 따른 권한을 넘기고 싶어한다. 그러나 답답하게도 현실은 그것을 어렵게 만든다. 위임할 여건이 갖춰지지 않았거나 준비가 돼 있지 않기 때문이다. 넘겨받을 자격이나 능력이 부족한 사람에게 권한과 책임을 넘기면 결과에 문제가 생길 수밖에 없는 것 아닌가?

보스는 다른 구성원보다 많은 경험을 쌓았다. 방대한 지식을 품고 있다. 그런 보스가 업무를 준비되지 않은 사람에게 넘긴다는 것은 말도 안 되는 얘기다. 성과를 책임지는 보스로서는 절대로 수용할 수 없다. 나도 사원일 때는 이런 생각을 많이 했다.

'상사들이 왜 저런 업무까지 직접 하고 있을까?' '넘기면 될 텐데 왜

붙들고 있는 걸까?'

그러나 사장이 돼 경영을 맡고 보니 생각이 반대로 들 때가 적지 않다.

'왜 저 업무를 위임하나? 저러다 문제가 생기면 어떻게 하려고 그러지?'

회사 업무 중에는 직원들이 보기에는 사소하지만 몹시 중요한 일이 많다. 예를 들어 내가 가장 중요하게 생각하는 업무 가운데 하나는 채용이다. 그래서 아직도 내가 직접 챙기고 있다. 물론 일부 직원은 회장이 평사원 채용까지 신경을 쓰는 것을 이해하지 못한다.

그동안 나도 채용업무에서 손을 떼기 위해 많은 시도를 했다. 그러나 얼마 지나지 않아 다시 참여하는 상황이 몇 번이나 재연됐다. 지금도 적임자만 나타난다면 언제라도 넘기고 싶다. 그러나 나는 당분간, 아니 한참 동안 채용업무를 다른 사람에게 맡기기 어렵다고 생각한다. 혹시라도 인재 발굴을 소홀히 해 회사의 경쟁력이 약화하는 것은 아닌가 하는 걱정 때문이다. 우리 회사 같은 컨설팅기업에서는 인재가 비즈니스의 성패를 좌우한다.

앞서 몇 차례 언급한 것처럼 얼마 전 내가 일하는 회사가 큰 혁신을 단행했다. 지금까지는 한 명의 컨설턴트가 고객기업 관리, 프로젝트 관리, 후보자 관리 등 프로젝트를 처음부터 끝까지 맡아왔다. 그런데 지금은 여러 명의 컨설턴트가 나눠 맡고 있다. 고객기업 관리는 부문장이나 시니어 컨설턴트가, 프로젝트 관리는 시니어 컨설턴트나 컨설턴트가, 그리고 후보자 관리는 컨설턴트나 주니어 컨설턴트인 어소

시에이트가 각각 나눠 담당하고 있다. 컨설팅 프로세스를 세분화해 단계마다 전담 컨설턴트를 배치함으로써 프로젝트의 완성도와 고객 만족도를 끌어올리기 위해서다.

그동안 회사 주요 프로젝트는 모두 경력이 어느 정도 쌓인 시니어 컨설턴트들이 이끌었다. 후발 컨설턴트들은 그것이 불만이었다. 자신도 충분히 한 프로젝트를 책임지고 끌고 나갈 수 있는데 기회를 많이 주지 않는다는 것이었다. 젊은 컨설턴트들은 언제쯤 프로젝트를 주도할 수 있을까 목을 빼고 기다렸다. 그런데 정작 시스템이 개편된 뒤 그들로 하여금 프로젝트를 주도하게 했더니 여기저기 구멍이 나타났다. 젊은 컨설턴트들의 역량이 아직 프로젝트를 주도할 만큼 성숙하지 못했던 것이다. 이 때문에 개편 초기에는 프로젝트 진행이 더뎠다. 기대만큼 완성도가 높지 않았다. 그래서 상당히 답답했다.

위임이 순조롭게 이뤄지려면 위임받을 사람이 역량, 경험, 지식 면에서 보스만큼 충분히 준비돼 있어야 한다. 만약 그렇지 못한 상태라면 보스가 위임을 결정하기 어렵다. 그런데 가끔 준비가 덜 된 상태에서도 넘기겠다고 나서는 보스가 있다. 이들이 굳이 위임을 강행하는 데는 두 가지 이유가 있다.

첫째는 교육훈련이다. 이 경우 보스는 자신이 직접 챙길 것이기 때문에 중간에 다소간 차질이 생겨도 최종 성과에는 큰 문제가 없을 것이라고 생각한다. 동물 다큐멘터리에는 어른 사자들이 새끼 사자들을 훈련하기 위해 작은 사냥감을 잡아 자식들에게 맡겨놓는 장면이 등장한다. 아기 사자가 잘못해서 사냥감을 놓치면 어른 사자들은 즉각 쫓아가서 다시 잡아온다. 보스들도 위임업무가 자신의 시야에 들어와 있기 때문에 잘못돼도 대처할 수 있다고 믿는다. 또 계속 지켜보고 있으므로 문제의 사전 예방도 가능하다고 생각한다.

물론 커리어케어가 젊은 컨설턴트들에게 프로젝트 관리권한을 넘긴 것은 단순히 교육훈련 차원만은 아니었다. 그러나 결과적으로는 그런 효과도 나타났다. 유능하고 의욕적인 컨설턴트들이라 새로운 도전을 금방 받아들였다. 선배 컨설턴트들도 조언과 충고를 아끼지 않았다. 덕분에 초기 혼란은 금세 정리됐다. 성과도 다시 정상궤도에 올랐다.

둘째는 보스가 판단능력이 떨어지거나 성과에 대한 책임감이 없을 때다. 즉 위임받을 사람이 준비를 갖추고 있다고 잘못 판단했거나 결과에 대한 책임을 외면하고 '태업성 위임'을 하는 것이다. 잘못 위임했다가는 성과에 큰 문제가 생길 위험이 있는 것을 뻔히 알고도 넘긴다는 것은 그만큼 성과에 관심 없다는 뜻이다. 말 그대로 업무회피다.

위임할 준비가 안 돼 있다는 것 외에도 보스가 위임을 망설이는 경우가 또 있다. 업무권한을 넘긴 후 본인이 할 일이 없어지거나 성과에 대한 영향력을 상실한다고 판단될 때다. 조직은 왕왕 보스에게 가장 중요한 일을 위임하라고 압력을 넣는다. 위임받으려는 사람도 권한과 역할이 큰 업무가 넘어오기를 원한다. 그러나 넘겨주는 사람은 업무를 위임하면 자기 입지가 심각한 손상을 입을 수 있다고 생각한다. 그런 상황에서 어떤 보스가 역할과 권한을 넘길 수 있겠는가?

이처럼 위임이 잘 안 되는 것은 의지나 희망과 무관하게 그 여건이 갖춰져 있지 않기 때문이다. 위임받을 사람도 위임할 사람도 준비돼 있지 않은 탓이다. 그러니 '대폭 위임'을 주문하는 것은 보스들의 귀에 공허하게 들릴 수밖에 없다.

:: 위임의 목적은 고객 만족이다 ::

리츠칼튼호텔은 중후한 내장과 외장, 우아한 분위기의 객실, 고급 레스토랑 등으로 투숙객들의 눈길을 사로잡고 있다. 그러나 리츠칼튼호텔의 단골들이 이 호텔을 선호하는 가장 큰 이유는 다른 데 있다. 바로 고객에 대한 세심한 배려다. 이 호텔에는 다음과 같은 규정이 있다.

"고객이 불만을 갖는 것이나 필요로 하는 것을 가장 먼저 눈치챈 사람이 본래의 직무와 관계없이 문제해결에 나서야 한다."

따라서 객실에 음료를 배달한 룸서비스 담당자라도 투숙객이 화장실 변기가 고장 났다고 말하면 책임지고 고쳐줘야 한다.

이 호텔의 고객 배려가 성공할 수 있었던 데는 권한 위임이 결정적 역할을 했다. 리츠칼튼호텔은 모든 직원에게 최고 2,000달러를 지출할 수 있는 권한을 주고 있다. 직원들이 고객의 불만사항을 접수하자마자 즉시 대응할 수 있도록 하기 위해서다. 직원들은 문제상황이 발생했을 때 상사에게 보고하거나 규정에 따를 필요가 없다. 본인 판단에 따라 그 자리에서 고객의 불편을 해소하면 그만이다.

최근 많은 기업이 리츠칼튼호텔처럼 '고객 만족'을 강조하고 있다. 기업들은 고객과 만나는 직원들에게 많은 권한을 위임하고 있다. 신속한 대응으로 고객을 만족하게 하는 것은 회사에 더 큰 이익을 가져다주기 때문이다. 중요한 것은 '모든 위임은 고객을 위한 것'이라는 점이다. 상사를 위해, 혹은 자신이 편하자고 위임하는 것이 아니라는 말이다.

이처럼 위임은 고객 만족도를 높이고 성과를 끌어올리는 목적을 위한 수단이다. 그런데 이 목적을 간과하는 보스들이 많다. 이 때문에 종종 위임이 명분이고 위임 자체가 목적이 되는 경우도 나타난다.

"능률의 문제는 위임할 수 있다. 하지만 효과의 문제는 위임해선 안 된다."

사후에도 여전히 뛰어난 경영학자로 권위를 인정받고 있는 피터 드러커가 한 말이다. 그가 말하는 능률이란 업무를 제대로 하는 것이다. 효과란 제대로 된 업무를 하는 것이다. 피터 드러커는 업무를 제대로 하기 위해 필요한 권한은 다른 사람에게 위임할 수 있고, 또 위임하는 것이 맞다고 믿는다. 그러나 제대로 된 업무를 하기 위해 필요한 권한은 지도자가 직접 행사해야만 한다고 생각한다.

동의한다. 기본적으로 위임은 업무의 효율성을 높여 성과를 키우기 위한 것과 관련돼 있다. 따라서 보스는 위임했을 때 효율성이 높아지는 것만 위임해야 한다. 그런데 가끔 '어떤 업무를 할 것인지 선택하는 것'까지 위임하려는 보스들이 있다. 무슨 일을 할 것인가에 관한 것은 절대로 위임할 수 없다. 위임해서도 안 된다. 만약 그런 위임이 이뤄진다면 그때는 이미 보스로서 자격과 지위를 잃었다고 봐야 한다.

위임이 성공하려면 보스가 지속해서 관심을 두고 여건을 조성해줘야 한다. 위임은 자신의 업무를 처리하도록 권한을 부여하는 것이다. 그렇지만 책임까지 완전히 넘기는 것은 절대 아니다. 위임된 업무의 성과에 관한 책임은 위임받는 사람에게만 있는 것이 아니다. 위임한 사람에게도 그대로 남아 있다. 따라서 위임한 보스는 성과에 대해 공동책임을 갖기 때문에 위임한 업무가 잘 진행되고 있는지 지속해서 챙겨야 한다.

몇 년 전 국내 한 IT회사가 외국계 회사 CFO 출신을 부사장으로 영입했다. 그는 9월부터 이듬해 경영계획을 짜기 시작했다. 먼저 CEO로부터 내년 계획수립에 관한 지침을 받았다. 그런 다음 이를 토대로 사업본부별 목표를 설정한 뒤 본부장들과 협의에 들어갔다. 부사장으로부터 목표를 부여받은 본부장들은 이를 부서별로 쪼갠 다음 부서장들과 협의를 했다.

그런데 그 과정에서 이견이 드러나 격론이 벌어지기도 했다. 일부 부서장이 본부장이 부여한 부서목표에 강한 이견을 제시한 것이다. 본부장은 다시 부사장과 협의해야 했다. 부사장은 본부장의 의견을 수렴해 최고경영자와 재협의했다. 이런 식으로 오르내리기가 수없이 진행됐다. 그렇게 연말이 다 돼서야 회사 전체, 본부별, 부서별 목표에 관한 내부 합의가 이뤄졌다. 이런 식의 목표설정 과정이 회사의 사장을 상당히 힘들게 했던 모양이다. 전체 과정이 끝난 뒤 사장은 그간의 어려움을 이렇게 털어놓았다.

"넉 달 동안 진행된 그 과정이 너무 번거롭고 지치게 했다. 그래서 꼭 그렇게 해야 하나 하는 생각이 들기도 했다."

그러나 그는 결과에 대해 만족감을 표했다.

"회사의 모든 임직원 사이에서 현 상황과 내년 계획에 대한 공감대가 만들어졌다. 본부장과 부서장들이 성과에 대한 책임의식을 갖게 됐다."

나도 몇 년 전부터 똑같지는 않지만 비슷한 방식으로 새해 계획을 짜고 있다. 그런데 시행 초기에는 자신의 역할이 무엇인지를 잘 모르는 것 같은 간부들이 적지 않아 당혹스러웠다. 부문장들에게 부문목표를 가져오라고 하면 어떤 부문장은 부문구성원들이 각자 목표로 삼은 것을 단순히 합산해 부문목표로 제출하곤 했다. 본부장도 사정은 비슷했다. 부문장들이 제출한 숫자를 더해서 본부목표로 제시했다. 내가 바란 것은 구성원들 목표의 단순한 합이 아니었다. 보스 스스로 책임질 수 있는 목표였다. 당시 부문장들은 구성원들에게 스스로 목표를 정하도록 했다. 그러나 부서원의 목표, 부서장의 목표를 합한 것과 자신이 부서나 본부를 이끌고 달성하려는 것은 전혀 다른 개념이다. 부문장이나 본부장은 각자 자기가 맡은 조직의 성과를 책임지는 사람이다. 그런데 그때만 해도 일부이기는 하지만 성과관리 책임에 대한 이해가 상당히 부족했던 것 같다.

위임은 방임이 아니다. 업무와 권한을 넘겼으니 나 몰라라 하는 자세는 잘못됐다. 권한을 넘겼으니 내 권한이 줄어드는 것도 아니다. 내 권한이 위임받은 사람에게까지 확장된 것이다. 보스가 모든 권한을 쥐고 있을 때는 업무에 대해 직접적 책임을 진다. 반면, 권한을 위임한 뒤에는 그 권한을 위임받은 사람까지 책임을 져야 한다. 따라서 담당자가 실수하면 그 실수를 바로잡고 교육해야 할 책임과 의무가 위임한 사람에게 새로이 발생하는 것이다.

오케스트라에서 콘서트 마스터의 실수로 바이올린 파트가 박자를 제대로 못 맞춰 전체 음악이 흐트러졌다면 그 책임은 누구에게 있을까? 일차적 책임은 콘서트 마스터에게 있다. 하지만 오케스트라를 대표해서 비판을 받고 음악을 다시 제대로 만드는 책임은 전적으로 지휘자에게 있다. 또한 콘서트 마스터가 같은 실수를 반복하지 않도록 다시 대화하는 것도 지휘자의 몫이다. 지휘자는 결코 "바이올린 파트의 박자는 콘서트 마스터 책임이라 나는 모르는 일"이라고 말하지 않는다.

보스는 위임받은 담당자와 함께 업무에 대한 연대책임을 진다. 혹시 상사가 당신에게 어떤 업무에 대해 물어봤을 때 "그 일은 김 부장에게 위임한 일이라 잘 모르겠습니다"라고 대답하는가? 그렇다면 당신은 보스로서 자격이 없다. 챙길 수 없다면, 책임질 수 없다면 차라리 위임하지 말아야 한다.

:: 제대로 위임하라 ::

그렇다면 어떻게 위임해야 하는가? 가장 자연스러운 위임은 정말 바빠서 어쩔 수 없이 업무가 넘어가는 경우다. 보스가 바쁘면 가장 덜 중요한 일, 넘겨줘도 성과에 큰 문제가 없는 일, 넘기면 성과가 더 개선될 일부터 차례로 부하직원에게 넘어가게 된다. 위임을 위해 가장 중요한 업무를 억지로 넘기는 것은 성공하기 어렵다.

앞서 위임이 안 되는 이유 중 하나를 말했다. 위임하고 나면 보스 자신이 할 일이 없어지기 때문이라는 것이다. 그 업무를 빼고는 별로 할 일이 없는데도 억지로 그 업무를 위임하면 일이 없는 보스는 자연스럽게 위임한 업무를 간섭하게 된다. 새로운 역할을 찾기 어렵거나, 다른 업무가 충분하지 않은 상태에서의 위임은 십중팔구 실패로 끝나게 마련이다.

경영권 분쟁, 그중에서도 특히 부자간 분쟁이 일어나는 것도 사정은 비슷하다. 우리 주변엔 부모가 자식에게 회사의 경영권을 물려준 뒤 자식이 본격적으로 경영권을 행사하면 자식과 갈등을 빚는 경우가 적지 않다. 부모가 새 역할을 찾지 못했기 때문이다. 그러다 보니 경영일선에서 물러났다는 아버지가 아들 사장이 상대하는 임원들을 같이 만나는 기현상이 벌어진다. 같은 임원들에게 두 사람의 지시가 내려가는 것이다. 그러니 충돌은 당연한 결과인지도 모른다.

이에 반해 LG의 구자경 전 회장과 구본무 현 회장 사이에는 어떤 갈등도 없는 것처럼 보인다. 그 이유는 구자경 명예회장이 경영에서 완전히 손을 뗀 뒤 교육과 사회사업에서 자신의 역할을 새로 설정했기 때문이다. 그는 LG연암문화재단 이사장으로 자리를 옮겨 기초산업분야의 전문가 육성과 대학 교수 국외 연구활동 지원에 주력하고 있다. 또 LG복지재단을 통해 어린이집 건립 기증과 저신장 어린이 성장호르몬 지원 등 소외계층 지원사업을 펼치고 있다.

이렇듯 위임이 성공하려면 위임한 업무를 통해 조직운영에 참여하는 것을 중단해야 한다. 조직의 성과에 이바지할 수 있는 다른 방법을 찾아야 한다. 만약 내가 권한과 업무를 넘긴 뒤에도 끝내 새로운 역할을 찾지 못한다면? 그 업무는 보스의 핵심업무일 가능성이 크다. 피터 드러커가 말한 효과의 문제이자 보스 존재의 본질에 가까운 업무일 수 있다. 당연히 위임할 수도 없고 위임해서도 안 된다.

마지막으로 보스가 부하직원들에게 위임했더라도 그 일들이 어떻게 돌아가는지 몰라서는 안 된다. 앞서 이야기한 것처럼 위임은 효율을 높이기 위해 권한을 넘긴 것에 불과하다. 책임까지 넘긴 것은 아니다. 따라서 보스는 부하직원이 위임받은 업무를 잘 수행할 수 있도록 도와야 한다. 위임받은 사람이 간섭받고 있다는 느낌을 받지 않는 방법으로 위임업무의 진행상황을 챙겨야 한다.

물론 보스로서는 내버려두기도 어려운 데다가 그렇다고 개입할 수도 없는 답답한 상황에 부닥칠 수도 있다. 그때 중요한 것이 위임한 보스와 위임받은 부하직원의 신뢰관계다. 앞서 말한 대로 신뢰관계의 핵심은 정보공유다. 정보를 공유한다는 것은 신뢰를 유지하고 있다는 징표다. 사전에 정보를 주고 충분히 협의할 수 있는 공간이 생긴다면 위임은 성공할 수 있다. 그러나 정보가 차단되거나 독점되는 상태에서는 신뢰가 숨을 쉬기 어렵다.

권한 위임의 중요성은 아무리 강조해도 지나치지 않다. 모든 권한을 보스 혼자 쥐고 있을 수는 없다. 그렇다고 보스의 본질적 권한까지 위임하는 것은 목적을 잃은 위임일 뿐이다. 위임의 목적은 언제까지나 고객을 만족하게 해 성과를 높이려는 것이다. 성과개선의 한 수단

일 뿐이다. 성과를 내는 위임이야말로 진정한 위임이다. 따라서 '어떻게 위임할 것인가'가 아니라 '어떻게 성과를 낼 것인가'부터 고민해야 한다. 후자에 대한 답을 찾다 보면 전자에 대한 답은 자연스럽게 나타난다.

17
성과의 절반은
이미 결정돼 있다

얼마 전 한 다국적 기업이 한국에 신규 사업부문의 글로벌본부를 세우기로 했다. 그런 다음 우리 회사에 그 부문을 이끌 책임자를 추천해달라고 요청해왔다. 우리 회사의 글로벌사업본부 컨설턴트들이 그 프로젝트를 맡아 진행했다. 다행히 적임자를 금방 찾을 수 있었다. 그런데 그 후보자는 일반 대학이 아니라 미국육군사관학교, 즉 웨스트포인트 출신이었다. 나는 다국적 기업이 그에 대해 어떤 반응을 보일지 궁금했다. 그래서 미국 시민권자로 그곳 사정을 잘 아는 한 금융회사의 CEO에게 물었다. 대답은 명쾌했다.

"미국인들은 동부 명문사립대학들인 아이비리그 출신이라면 똑똑할 것으로 생각한다. 그에 비해 육군사관학교 출신이라면 똑똑한 것은 물론이고 정신과 신체가 모두 건강할 것으로 생각한다. 지知, 덕德, 체體를 겸비했을 것으로 생각하는 것이다. 그만큼 모든 면에서 우수하고 믿을 만한 사람이라는 말이다."

그가 전해준 미국육군사관학교 출신에 대한 미국인들의 평가는 내 예상을 훨씬 웃돌았다.

'왜 그렇게 평가가 좋을까?'

이번에는 다른 궁금증이 생겼다. 그래서 미국육군사관학교 출신이 왜 그렇게 좋은 평가를 받는지 본격적으로 취재에 나섰다. 취재가 끝날 무렵 나는 금융회사 CEO가 전해준 평가를 이해할 수 있었다. 그리고 한편으로 '미국육군사관학교의 학생 선발과정을 고려할 때 한국의 고위공직자 검증과정은 참 한심한 수준이구나'라는 생각을 지울 수 없었다.

미국육군사관학교에 가려면 먼저 하원의원이나 상원의원 혹은 부통령의 추천서를 받아야 한다. 하원의원은 두 명까지, 상원의원은 그보다 좀 더 많이, 부통령은 무제한 추천이 가능하다. 그런데 학교 당국에서 추천된 후보자들의 행보를 조사해 이를 토대로 의원의 추천 인원을 조정하기 때문에 의원들은 추천에 신중을 기한다. 대체로 의원들은 추천위원회를 구성해 추천 후보자들을 결정하고 있다. 후보자가 추천되면 각 지역에 있는 그 학교 출신 선배들이 직접 후보자를 인터뷰한다. 몇 명의 선배들로 구성된 인터뷰팀은 후보자의 집을 직접 방문해 후보자뿐 아니라 부모까지 인터뷰한다. 그 과정에서 후보자의 생활환경, 교육환경, 성장과정, 가치관 등에 대한 꼼꼼한 조사가 이뤄진다. 인터뷰가 끝나면 상당히 강도가 센 체력검사가 진행된다. 학교 당국은 추천서, 방문인터뷰, 체력검사의 3개 자료와 고등학교 성적 등 관련 자료들을 토대로 입학생을 선발한다.

미국육군사관학교는 2008년 『포브스』 선정 미국 대학교 순위에서 프린스턴, 칼텍, 하버드, 스와스모어, 윌리엄스에 이어 6위를 차지했다. 미국육군사관학교가 이렇게 좋은 평가를 받는 것은 기본적으로 학생들이 우수하기 때문이다. 앞서 설명한 대로 까다로운 선발과정을 통과했기 때문에 미국육군사관학교 학생들은 잠재역량이 뛰어난 인재들인 셈이다. 그런 인재들이 4년간 체계적인 교육훈련을 받고 장교로 임관해 부하를 지휘하고 전투를 수행하는 경험까지 쌓는다. 그래서 웨스트포인트 출신에 대한 미국사회의 평가가 높을 수밖에 없다. 앞서 소개했던 다국적 기업도 미국육군사관학교 출신의 후보자에 대해 매우 긍정적인 반응을 보였다. 얼마 지나지 않아 그를 글로벌본부의 책임자로 결정했다.

:: 당신은 '사람 낚는 어부'인가 ::

보스의 임무는 조직의 목표를 달성하는 것, 곧 성과를 내는 것이다. 그 임무에 충실하기 위해 갖춰야 할 것들이 여럿 있다. 그러나 핵심은 적임자를 구하는 능력이다. 모든 사업에선 기본적으로 성과를 내기에 적합한 사람들로 조직이 이뤄져 있는지가 성과의 크기를 좌우한다. 물론 조직구성은 회사에 의해 정해지는 경우가 많다. 하지만 보스의 의지에 따라 상당히 큰 폭으로 바뀔 수 있다. 어떤 구성원을 어떻게 배치하고 누구에게 어떤 과제를 부여할 것인가 하는 문제는 기본적으로 보스의 영향권에 놓여 있기 때문이다. 당연한 말이지만 성과를 내려면 보스는 유능한 구성원을 만나야 한다.

10여 년 전 서울 강남의 한 음식점에 어떤 남자가 찾아왔다. 어떻게 알고 찾아왔는지 모르지만 그는 그 음식점에 관한 정보를 갖고 있었다. 그는 3만 원짜리 차림으로 식사를 마친 뒤 주인을 불러 물었다.

"10만 원짜리 차림을 만들 수 있겠습니까?"

주인은 "물론 가능합니다"라고 대답했다. 그러자 그 남자는 날짜를 정한 다음 음식점을 나섰다. 약속한 날 그 남자는 정확하게 음식점에 나타났다. 상에 오른 반찬은 전보다 훨씬 먹음직스러웠다. 식사를 맛있게 한 뒤 주인을 다시 불렀다.

"식사 잘했습니다. 그런데 30만 원짜리 상을 차려주실 수 있습니까?"

주인은 잠시 손님을 쳐다보더니 이내 "해보겠다"고 말했다. 이번에도 손님은 날짜를 정한 뒤 떠났다. 약속한 날 그는 전과 달리 다른 사람과 함께 나타났다. 방에는 정말 푸짐한 상이 차려져 있었다. 잉어 크기만 한 조기, 소 눈알만 한 꼬막 등 10만 원짜리 차림과는 확실하게 차이가 있었다. 두 사람은 만족스럽다는 표정을 지어가며 맛있게 먹었다. 식사가 끝나자 그들은 주인을 다시 불러 일주일 뒤 100만 원짜리 상을 차려달라고 부탁했다. 깜짝 놀란 주인이 한참을 머뭇거리자 "부탁한다"며 자리를 떴다. 일주일 뒤 그곳을 찾은 사람은 내로라하는 재벌그룹 회장 일행이었다.

재미있는 것은 각 상의 차이였다. 상에 올라온 음식은 종류에서 별 차이가 없었다. 한두 개를 빼놓고는 모든 상의 음식 종류가 같았다. 달라진 것은 음식의 재료였다. 각 상에 올라온 생선은 모두 조기였다. 하지만 크기는 비교가 안 됐다. 100만 원짜리 상에 놓인 조기는 조금 과장해 팔뚝만 했다. 송이버섯은 금방 따왔는지 향이 진동했다. 참치회는 어떻게 구했는지는 몰라도 최고급 참치인 참다랑어의 뱃살 부위가 틀림없었다.

음식값은 그렇게 요리가 아니라 재료에 따라 결정됐다. '음식은 재료'라는 말은 분명 일리가 있다. 아무리 일류 요리사라도 재료가 부실하면 좋은 음식을 만들기 어렵다. 그래서 유능한 요리사는 재료를 찾아 전국, 아니 세계 곳곳을 헤맨다.

성과도 마찬가지다. 기본적으로 성과는 조직이 어떻게 짜여 있느냐가 결정한다. 그런 점에서 나는 보스의 핵심능력은 '적임자'로 팀을 꾸리는 것이다. 목표를 달성하는 데 꼭 필요한 사람으로 조직을 구성하는 능력이라고 생각한다. 모든 일은 궁극적으로 사람이 한다. 성과를 내려면 자본도 기술도 시스템도 중요하다. 하지만 그런 것들을 만들고 운영하는 것은 사람이다. 그것들을 결합해 상품을 만들거나 서비스를 제공하는 것도 사람이다.

그런데 많은 보스가 조직을 최대한 효율적으로 가동해 성과를 늘리는 데만 집중한다. 조직 자체를 바꾸려는 노력은 하지 않는다. 본인이 보스가 되기 전 짜인 조직을 어떻게 잘 운영해 일에 매진하게 할 것인가에만 관심을 쏟는다.

제2차 세계대전 중 아프리카의 한 군수 관련 회사가 각 팀장에게 비밀리에 특수임무를 부여했다.

"일주일 뒤에 사하라 사막을 통과해 주요 도시 부대에 물건을 배달하라."

어떤 팀장은 차의 엔진오일을 보충하고 타이어의 압력을 조절하는 등 자동차의 성능을 최상으로 끌어내려고 노력했다. 다른 팀장은 물과 식량을 확보하고 한낮 더위와 야간 추위에 대비해 에어컨과 담요 등을 꼼꼼히 챙겼다. 그러나 생각이 있는 어떤 팀장은 사막횡단 경험이 풍부한 전문가부터 수소문했다. 그 전문가의 조언을 받아 사막횡단 배달을 잘할 수 있는 사람으로 팀을 재구축했다. 차도 그들이 원하는 것으로 아예 바꿨다.

어떤 일을 추진하려거든 가장 먼저 그 일에 맞게 조직을 재구성해야 한다. 그 일을 가장 잘할 수 있는 사람을 찾아내야 한다. 조직 내에 없다면 영입을 추진해야 한다. 그렇게 해서도 찾지 못하면 기존 구성원들이라도 업무가 가장 잘 수행될 수 있도록 재배치해야 한다. 자금, 기술, 장비는 그다음 문제다. 적임자가 팀에 들어오면 웬만한 것은 그들이 알아서 처리할 것이다. 보스는 그들이 일을 잘할 수 있도록 도와주면 된다.

:: 인재 확보에도 연습이 필요하다 ::

보스는 혼자 일하는 사람이 아니다. 부하직원 없이는 존재할 수 없다. 유능한 부하직원, 적합한 구성원을 곁에 두는 것이 일차적 과제다.

그러려면 인재에 관해, 그리고 부하직원에 관해 끊임없이 관심을 두고 주의를 기울이고 연습해야 한다. 인재 확보도 보스의 다른 자질과 마찬가지로 연습하고 훈련을 받지 않으면 어렵다.

어떤 신문사에 유난히 사람 욕심이 많은 부장이 있었다. 인사 때마다 유능한 사람을 끌어모으기 위해서 만날 싸웠다. 자기 의견이 관철되지 않으면 결근투쟁도 불사했다. "유난 떤다"는 비판과 "자기만 생각한다"는 비난이 쏟아졌다. 하지만 그는 이에 아랑곳하지 않았다. 모든 방법을 동원해 자기 팀을 역량 있는 기자들로 구성했다. 그런 기자들이 모였으니 그 부서가 내놓는 기사가 빛나지 않는 것이 이상했다. 업무완성도에 대한 부장의 기대치가 높아 때로는 기자들이 피로감을 느끼기도 했다. 하지만 많은 젊은 기자가 그 부서에 가고 싶어했다. 그는 인사 때마다 주요 부서를 맡았다. 편집국장 후보 물망에도 올랐다.

반면에 어떤 부장은 사람 욕심이 별로 없었다. 인사 때면 편집국장을 편하게 해줬다. 항상 "누구라도 좋다"는 입장을 유지했기 때문이다. 자신의 능력을 믿었던 그는 '조금 모자라도 가르쳐서 쓰면 된다'고 생각했다. 그의 업무능력은 편집국에서 몇 손가락 안에 들 정도로 좋은 평가를 받고 있었다. 그러나 업무성과는 그리 만족스럽지 않았다. 그가 낸 성과는 대부분 본인의 아이디어에서 출발한 것이었다. 구성원들은 부장의 계획을 따라가느라 바빴다. 그는 개인능력만 보면 탁월한 부장이었다. 하지만 기자들은 그를 편집국장감이라고 생각하지 않는 듯했다. 그의 밑에서 일하기를 원하는 기자도 별로 없었.

"아무나 뽑아서 훈련해서 쓰면 된다."

간부가 할 수 있는 말이 아니다. 해서도 안 될 말이다. 사람은 잘 변하지 않는다. 아니, 변하기는 하지만 오랜 시간에 걸쳐 천천히 변한다. 따라서 교육훈련을 통해 사람을 바꾸려면 큰 비용과 많은 시간을 투입해야 한다. 이 때문에 "훈련해서 업무를 맡기겠다"는 것은 효율을 추구하며 성과를 내야 하는 보스의 자세는 아니다. 정말로 단기간에 교육으로 적임자를 양성해낼 수 있다면 그 많은 헤드헌팅회사가 어떻게 존재할 수 있겠는가?

우리 회사에는 채용담당 부사장이 한 분 있다. 대기업도 아닌 회사에 채용담당 부사장을 두는 것은 드문 일이다. 부사장뿐만 아니라 나도 내 시간의 상당 부분을 채용에 투자한다. 다른 회사도 마찬가지겠지만, 헤드헌팅회사에서는 컨설턴트가 핵심자산 중 하나다. 내 업무에서 채용이 우선순위가 높은 것은 당연하다.

나는 '헤드헌팅업의 본질은 고객기업에게 차별적 가치를 만들어내는 핵심인재의 정보를 제공하는 것'이라고 생각한다. 그러려면 그 정보를 분석하고 도출하는 컨설턴트의 역량이 뛰어나야 한다. 업무 특성상 우리 회사는 신입사원을 거의 뽑지 않는다. 대부분 현업에서 일정한 경험을 쌓은 사람들을 컨설턴트로 채용한다. 그들은 이미 자신만의 스타일이 견고하게 형성돼 있다. 그렇기 때문에 교육훈련으로 바꾸는 데는 한계가 있다. 따라서 선발기준을 엄격하게 적용할 수밖에 없다. 자칫 잘못 채용하면 회사와 직원 모두 불행해질 수도 있다. 그래서 부사장이 채용을 주관하고 회장인 나도 거들고 있는 것이다.

아무리 작은 조직이라도 보스는 인재에 관한 관심을 소홀히 해서는 안 된다. 이렇게 반문하는 사람도 있을 것이다.

"조직이 이미 구성돼 있는데 어떻게 유능한 직원을 끌어모으느냐?"

인사권도 없는데 적임자로 팀을 구성하기는 어렵다는 말이다. 물론 안다. 하지만 불가능한 것은 아니다. 보스는 모든 것을 총동원해서 결과를 만들어내는 사람이다. 바꿀 수 있는 것은 다 바꿔서라도 성과를 만들어야 한다. 조직구성원은 자기 뜻대로 바꿀 수 없다고 많이들 생각한다. 하지만 해본 사람은 어떻게든 바꿀 수 있다는 것을 안다.

팀의 구성원들과 목표를 공유한 뒤 역할을 나눠 업무를 진행해보면 팀원들에 대한 평가가 금방 이뤄진다. 적임자도 있고 부적격자도 있을 것이다. 조금만 가르치면 되는 사람도 있고 역할을 바꾸면 성과를 낼 수 있는 사람도 있을 것이다. 반면 도저히 구제불능인 경우도 있게 마련이다. 그러면 이런 분석과 평가를 토대로 조직을 재구성하라. 구성원들을 설득해 배움의 기회를 주거나 보직을 바꿔보라. 그리고 상사에게 구성원을 교체하게 해달라고 요청하라. 적임자를 찾아내서 팀에 합류시켜라. 말처럼 쉬운 작업이 아니라고? 그것은 삼척동자도 잘 안다. 그렇지만 해야 한다. 그게 보스의 책임이다. 적임자는 어떻게 해야 찾아낼 수 있을까? 아니 그 전에 내 팀의 구성원이 적임자인지 어떻게 파악할 수 있나?

당연히 거기에도 연습이 필요하다. 마이크로소프트의 창업자인 빌 게이츠는 사람들을 만날 때마다 그 사람의 장점을 찾아 메모했다. 이를 바탕으로 인재들을 적재적소에 배치했다. 빌 게이츠처럼 적임자를 찾으려면 관찰하는 수밖에 없다. 개개인의 업무스타일을 자세히 지켜보는 것도 한 방법이다. 메일은 어떻게 쓰는지, 보고서는 어떻게 작성하는지, 상사의 피드백은 어떻게 받아들이는지, 동료와 커뮤니케이션은 어떻게 하는지 등을 파악해야 한다. 이렇게 해서 어떤 직원이 적임자라는 확신이 들면 최대한 자기 곁에 둬야 한다. 그렇게 적임자로 하나 둘 조직을 채우다 보면 성과는 저절로 난다. HP의 공동설립자인 데이비드 패커드는 이렇게 말했다.

"어떤 회사도 성장을 실현하고 나아가 위대한 회사를 만들어갈 적임자들을 충분히 확보하는 능력 이상으로 수입을 줄곧 빠르게 늘려갈 수는 없다."

그러면서 이렇게 단언했다.

"수입증가율이 종업원증가율을 줄곧 앞지른다면 당신은 절대로 위대한 회사를 만들 수 없다."

『좋은 기업을 넘어 위대한 기업으로』라는 책의 저자로 잘 알려진 짐 콜린스는 '패커드 법칙'으로 불리는 데이비드 패커드의 주장에 공감을 표시하면서 이렇게 말했다.

"회사를 경영하고 물건을 판매하는 것은 결국 인간이기 때문에 좋은 인재를 얻는 것이 회사의 최고 전략이다."

:: 인재가 따라다니는 보스 ::

조직은 보스의 크기만큼 커지고 인재는 보스의 그릇만큼 들어온다. 조직은 결국 보스의 얼굴이다. 따라서 어떤 조직에 인재가 없다면 조직의 보스는 자신을 의심해봐야 한다. 혹시 유능한 인재가 내 말을 들을 것 같지 않아서, 나와 생각이 다를 것 같아서, 자기 주장만 강할 것 같아서 그 인재를 받아들이지 않았거나 내보낸 것은 아닐까? 찬찬히 생각해볼 일이다. 열심히 우수한 인재를 확보하려고 노력하는데도 인재가 당신 팀에 들어오지 않는가? 그렇다면 당신에게 문제가 있는 것이다.

보스들이 인재를 구하지 못하는 이유 중 하나가 자기를 걸지 않아서다. 내가 소화한 나만의 비전으로 설득하고 권유해서 인재를 끌어들여야 한다. "날 믿고 들어오라"고 해야 한다. "같이 해보자"고 강하게 설득해야 한다. 당신의 진심을 걸고 끈질기게 노력해야 한다. 만약 당신이 하는 이야기가 진정성이 있고 믿음을 준다면 적임자를 찾아내 합류시키는 것은 전혀 불가능한 것이 아니다.

어떤 사람이 맡는 팀은 무조건 성과가 난다고 입소문이 나면 부하 직원들은 자연히 그 보스를 따라간다. 2002년 한일월드컵 당시 대한민국 대표팀 감독이었던 히딩크는 축구 변방이었던 대한민국을 단숨에 4강까지 끌어올렸다. 월드컵이 끝난 뒤에는 모국인 네덜란드로 돌아가 프로구단인 에인트호번의 감독을 맡게 됐다. 그러자 월드컵 4강의 주역이었던 이영표 선수와 박지성 선수가 다른 명문구단의 러브콜을 뿌리치고 히딩크를 따라갔다. 에인트호번으로 이적한 것이다. 히딩크가 애를 써서 영입한 것이 아니다. 그들 스스로 유능한 보스를 찾아 팀을 옮긴 것이다.

:: 드림팀을 구성하라 ::

인터넷 공간에서 가끔 우리나라 역사 속 인물들을 뽑아 '한국의 드림팀'을 만들면 좋겠다는 글들을 볼 수 있다.

"과학기술부 장관은 장영실, 국방부 장관은 광개토대왕, 해군참모총장은 이순신, 국토해양부 장관은 김정호……."

뭐, 이런 식이다. 물론 웃자고 하는 얘기다. 하지만 가볍게 넘기기에는 뭔가 '간절한 희망' 같은 것을 느끼게 된다. 정말 대한민국을 이끄는 조직이 그렇게 구성된다면 얼마나 좋을까? 상상만 해도 신이 날 정도다. 마찬가지다. 당신이 각 분야에서 가장 뛰어난 사람들을 모은다면 당신 조직은 얼마나 대단한 성과를 올릴 수 있겠는가? 그 조직의 보스인 당신에 대한 평가는 얼마나 달라지겠는가? 나는 자신이 맡은 조직의 성과가 시원찮다고 불평하는 보스들에게 이렇게 묻고 싶다.

"진정한 드림팀을 구성했는가?"

제갈량이 울면서 마속의 목을 쳤다는 '읍참마속' 고사는 『삼국지』에서 자주 인용되는 일화 중 하나다. 유비는 죽기 전 제갈량에게 이렇게 충고했다.

"마속은 절대 장군으로 쓸 만한 인물이 아니다."

그러나 제갈량은 위나라 사마의가 이끄는 군대를 상대하는 가정전투를 마속에게 맡겼다. 마속은 전과에 눈이 멀어 제갈량의 지시를 어기고 산 높은 곳에 진을 쳤다. 위나라 군대는 산을 에워싸고 물을 끊어버리는 전략으로 맞대응했다. 그 바람에 마속은 군사 2만을 잃고 대패해 겨우 목숨만 건졌다. 이에 제갈량은 책임을 물어 마속의 목을 쳤다. 그리고는 스스로 3단계 강등함으로써 병사들에게 사과했다. 대의를 위해서라면 측근이라도 가차 없이 문책하는 권력의 공정성과 과단성을 일컫는 사례로 자주 인용되는 일화다. 그런데 나는 읍참마속을 다른 측면에서 해석하고 싶다.

가정전투의 패배는 근본적으로 사람을 잘못 쓴 제갈량의 잘못이었다. 제갈량은 유비의 유언과 장수들의 반대에도 자신의 친구이자 참모였던 마량의 동생 마속을 대장으로 임명했다. 마속은 똑똑했다. 하지만 전투경험이 많지 않아서 사마의를 상대하기에는 역부족이었다. 그럼에도 제갈량은 사사로운 감정 때문에 마속을 중용하는 잘못을 범했다. 그래서 비판자들은 이렇게 지적하기도 한다.

"제갈량이 마속의 목을 친 것은 자신의 잘못을 감추기 위한 고도의 전술이다."

가정전투 패배로 촉나라는 급속히 기울기 시작했다. 장군 한 명 잘못 임명한 것이 한 나라의 쇠퇴라는 엄청난 결과를 가져온 것이다.

춘추전국시대 유명한 말 감정가였던 백락은 이렇게 말했다.

"험한 산길을 오가며 짐을 나르는 데는 나귀가 제일이다. 전쟁에 임하는 장수에게는 지치지 않는 천리마가 제일이다. 천천히 유람하는 데는 조랑말이면 충분하다."

조직의 보스도 마찬가지다. 보스가 세운 목표에 따라 적임자도 달라져야 한다. 시간 싸움이 중요하다면 업무를 신속히 처리할 줄 아는 사람이 적임자다. 매출을 더 늘려야 한다면 영업능력이 뛰어난 사람이 적임자일 것이다. 팀장은 그가 팀을 꾸리는 것만으로도 금방 평가가 가능하다. 내가 팀장을 평가하는 핵심기준 역시 '적임자로 팀을 꾸리고 있는가'다. 드림팀을 구성하면 성과는 자연스럽게 따라온다. 반대로 당장 성과만 보고 기존 구성원을 활용하려 한다면 장기적 성과를 기대하기 어렵다.

당신이 조직의 책임자로 임명된다면 우선 부하직원부터 점검하라. 그들이 적임자인지, 적임자가 아니라면 훈련해서 적임자로 만들 수 있는지 판단해야 한다. 만약 조직 내에 적당한 인물이 없다면 최대한 빨리 적임자를 찾아내서 조직에 합류시켜야 한다. 당신이 할 일은 급하게 업무에 뛰어드는 것이 아니다. 조직부터 점검하고 재구성하는 것이다. 당신의 목표와 전략에 맞게 '당신만의' 조직을 만들어야 한다. 그것이 성공하면 이미 목표의 절반 이상은 달성한 것과 마찬가지다.

『전국책』에 이런 구절이 있다.

"세유백락연후世有伯樂然後 유천리마有千里馬."

직역하면 백락이 있어야 천리마도 있다는 뜻이다. 아무리 뛰어난 재능이 있어도 백락처럼 알아봐 주는 사람이 없으면 소용없다는 말이다. 백락이 눈길 한 번 준 말의 가격이 하루아침에 열 배나 뛰었다는 일화도 있다. 보스는 그런 백락의 눈으로 인재를 알아볼 줄 알아야 한다. 천리마에게 등짐 지는 일만 시키는 오류를 범해서는 안 될 일이다.

나는 새로 각 부문의 책임자가 된 부문장들을 만나면 늘 이렇게 주문한다.

"책장 정리하듯이 조직을 재구성하세요."

책을 한 권씩 한 권씩 꺼내서 내용과 용도에 맞게 책꽂이에 꽂듯이 조직구성원을 한 명씩 한 명씩 살펴보라는 뜻이다. 성경의 베드로처럼 보스는 '사람 낚는 어부'가 돼 자신만의 드림팀을 꾸려야 한다.

18
리더는 긍정적인 사람이다

지금까지 내가 만났던 유능한 보스는 모두 웃는 얼굴이었다. "할 수 있다"는 말을 습관처럼 했다. 그들과 함께했던 시간은 대부분 행복한 기억으로 남아 있다. 반면 무능한 보스일수록 패배주의와 냉소주의에 찌들어 있었다. 그런 무능한 보스의 태도를 생각하면 여전히 기분이 유쾌하지 않다.

세상에 부정적인 리더는 존재하지 않는다. 부정적인 사람이 리더로 성공했다는 이야기는 들어본 적이 없다. 나만 모르는 것이 아니다. 역사적으로도 존재하지 않았을 것이다. 현실적으로 부정론자는 지도자가 될 수 없기 때문이다. 그럼에도 긍정론을 강조하는 것은 이유가 있다. 긍정이 가진 신비한 힘, 긍정이 만들어내는 놀라운 동력 때문이다.

:: 리더의 분위기는 산불처럼 번진다 ::

　조서환 세라젬헬스&뷰티 대표는 마케팅전문가다. 애경과 KTF에서 소비자들의 기억에 남는 많은 마케팅을 진행했다. 내가 그를 만난 것은 2008년 봄 커리어케어가 주최하는 강연에 강사로 왔을 때다. 나는 강의 전 식사를 같이하면서 그의 얘길 듣고 많이 놀랐다. 그중 압권은 골프실력이었다. 그는 자신의 평균 골프 스코어가 "80타 중후반"이라고 말했다. 보통의 주말골퍼들에게도 쉽지 않은 점수다. 그런데 한 손으로, 그것도 오른손잡이가 왼손으로 그런 점수를 낸다고 했다. 신기할 따름이었다. 그는 스물세 살 육군 소위 때 부대에서 훈련하다 사고로 오른손을 잃었다.

　그가 골프를 하게 된 것은 애경그룹 장영신 회장의 권유 때문이었다. 처음 장 회장이 그에게 골프를 하라고 했을 때는 '이 사람이 누굴 약 올리나'라는 생각이 들기도 했다. 한 손밖에 없는 사람한테 골프를 하라니 기가 막혔다. 그런데 장 회장의 다음 말은 그의 입을 다물게 했다.

　"다른 사람에게는 못하지만 당신에게는 얘기할 수 있어요. 당신이라면 해낼 수 있을 겁니다."

　장 회장은 그러면서 다른 임원에게 전화해 그에게 골프채와 골프화 등 장비 일체를 마련해주라고 지시했다. 그리곤 "3개월 뒤에 머리를 얹겠다"고 일정까지 정해버렸다. 물론 조 대표는 그때까지 골프채를 전혀 잡아본 적이 없었다. 하지만 "당신이라면 해낼 것"이라는 말은 그의 생각을 바꿔놨다.

　'할 수 없지만 할 수 있다고 생각하자. 지금 안 하면 난 영원히 골프

를 못 칠 것이다.'

그날부터 그는 새벽에 나와서 1시간, 퇴근 뒤 1시간, 저녁 식사 뒤 1시간, 그렇게 하루에 3시간씩 연습했다. 그런데 석 달이 지나 처음으로 나간 필드경기에서 9번 클럽 하나만 가지고 103타를 쳤다. 웬만해서는 초보자가 3개월 연습만으로 100타를 치기가 쉽지 않다. 놀라운 성적이었다. 그 뒤에도 그의 연습은 계속됐다. 마침내 80타 중후반의 수준급 골프실력을 갖추게 됐다.

그가 KTF에 마케팅전략실장으로 입사하기 위해 사장과 인터뷰할 때 "골프를 한 손으로 87타를 친다"고 하자 사장은 깜짝 놀랐다. 그리고 더는 이야기를 나눌 필요가 없었다. 삶을 대하는 긍정적 자세, 목표에 대한 집요함이 골프실력 하나로 모두 설명됐기 때문이다.

조직에 리더가 필요한 것은 리더 없이는 목적지에 도달하기가 어렵기 때문이다. 특히 목표가 높고 원대하고 상황이 어려울수록 리더의 중요성은 커진다. 리더는 일반적으로 어렵고 위험하고 때로는 불가능해 보이는 목표라도 조직에 에너지를 불어넣고 조직구성원들의 에너지를 끌어내 달성하게 한다. 그때 필요한 것이 리더가 발산하는 긍정의 힘이다. 인간의 뇌에는 감정이입에 관여하는 거울신경세포Mirror Neuron가 있다. 그래서 다른 사람의 표정을 보거나 말을 듣는 것만으로도 그 사람과 같은 느낌을 받을 수 있다. 그 거울신경세포가 직원들로 하여금 보스의 행동을 무의식적으로 따라 하게 만든다.

유능한 리더는 그것을 잘 알고 있다. 자기가 강한 확신을 하고 앞장설 때 부하직원들의 행동이 달라진다는 것을 경험을 통해 알고 있다.

퍼스트다이렉트 은행의 창립자 마이크 해리스는 이렇게 말했다.

"리더의 분위기는 전염성이 강해 마치 산불처럼 조직 전체에 퍼질 수 있다."

그는 그러면서 이렇게 강조했다.

"리더는 부지불식간에 분위기를 망칠 수도, 띄울 수도 있다."

해리스의 말처럼 경험 많은 리더는 상황이 힘들고 목표가 클수록 자신이 불씨가 돼 조직 전체에 불을 지르려고 한다. 불만 붙으면 불가능해 보이는 목표를 달성할 수 있다. 꿈만 같던 목적지에 도달할 수도 있다. 역사적으로 수많은 리더가 그렇게 불가능을 가능으로 만들어왔다.

그때 중요한 것이 리더의 태도다. 조직구성원들은 리더가 자신감이 넘칠 때 그를 둘러싼 모든 것을 긍정적으로 본다. 그런 리더 밑에서 일하는 사람들은 목표달성을 의심하지 않는다. 스스로 창조적이며 능률적으로 일한다. 그들에게 리더는 존재 자체가 성공에 대한 하나의 신호다. 따라서 보스는 조직원들이 자신의 말과 행동을 보고 성공에 대한 확신을 품도록 해야 한다.

영국의 장군으로 제2차 세계대전 때 서유럽군 최고사령관을 지낸 버나드 몽고메리는 이렇게 역설했다.

"당신과 만난 뒤 부하직원이 사기충천하지 않는다면 당신은 리더가 아니다."

그의 말대로 리더는 부하직원의 사기에 불을 붙일 수 있어야 한다. 리더를 만난 부하직원은 긍정의 힘을 받아가야 한다. 그런데 적지 않은 보스가 여기에서 실패한다. 부하직원들에게 확신을 심어주지 못한다. 에너지를 끌어내지 못한다. 이유는 명확하다. 자기 자신을 관리하지 못해 순간순간 부정적 생각, 회의적 태도를 드러내기 때문이다.

:: 보스는 온몸으로 커뮤니케이션하는 자 ::

앞서 말한 대로 보스는 온몸으로 커뮤니케이션한다. 부하직원들은 보스의 일거수일투족을 다 보고 있다. 보스의 표정, 걸음걸이, 기침 횟수까지 알고 있다. 부하직원들이 보스의 감정상태에 민감하게 반응하는 것도 다 이유가 있다. 앨버트 매러비안 캘리포니아 대학 교수는 재미있는 실험을 했다. 상대방에게 무엇을 표현할 때 미치는 영향을 조사한 것이다. 그 결과 말하는 내용은 7퍼센트에 불과했다. 반면에 표정, 이미지, 복장, 몸짓, 헤어스타일, 움직임 등 시각적인 것이 무려 55퍼센트의 영향을 미쳤다. 목소리 톤, 음색, 고저장단, 속도와 같은 청각적인 것이 38퍼센트의 영향을 미쳤다. 다시 말해 어떤 내용을 전달할 때 비언어적인 것의 영향력이 절대적이었다.

우리는 말로 대화하는 것이 아니다. 몸짓과 태도로 소통하고 있다고 해도 과언이 아니다. 그 말은 곧 말로만 "할 수 있다"고 외치는 것보다 자신 있는 태도가 더 효과적이라는 뜻이기도 하다. 보스의 표정이 조금이라도 어두워지면 그 분위기는 금방 부하직원들에게 전염된다. 말로는 "걱정하지 마라, 다 잘될 거다."라고 하면서 뒤돌아서는 어두운 표정으로 담배 연기를 내뿜는다든가 혼자 무거운 분위기로 술을 마신다든가 하면 누가 그 말을 믿겠는가? "반드시 승리할 것"이라고 역설하던 보스가 어두운 표정으로 축 처져 걸어 다니는 것을 본 순간 부하 직원들은 "질 수도 있다"고 걱정하게 된다. 아니면 "질 것 같다"는 비관론에 빠져들게 된다. 그와 같은 비관론은 순식간에 조직에 퍼진다.

따라서 보스는 무슨 일이 있더라도 어떤 상황에서라도 긍정적 태도를 보여야 한다. 그래야 부하직원들이 희망을 잃지 않고 움직인다. 산요전기 창업자 이우에 토시오는 이렇게 말했다.

"부하는 곤경에 처하면 반드시 상사의 얼굴색을 살피게 된다."

그러면서 보스의 표정관리의 중요성을 이렇게 강조했다.

"상사는 어려울 때일수록 미소를 보여야 한다."

콜린 파월 미국 전 국무부 장관도 보스의 태도가 얼마나 중요한지에 관해 다음과 같은 얘길했다.

"지금까지 내가 배운 것 중 가장 중요한 것은, 부하들은 늘 자신의 지휘관이 무엇을 하는지 유심히 지켜보고 있다는 사실이다."

이어지는 그의 말은 보스의 태도는 물론 교육방식을 다시 한 번 생각하게 만든다.

"당신은 부하들을 계속해서 가르쳐야 할지 모른다. 하지만 정작 그들이 배우는 것은 당신이 보여준 지극히 개인적인 본보기다."

긍정적 태도가 어떤 결과를 만들어내는지를 잘 보여주는 예가 있다. '1달러 연봉'이다. 크라이슬러의 아이아코카와 애플의 스티브 잡스는 모두 1달러 연봉으로 잘 알려졌다. 1978년 아이아코카는 무너져가는 미국의 자동차회사 크라이슬러의 구원투수로 투입됐다. 그는 CEO인 자신의 연봉을 1달러로 책정했다. 배수진을 쳤다는 것, 자기부터 희생한다는 것, 희망을 품고 있다는 것을 보여주기 위한 극단적 처방이었다. 그리고 35명의 부사장 가운데 33명을 내보냈다. 18만여 명의 직원 중 5만 명을 해고하는 대수술을 감행했다. 그런 구조조정을 토대로 정부로부터 12억 달러의 구제금융을 받아냈다. 아이아코카는 소비자들에게 '크라이슬러는 다시 살아날 것'이라는 기대를 심어줬다. 결국, 그는 모든 부채를 상환했다. 대출받은 지 3년 만에 상환 완료 시기를 7년이나 앞당기는 기적을 일궈낸 것이다.

잡스의 연봉 1달러는 더 긍정적이다. 실제로 그가 받은 것은 1달러가 아니다. 연봉만 1달러일 뿐 수억 달러의 성과급과 스톡옵션으로 충분한 보상을 받았다. 그가 연봉 대신 성과급이나 스톡옵션을 선택한 것은 성과를 자신했기 때문이다. 굳이 연봉으로 받지 않아도 회사를 키우고 수익을 내면 충분한 보상을 받을 수 있다고 생각한 것이다. 그는 애플에 CEO로 복귀한 이후 매년 연봉을 1달러로 책정했다. 그 결과 그의 1달러 연봉은 긍정과 배짱의 상징이 됐다.

일반적으로 긍정적인 생각보다 부정적인 생각이 훨씬 전염 속도가 빠르다. 위기일수록 특히 그렇다. '부정 바이러스'는 무서운 속도로 퍼져 나간다. 그 바이러스는 조직원들의 의욕을 떨어뜨린다. 의욕이 저하된 조직원들은 부정 바이러스에 더 취약해진다. 악순환이다. 그 부정 바이러스를 막는 가장 좋은 방법이 있다. 정면으로 '긍정 바이러스'를 퍼트리는 것이다. 보스부터 긍정적인 자세로 직원들을 독려하면서 긍정 바이러스를 전파하면 된다. 그러면 조직이 열기로 뜨거워지면서 부정 바이러스는 힘을 잃고 만다. 조직의 열기가 부정 바이러스를 살

균 처리하는 것이다. 보스가 충분히 헤쳐나갈 수 있다고 확신하면 부하직원들의 태도는 순식간에 바뀐다. 싸워봐야 질 것이 뻔한 싸움에 몸을 던질 병사는 없다. 죽도록 애를 써봐야 달성할 수 없는 목표를 위해 땀 흘릴 직원은 없다. 아무리 열심히 걷고 뛰어도 넘지 못할 산이라고 생각하면 누구도 나서지 않는다. 따라서 보스의 1차 목표는 직원들의 시도를 이끌어내는 것이다. 시도하지 않으면 아무것도 이룰 수 없기 때문이다. 그런데 부하직원들이 시도하려면 승리에 대한 확신이 필요하다.

어릴 적 시골에서 냇물을 건너본 사람이라면 잘 알 것이다. 자기가 건너뛸 수 있다고 믿으면 쉽게 건넌다. 하지만 아무리 작은 냇물이라도 물에 빠질까 겁을 먹으면 십중팔구 빠진다. 보스가 긍정론자인 이유도 여기에 있다. 보스는 목적지로 부하직원들을 이끄는 사람이다. 갈 수 있다고 믿고 그 믿음을 부하들에게 심어줘야 하는 사람이다. 만약 보스가 부정적인 생각이 있다면 직원들은 출발조차 하지 않을 것이다. 무엇을 해도 결과는 좋지 않으리라고 예상하고 있으니 도전도 없다. 그런 조직은 앞으로 나아가지 못한다. 점점 뒤처지다가 결국 도태된다.

지금까지 내가 뽑거나 승진시킨 사람 중에 부정론자는 없었다. '긍정론자만 선택해야겠다'고 생각한 것은 아니었다. 하지만 나도 모르게 긍정론자를 선택했던 것 같다. 내가 선택하지 않은 사람들은 대개 관대하지 않았다. 자기 자신에게 엄격했다. 상대방에게는 더더욱 그랬다. 이런 사람들은 조금만 예상과 빗나가는 일이 벌어지거나 실수가 일어나면 바로 자책한다. 자리에 주저앉아 머리를 쥐어뜯는다. 상대방이나 자기 자신을 평가절하한다. 그런 부정론자를 위해 일할 사람, 함께 일하고 싶은 사람은 아무도 없을 것이다. 아무리 유능해도 내가 뽑거나 승진시키지 않은 이유다.

그런데 내가 부정론자와 관련해 주목한 것 중 하나가 콤플렉스다. 콤플렉스는 사전에 이렇게 정의돼 있다.

"현실적인 행동이나 지각에 영향을 미치는 무의식적 감정."

쉽게 말하면 스스로 생각하는 자신의 약점이다. 좋은 학교를 못 다녔으면 학력이 콤플렉스가 된다. 마찬가지로 뚱뚱하면 외모가 콤플렉스가 된다. 중요한 것은 콤플렉스가 남의 시선이 아니라 오로지 자신의 시선에 의해 생겨난다는 점이다.

사실 콤플렉스가 없는 사람은 없다. 콤플렉스는 동기를 유발해 행동하게 하는 긍정적 역할을 한다. 따라서 문제는 그것을 대하는 자세다. 부정론자는 콤플렉스에 자신을 가둔다. 그 약점 때문에 더 나아갈 수 없다고 스스로 한계를 긋는다. 관대하지 못하기 때문에 자신의 콤플렉스를 받아들이지 못하고 불편하게 생각한다. 떨쳐내지 못하고 끊임없이 집착한다. 반대로 긍정론자는 자신의 콤플렉스를 인정한다. 다른 사람에게도 부끄러움 없이 공개한다. "나에게 이런 한계가 있고 이런 잘못이 있지만 바꿀 것"이라며 개선하기 위해 노력한다.

세계적 지휘자 토스카니니는 원래 오케스트라의 첼리스트였다. 어릴 때부터 눈이 나빴던 그는 앉은 자리에서조차 악보가 제대로 보이지 않았다. 그래서 다른 연주자들과 호흡을 맞추기 어려웠다. 이 때문에 지휘자로부터 지적을 자주 받았다. 결국 그는 악보를 통째로 외우는 방법으로 이 문제를 해결해야 했다. 어느 날 연주회에서 지휘자가 갑자기 못 나오게 됐다. 다들 난감해하고 있었다. 그때 토스카니니가 지휘를 했다. 악보를 모두 외우고 있었기에 가능했다. 그날 토스카니니는 훌륭히 지휘를 마쳤다. 그 소문은 빠르게 퍼져 나갔다. 그날 이후 그는 지휘자의 길을 걷게 됐다. 마침내 세계적인 지휘자로 성장했다. 자신의 결점을 극복하려는 노력이 토스카니니의 운명을 바꾼 것이다. 이처럼 콤플렉스를 어떻게 다루느냐에 따라 사람의 인생이, 나아가서는 조직의 운명이 달라진다.

그래서 보스는 긍정론자여야 한다. 부정적인 생각으로는 아무것도 할 수 없다. 누구든 '부정의 그늘'에 앉아 있으면 따가운 햇볕을 피할 수 있다. 그러나 절대로 목적지에 갈 수는 없다. 목적지에 도착하려면 햇볕을 감수하고 그늘을 벗어나야 한다. '부정의 처마' 밑에 있으면 비는 맞지 않을 수 있다. 그러나 원하는 곳에 가려면 비 맞는 것을 두려워하면 안 된다. 그늘과 처마에 머무르지 않고 과감하게 햇볕과 빗줄기 속으로 뛰어드는 것은 언제나 긍정론자다. 그래서 성과는 늘 긍정론자의 몫이다.

:: 긍정론자와 낙관론자의 위기대처법 ::

긍정론자가 되라는 말은 무조건 장밋빛 미래를 그리는 낙관론자가 되라는 뜻이 아니다. 보스는 긍정적 태도를 보이되 지나친 낙관론에 빠져서는 안 된다. 긍정론과 낙관론은 평상시에 보면 비슷하다. 하지만 위기상황에서 큰 차이가 있다. 윤호일 전 남극 세종기지 대장이 여러 강연을 통해 소개하고 있는 조난기는 긍정론과 낙관론의 차이가 무엇인지를 잘 보여준다.

그는 2003년 12월 15명의 대원을 이끌고 남극기지에 들어갔다. 그런데 들어가자마자 8명이 실종되는 대형 사고가 터지고 말았다. 남극에서 실종은 곧 죽음이라고 해도 과언이 아니다. 윤 대장에게는 청천벽력 같은 일이 벌어진 것이다. 처음에는 강천윤 부(副)대장이 부하 2명을 이끌고 남극 바다에서 기지로 귀환하다 블라자드로 불리는 폭풍설을 만났다. 윤 대장은 부랴부랴 구조대를 보냈다. 하지만 험악한 눈폭풍 때문에 1~2차 모두 출발한지 얼마 안 돼 되돌아오고 말았다. 날이 조금 좋아져서 3차 구조대 5명이 떠났다. 그런데 이번에는 3차 구조대가 출발한 7시간 뒤 그들로부터 "보트가 뒤집혔다." "살려달라"는 무전이 왔다.

조난당하자 부대장은 눈보라 속에서 물 위를 떠다니는 유빙을 밀쳐내려고 애를 썼다. 그러나 유빙이 워낙 커서 좀처럼 앞으로 나갈 수 없었다. 설상가상으로 유빙에 부닥쳐 고무보트가 뚫리고 말았다. 그대로 있으면 수심 5000미터의 남극해로 흘러갈 것이 뻔했다. 부대장은 서둘러 부대원들과 함께 빙하 위로 뛰어 올라갔다. 그러나 몇 개 안 되는 초코파이와 초콜릿 외에는 먹을 것이 없었다. 몸은 젖어 있었다. 할 일은 구조대가 오기를 기다리는 것뿐이었다. 조난을 처음 당해본 부하직원들은 계속해서 부대장에게 "구조대가 언제 오느냐"고 물었다.

낙관론자와 긍정론자의 자세는 이때 차이를 드러낸다. 낙관론자는 부하직원을 안심시키기 위해 "금방 올 것"이라며 희망을 불어넣는다. "곧 날씨가 갤 것"이라며 경험이 부족한 부하직원들을 격려한다. 부하직원들은 그 말을 믿고 12시간을 버틴다. 그래도 상황이 달라지지 않는다. 부하직원들은 다시 "구조대가 언제 올까요"라고 묻는다. "이제 올 때가 됐다"고 대답한다. 그러나 24시간이 지나도 폭풍설은 잦아들지 않는다. 구조대는 올 기미조차 없다. 부하직원들이 다시 묻는다. 부대장은 "조금만 더 참으면 된다"고 대답한다. 여름의 남극에서 버틸 수 있는 시간은 최대 48시간이다. 그 시간이 지나면 사람들은 공포를 느낀다. 두려움을 못 이겨 자신이 만들어낸 패배의식에 무릎을 꿇고 만다. 그때, 48시간을 눈보라 속에서 보내느라 지쳐 있는 부하직원들의 질문에 부대장은 또 "조금만 더 참으면 된다"라고 전과 같은 대답을 한다. 그러자 부하직원들은 각자 살 길을 찾아 떠난다. 결국 모두가 죽는다.

긍정론자의 대처방안은 어떨까? 부대장은 빙하 위에 올라서자마자 얘기한다.

"남극에서는 눈보라가 한 번 불면 최소한 3일은 계속된다. 그 전에 날씨가 갤 것을 기대하지 마라. 따라서 우리가 살려면 적어도 3일은 버텨야 한다. 과거 다른 나라 대원들이 조난을 당했을 때 3일을 견딘 사람들은 다 살았다. 살려고 발버둥치지 마라. 그럴수록 더 빨리 죽는다."

부대장의 설명을 들은 부하직원들은 3일을 버티면 살 수 있다는 희망을 품게 된다. 그리고 어떻게든 3일을 버텨야겠다고 생각한다. 사실

2일만 버티면 다 끝난다. 물리적으로 2일 이상 버틴다는 것이 불가능하다. 그런데도 3일이라고 한 것은 최악의 기준을 제시해 생존의욕을 끌어내고 싶었기 때문이다.

실제는 어땠을까? 다행히 부대장은 긍정론자였다. "살 수 있다"는 희망을 제시하면서도 "3일은 버텨야 한다"는 냉정한 현실도 함께 설명했다. 그렇게 직원들의 마음을 다잡았다. 구조대는 덕분에 52시간의 눈보라와 혹한을 견뎌냈다. 마침내 모두 구조됐다.

윤 대장은 "부하직원들 스스로 동기부여를 하고 움직이도록 했다"면서 부대장의 리더십을 높게 평가했다. 그는 낙관론의 폐해를 이렇게 설명한다.

"위기에 처하면 리더들도 답을 모르는 경우가 많다. 그러다 보니 낙관론으로 우선 위기를 모면하려고 한다. 그러나 조직원들에게 낙관론만 입력하면 되돌릴 방법이 없어진다. 낙관론이 허구로 판명 나면 조직은 순식간에 무너진다. 그래서 위기일수록 최악으로 빨리 내려가야 한다. 서성거리면 늦는다."

낙관론이 능사가 아니라는 것은 2010년 8월 칠레의 광산 붕괴사고에서도 잘 드러난다. 코피아포 인근의 산호세 광산에서 구리를 채굴하던 광부 33명은 갱도가 무너지면서 지하 622미터에 있는 갱도에 갇히고 말았다. 그러나 그들은 67~69일 만에 모두 구조돼 세상을 놀라게 했다. 그들이 절망의 공간을 탈출해 무사히 구조될 수 있었던 데는 루이스 우르수아라는 작업반장이 결정적 역할을 했다. 그는 외부와 교신이 되기 전 17일 동안 동료광부로부터 "우리가 과연 구조될 수 있을까"라는 질문을 수도 없이 받았다. 그때마다 우르수아는 "며칠 안에 반드시 구조될 것"이라며 "조금만 참자"고 말하지 않았다.

"나도 잘 모르겠다. 그러나 분명한 것은 오래 버텨야 생존할 가능성이 높다는 것이다."

이렇게 희망을 이야기했다. 그러면서도 지나친 낙관은 피했다. 맹목적 낙관론은 눈앞의 위기만 모면할 뿐이다. 궁극적 해결책이 아니다. 그는 그것을 잘 알고 있었다.

보스가 긍정적인 자세를 유지해야 하는 근본적인 이유는 조직구성원들의 자발적 참여를 이끌어내기 위해서다. 그 목표를 잊고 "조금만 더 하면 된다"는 식으로 근거 없이 격려하면 오히려 사태를 더 꼬이게 할 수 있다.

:: '할 수 없어'의 장례식을 치르자 ::

보스는 조직의 부정적 분위기를 바꿔야 한다. '할 수 있다'는 희망부터 심어줘야 한다. 그래야 조직구성원들이 움직인다. 이른바 동기부여를 하는 것이다. 그런데 부정론자는 동기부여를 할 수 없다. 조직에 에너지를 불어넣을 수도 없다. 본인에게 에너지가 없고 에너지를 만들 의욕도 없는 사람이 에너지를 불어넣을 수 없는 것은 너무도 당연하다.

"말이 씨가 된다"는 옛말이 있다. 부정적인 말의 씨를 뿌리면 부정적인 열매밖에 열리지 않는다. 반대로 긍정적인 말의 씨를 뿌리면 긍정적인 열매가 열린다. 따라서 긍정도 연습이 필요하다. 마음에 안 들고 전망이 좋지는 않아도 긍정적으로 바라보도록 노력해야 한다. 그렇게 보스가 긍정적 태도를 보이면 구성원들은 무엇인가 일이 잘 돌아가고 있다고 믿게 된다. 그러면 조직 분위기에 활기가 생긴다. 좋은 조직 분위기에서 좋은 성과가 난다는 것은 말할 필요도 없다. 긍정론자는 스스로 한계를 정하지 않는다. 그래서 사람을 개방으로 이끈다. 포용하고 도전하게 한다. 그의 조직은 더 많은 성과를 만들어낸다. 함께 일하는 사람들은 다른 사람들보다 훨씬 빠르게 성장한다. 그래서 역사적으로 긍정론자 밑에는 많은 사람이 모여들었다.

'군자君子는 불기不器'라고 했다. 군자는 일정한 용도로 쓰이는 그릇과 같은 것이 아니라는 뜻이다. 한 가지 재능에만 얽매이지 않는다는 말이다. 굳은 그릇처럼 스스로 자신의 역할을 한정 짓지 않고 상황에 따라 변화한다는 의미다. '무엇이든지 할 수 있다'는 마음으로 어디든 도전하는 사람. 그래서 모든 분야에서 성과를 거두는 사람. 군자는 그런 사람이다. 그러나 세상에 처음부터 군자로 태어난 사람은 없다. 도전을 두려워하지 않고, 약점을 개선하고, 콤플렉스를 극복하다 보니 자신도 모르게 군자가 된 것이다.

예전에 어느 책에서 「할 수 없어의 장례식」이라는 글을 본 적이 있다. 한 초등학교에서 선생님이 아이들에게 종이를 나눠주며 '내가 할 수 없는 것들'을 쓰라고 했다. 아이들은 의아해하면서도 자신이 잘할 수 없는 것들을 쭉 썼다.

"뮬란이 될 수 없어."

"수학을 잘할 수 없어."

선생님은 종이를 걷더니 상자에 넣었다. 그리고 이렇게 말했다.

"오늘은 '할 수 없어'의 장례식을 진행합니다."

선생님과 아이들은 운동장 한편에 경건히 서서 '할 수 없어'의 관을 묻었다.

"이제 '할 수 없어'는 우리 곁을 떠났어요. 다시는 기억하지 마세요. '할 수 없어' 대신 우리 곁에는 '할 수 있어'가 남아 있으니까요."

나는 지난해에 쓴 『능력보다 호감부터 사라』는 책에서 이렇게 말했다.

"성공은 능력이 아니라 태도에 의해 좌우된다."

"인생을 결정하는 것은 능력이 아니라 태도다."

그 말을 여기서도 다시 하고 싶다. 사람에게는 능력보다 더 중요한 것이 있다. 바로 태도다. 특히 리더십에서는 태도가 더욱더 중요하다. 리더에게는 어떤 어려움과 역경을 만나더라도 긍정적 태도를 견지하는 것이 매우 중요하다. 그것이 문제를 푸는 실마리가 된다. 상황 반전의 계기가 된다. 리더라면 꼭 기억해야 할 말이다.

19
리더십은 DNA가 아니라 습관의 문제다

"리더십이 가장 중요하다. 리더십을 대체할 수 있는 것은 아무것도 없다."

피터 드러커의 말처럼 많은 회사가 리더십의 중요성을 점점 인식하고 리더십 교육을 한다. 승진할 때마다 받는 교육은 대부분 리더십 교육이다. 상위직급으로 올라갈수록 교육에서 리더십이 차지하는 비중은 점점 커진다. 업무에 필요한 기술 교육은 대부분 신입사원 때 배웠다. 또 업무과정에서도 훈련됐다. 그래서 상위직급 교육에서는 리더십에 더 무게를 둔다. 자금, 조직, 기술, 시장 등 업무환경과 조건이 비슷한 상황에서 성과를 결정하는 것은 단연 리더십이기 때문이다. 그래서 기업이 리더십 교육에 투입하는 비용과 시간은 갈수록 커지고 있다.

그런데 거의 모든 기업이 그렇게 중요한 리더십이 부족하다고 느낀다. 리더십에 대한 갈증을 못 느끼는 경영자는 없다고 해도 과언이 아니다. 기업이 커지면 커질수록, 우수한 인력이 많으면 많을수록, 유능한 관리자가 증가하면 증가할수록 리더십에 대한 아쉬움도 함께 커지는 것 같다. 나도 그렇다.

:: 성과를 만들어내는 것은 리더십이다 ::

나는 우리 회사의 최대 강점 중 하나가 리더십이라고 생각한다. 헤드헌팅회사의 3대 자산은 브랜드, 인재, 데이터베이스다. 그런데 그 모든 것을 엮어서 성과를 만들어내는 것은 리더십이다. 브랜드와 데이터베이스는 조직역량을 투입하면 어느 정도 만들 수 있다. 인재도 시간과 비용이 들어가서 그렇지 노력하면 얼마든지 우수한 인재를 영입할 수 있다.

그러나 리더십은 외부에서 조달하기 어렵다. 외부에서 아무리 뛰어난 리더십을 발휘한 인물이라 하더라도 마찬가지다. 그의 리더십이 우리 조직에서도 작동하리라는 보장이 없다. 따라서 리더십은 많은 시간과 비용을 들여 만들어내는 수밖에 없다. 나도 회사 설립 이후 리더십을 키워내기 위해 꾸준히 노력해왔다. 내 관심은 줄곧 '회사의 리더십을 어떻게 만들어낼 것인가'에 집중돼 있었다.

많은 경영자들이 기술, 상품 개발, 고객 발굴 등에는 신경을 쓰면서도 정작 회사 성장의 핵심열쇠를 쥐고 있는 리더십을 키우는 데 신경을 쓰지 않는다. 회사 성장은 리더십의 크기와 비례한다. 회사가 정체상태에 있거나 퇴보하는 것은 그만큼 리더십이 취약하기 때문이다. 리더십은 그릇과 같다. 그릇의 크기에 따라 담을 수 있는 내용물의 양이 결정된다. 아무리 뛰어난 콘텐츠가 있어도 리더십이 취약하면 모두 담아내기 어렵다. 그래서 조직은 리더십만큼 크다. 성과도 궁극적으로는 리더십의 크기만큼 만들어진다. 그럼에도 불구하고 경영자들이 리더십에 관심을 쏟지 않는 데는 이유가 있다. 리더십이라는 것은 시간과 비용이 많이 들어가는 데 반해 성과가 바로 나타나지 않기 때문이다.

나는 우리 회사의 리더십을 긍정적으로 보고 있다. 그렇지만 어디까지나 다른 회사에 비해 상대적으로 우수하다는 것일 뿐이다. 절대평가로는 여전히 후한 점수를 주기 어렵다. 내가 꿈꾸는 기업, 내가 펼치고 싶은 사업을 생각하면 현재의 리더십은 한참 부족하다. 그래서 나는 여전히 리더십을 어떻게 키워낼 것인가를 고민하고 있다. 직원을 뽑을 때도 그 사람이 10년 뒤 회사의 리더로 성장할 수 있느냐를 생각한다.

GE의 전 CEO 잭 웰치의 인사참모였던 경영컨설턴트 브래드 스마트는 인재의 발굴과 육성에 관한 『탑그레이딩』이라는 책을 썼다. 여기서 그는 글로벌 기업들이 채용할 때 채용 가능한 직원을 크게 세 부류로 나누고 있다고 밝혔다. 하나는 입사해서 승진을 못하는 그룹이다. 즉 성장 발전을 못하는 사람들이다. 대략 채용 가능한 지원자들의 65퍼센트를 차지한다. 두 번째 그룹은 한두 단계 성장하는 그룹이다. 채용 가능한 지원자들의 25퍼센트를 차지한다. 마지막으로 지속해서 성장 발전해서 EVP(부사장), COO(최고운영책임자), CEO(최고경영자) 등 이사회 멤버가 될 수 있는 사람들이다. 기껏해야 전체의 10퍼센트에 불과하다. 따라서 상위 10퍼센트에 해당하는 사람을 찾아내는 것이 채용의 핵심이다. 쉽지 않은 일이다. 그러나 그런 사람을 발굴하는 것이 회사 성장의 지름길이기 때문에 경영자들이 채용에 관심을 쏟지 않을 수 없다. 나도 그런 인재를 찾기 위해 애를 쓰고 있다.

몇 년 전 우리 회사의 시스템을 근본적으로 개편하겠다고 생각하면서 회사 리더십을 점검해본 적이 있다. 실망스러웠다. 그 상태로는 시스템 개편이 쉽지 않다고 생각했다. 개인이 아닌, 조직이 일하는 방식으로 시스템을 개편하려면 개편의 취지를 이해하고 부문구성원들의 자발적 참여를 이끌어낼 부문장이 20여 명이나 필요했다. 그러나 점검결과 부문장을 맡을 수 있는 간부가 생각보다 훨씬 적었다. 그러나 반드시 가야 할 길이고 계속 미룰 수도 없었다. 그래서 조금 무리하다고 생각했지만 추진하려고 했다. 그런데 금융위기가 터지는 바람에 어쩔 수 없이 중단하고 말았다. 그 뒤 신문사 사장을 맡아 자리를 비우는 바람에 다시 시간이 한참 흘렀다.

이번에 개편을 검토하면서 그동안 리더십도 많이 성장했을 것으로 생각했다. 전에 비해 조직의 규모도 거의 갑절로 커졌다. 그러니 이제는 충분할 것이라고 판단했다. 본격적으로 리더십을 점검해봤다. 하지만 답답하게도 원하는 수준과 차이가 컸다. 기대 수준을 한참 밑돌았다. 어쩔 수 없이 가능성에 기초한 리더십을 토대로 부문을 재편해야 했다. 내가 기대했던 것만큼 리더십이 존재했다면 아마 훨씬 더 큰 꿈을 꾸는 조직을 꾸렸을 것이다. 그렇게 이번 시스템 개편은 그동안 우리가 키운 리더십만큼 이뤄졌다. 아쉬움이 많이 남는다. 그래서 여전히 리더십을 고민하고 있다.

:: 리더십은 사람에 대한 이해의 문제다 ::

"조직의 성과를 좌우하는 리더십은 타고나는 것이 아니라 학습되는 것이다."

리더십 전문가인 존 맥스웰이 한 말이다. 맥스웰만 그런 말을 한 것이 아니다. 수없이 많은 사람이 "리더십은 노력으로 얻는 것"이라고 강조하고 또 강조한다. 그렇게 물리게 들었을 수도 있는 평범한 이야기를 다시 하는 데는 이유가 있다. 대다수 사람에게 그 이야기는 이야기일 뿐이고 실제 현장에서 이것을 실현하는 사람이 별로 없기 때문이다. 세계적 리더십 전문가들은 거듭해서 훈련의 중요성을 강조하고 있다. 서점에는 리더십 책이 수북이 쌓여 있다. 하지만 정작 마음속에 그 말을 새겨두는 사람은 그리 많지 않다. 막상 보스를 맡기려고 하면 "나는 리더의 자질이 없다"며 뒷걸음질치는 사람이 허다하다.

당신도 그런 사람 중 한 명인가? '나에게는 리더의 DNA가 없다'고 포기해버리는 사람인가? 그렇다면 지금부터라도 그 생각은 접어두기 바란다. 당신이 많이 들은 대로 리더십은 훈련과 연습의 결과물이지 선천적 능력이 아니기 때문이다. 리더십이 태생적인 것이 아니라는 여러 설명과 증거가 있다. 그중 하나가 리더십은 고정불변하지 않는다는 것이다. 리더십은 조직의 상황에 따라 천차만별이다. 카리스마적 리더도 있고 그와 완전히 반대되는 개념인 서번트 리더도 있다. 세상에 리더십이라고 설명된 것을 다 모아보면 그 종류가 수천 가지는 넘을 것이다. 정답으로 정해진 리더십은 없다는 말이다.

리더십은 기본적으로 사람에 대한 이해다. 사람의 마음을 알아가고 이해하는 과정이 리더십을 키우는 과정이다. 세상에 똑같은 사람은 한 사람도 없다. 그래서 리더십의 종류도 수없이 많은 것이다. 사람은 자신이 경험한 만큼 안다. 그래서 리더십은 전적으로 경험의 문제다. 리더십은 종종 종착역이 없는 여행처럼 느껴지기도 한다. 열 길 물속은 알아도 한 길 사람 속은 모른다는 속담처럼 인간을 다 이해했다고 느낀 순간 그 종착지는 저만큼 멀어진다. 그래서 살아가며 새로운 경험을 쌓아가는 한 리더십은 계속 성장 발전한다. 끊임없이 변화한다.

리더십이 DNA에 있지 않다는 또 다른 증거가 있다. 최근 주목받는 내성적 리더들이다. 그동안 외향적이고 카리스마가 있는 사람들이 리더의 전형으로 인식되고 있었다. 그러나 요즈음 이것은 '호랑이 담배 먹던' 옛날이야기로 치부되고 있다.

구글의 신임 CEO 래리 페이지는 몹시 내성적인 사람으로 정평이 나 있다. 그래서 38세의 그가 차기 구글 CEO로 발표 났을 때 많은 사람이 우려를 표했다. 글로벌 회사의 수장은 활동적이고 외향적인 사람이 맡아야 하는데 수줍음이 많고 대중 앞에 나서길 꺼리는 래리 페이지가 과연 구글을 제대로 이끌 수 있겠느냐는 것이었다. 그러나 그런 우려와는 달리 래리 페이지는 현재 성공적인 리더로 자리 잡았다.

리더십은 타고나는 것이 아니다. 조직의 상황에 적합하도록 진화하는 교육과 훈련의 산물이다. 피터 드러커는 이렇게 말했다.

"리더십은 리더십의 질 또는 카리스마와 관계가 없다."

그러면서 이렇게 강조했다.

"리더십은 신비로운 것이 아니다. 핵심은 그 성과에 있다."

:: 리더십은 경험의 산물이다 ::

리더십의 유형이 정답처럼 정해져 있지 않다는 말은 곧 리더십은 이론이 아니라는 뜻이다. 다시 말하지만 리더십은 경험의 산물이다. 어떤 조직을 얼마나 이끌어왔는지, 어떤 환경에서 어떤 성과를 거뒀는지에 따라 리더십의 크기와 종류가 달라진다. 운동의 강도와 종류에 따라 단단해지고 커지는 근육처럼 말이다. 그러니 리더십을 키우겠다고 마음먹었다면 먼저 현장경험을 쌓아야 한다. 리더로서 실전에 투입돼 조직을 이끌어봐야 한다. 리더십에 관련된 책을 읽고 강연을 듣는 것은 간접경험일 뿐이다. 현장에서 직접 재현해 자기 것으로 만들지 않으면 흥미로운 경험에 그치고 만다.

왕왕 리더십 강사나 훈련교관이라는 사람들 가운데 조직을 이끌어본 경험도 없고 부하직원을 다뤄본 적도 없는 사람들이 있다. 리더십을 글로 배운 사람들이다. 그들에게서 제대로 된 리더십을 배우기란 애초부터 불가능하다. 이론으로 배운 리더십은 한계가 있다. 반쪽짜리 리더십으로 어떻게 현장에서 조직을 이끌 수 있겠는가?

기업의 경영자들 가운데 창업 1세와 달리 2, 3세로 가면서 리더십이 급격히 흔들리는 것을 종종 보게 된다. 창업 1세에서는 튼튼하던 회사가 점차 휘청이다가 급기야는 사라져버리기도 한다. 회사를 물려받은 2세, 3세에게서는 대체로 1세가 키운 회사를 끌고 갈 만한 리더십을 찾아보기가 어렵다. 창업자는 회사를 세우고 경영하면서 이리 부딪치고 저리 깨지면서 스스로 리더십을 배우고 키워왔다. 회사가 커지는 만큼 리더십도 커졌고, 리더십이 커지는 만큼 회사도 커졌다. 창업자의 리더십 발전은 그 회사의 성장과 궤를 같이한다. 그런데 상속받은 2세, 3세의 경우에는 리더십을 눈으로만, 말로만 배운다. 물론 그들도 아버지가 어떻게 하는지 옆에서 지켜봤다. 아버지에게서 현장 이야기도 많이 들었다. 그러나 모두 간접경험일 뿐이다. 그러니 현장에 서면 책으로만 스키 타는 법을 배운 초보 스키어처럼 넘어질 수밖에 없다. 반쪽짜리 리더십으로는 절대 조직을 제대로 이끌 수 없다. 리더십은 발명왕 에디슨처럼 하나하나 실험하면서 시행착오를 거쳐 완성하는 것이기 때문이다.

　이론이 부족하고 체계화돼 있지 않아도 현장경험이 풍부한 사람들은 감각적으로 본능에 따라 조직을 이끈다. 시각장애인이 세상을 알아가는 방법은 직접 만져보는 것이다. 그들은 새로운 공간에 들어서면 손으로 꼼꼼히 만져보면서 그 느낌을 통째로 머릿속에 간직한다. 그 때문에 일반인들이 볼 때 신기하게도 시각장애인은 그렇게 한번 파악한 곳에서는 마치 눈으로 보는 사람처럼 자연스럽게 행동한다. 리더십도 이와 같다. 손으로, 몸으로 하나하나 다 경험해서 머릿속에 담는 것이다. 그 과정에서 훈련하고 계발되는 것이 리더십이다.

한양대 리더십센터장 송영수 교수는 리더십 교육의 필요성에 대해 이렇게 설명하고 있다.

"리더십은 99.9퍼센트 길러지는 것이다. 프로그램 이슈도 물론 중요하지만 회사에서 적극 지원해주는 시스템을 만드는 것이 바람직하다. 리더십 교육을 일회성 이벤트로 볼 게 아니라 프로세스 개념으로 봐야 한다. 꾸준히 교육받아 자기 자신 안에 완전히 스며들게 해야 한다. 그래야 적시 적소에 리더십이 발휘될 수 있다."

간혹 리더십을 명상 중에 깨닫는 것으로 오해하는 사람들이 있다. 부처가 진리를 깨닫듯 리더도 산에서 혼자 고요하게 리더십을 깨달은 뒤 대중에게 전파하는 것으로 생각한다. 그래서 나처럼 사무실을 벗어나지 못한 사람은 훌륭한 리더십을 키울 수 없다고 일찌감치 포기하기도 한다. 잘못된 생각이다. 지금 당장 성공적인 CEO들을 머릿속에 떠올려보라. 모두 업무현장 속에서 몸으로 부딪치며 조직을 이끄는 법을 체득한 사람들이다. 사무실에서 벗어날 수 없는 사람은 사무실에서 리더십을 체험할 훌륭한 기회를 갖고 있는 셈이다.

:: 자기 자신이 리더라고 끊임없이 각성하라 ::

리더십은 자신이 지도자가 되겠다는 뜻만 가지면 절반은 이미 갖춘 것이나 다름없다. 자신이 리더가 된다고 생각하면 행동은 어떻게 해야 하고 말은 어떻게 해야 할지 생각하게 된다. 그렇게 의식하면 행동은 달라진다. 그리고 그런 행동이 반복되면 습관이 된다. 리더십 교육도 반복적 교육훈련을 통해 리더의 행동을 습관화하는 것이다. 자신의 의지, 목표에 대한 의식을 심어주고 리더로 행동하게 하는 것이다. 그 행동을 반복해 몸에 자연스럽게 배어들어 습관이 되게 하는 것이다. 그것이 바로 리더십 교육이다. 어떤 직급이건 리더십 교육은 이 원리로 이뤄진다. '아, 내가 리더구나'라고 끊임없이 각성하도록 하는 것이다.

어떤 행동을 1만 번 이상 반복하면 습관이 된다고 한다. 아기가 첫 걸음을 떼기까지 무려 1만 번이나 넘어진다는 것이다. 한 발짝 떼기 전에는 그토록 어려운 걸음마가 크면서 일상적인 행동으로 바뀐다. 리더로서 언행도 마찬가지다. 처음에는 어색하고 어렵다. 그래도 한 번 두 번 반복하다 보면 어느새 버릇처럼 몸에 익을 것이다.

리더십은 운동이나 악기 연주와 비슷한 기술이다. 내가 골프에서 보기 플레이어가 되겠다고 마음먹으면 그에 맞는 투입을 해야 한다. 주중에 골프연습장에 가서 연습한다. 주말에는 한 번씩 필드에 나가 코스를 돈다. 그러다 보면 어느새 보기 플레이어가 된다. 여기서 싱글을 꿈꾼다면 주중 연습도 늘리고 필드에 나가는 횟수도 늘려야 한다. 가곡을 피아노로 치고 싶다면 하루에 30분씩 연습하게 된다. 그러다가 쇼팽의 왈츠를 마스터하겠다고 결심하면 연습시간을 더 늘릴 것이다. 리더도 골퍼나 피아노 연주자처럼 어느 수준의 리더가 될 것인지 마음을 먹고 그에 걸맞게 행동을 바꿔나가는 것이다. 그래서 리더십은 결국 꿈이다. 목표와 연관이 있다. 꿈의 크기만큼 리더십의 크기가 달라진다. 내용과 향기도 달라진다. 따라서 카리스마 리더십도 옳고 서번트 리더십도 옳다. 리더의 철학과 가치가 다를 뿐이다.

콜게이트-팜올리브 CEO인 이안 쿡은 처음 고위관리직에 올랐을 때 사람들 앞에서 연설하는 것이 무척 어려웠다. 청중을 바라보는 대신 연단에 바짝 붙어서 아래만 내려다보곤 했다. 하지만 쿡은 회사의 높은 위치에 있으면서 연설을 딱딱하게 하는 것은 바람직하지 못하다고 생각했다. 그래서 프레젠테이션 스킬을 키우기로 했다. 동료와 전문가들로부터 끊임없이 지도를 받고 수많은 프레젠테이션을 하면서 발표능력이 뛰어나게 향상됐다. 이제 쿡은 연설할 때 편안하게 청중과 시선을 나눌 수 있게 됐다. 그가 마음속에 그리던 리더의 모습처럼 말이다.

유능한 보스가 되는 첫걸음은 내가 보스가 될 것이고 또 돼야 한다는 점을 분명히 인식하는 것이다. 이른바 셀프 리더십이다. 신완선 성균관대 교수는 저서 『컬러 리더십』에서 이렇게 말한다.

"자기 자신의 주인, 우선 나 자신의 리더가 되는 것이 가장 중요하다. 내 손발은 물론 나의 마음, 의지, 집중력과 같은 일상적인 것을 다스리는 내가 필요하다. 심지어 나의 약점까지도 말이다."

경영관리전문가인 제임스 쿠제스와 배리 포스너도 『리더십에 관한 10가지 진실』이라는 저서에서 같은 이야기를 하고 있다. 자신에 대한 신뢰 없이는 절대 리더가 될 수 없다고.

"리더로서 당신이 하게 될 모든 일은 뻔뻔한 가정 한 가지에 기초를 두고 있다. 그것은 당신이 중요한 존재라는 가정이다. 다른 사람들을 이끌기 이전에 자기 자신을 이끌어야 한다. 다른 사람들에게 긍정적인 영향을 미칠 수 있다고 믿어야 한다. 자신이 하는 말이 사람들을 고무시키고 자신의 행동이 다른 사람을 움직이게 할 수 있다고 믿어야 한다. 자신이 하는 일이 값진 일이라고 믿어야 한다. 그렇게 생각하지 않으면 시도조차 하지 못할 것이다. 리더십은 자기 자신으로부터 시작된다. 진실은 당신이 변화를 이룬다는 것이다."

리더십을 키우는 과정에서 절대적으로 필요한 것은 자기 자신에 대한 확신이다. 그리고 자신의 목표를 달성하기 위한 노력과 자신의 언행을 통제하고 관리하려는 의지도 중요하다. 그래야 자기부터 스스로 변하게 된다. 내가 변하면 리더십이 생긴다. 그 리더십은 다시 나를 변하게 한다. 그래서 자기확신은 언제나 리더십의 출발점이다.

20
공정하고 공정하고
또 공정하라

　몇 년 전 대학의 최고경영자 과정에서 특강을 했다. 그때 한 중소기업 사장으로부터 이런 질문을 받은 적이 있다.
　"우리 회사는 인재가 중요하다고 생각해서 다른 중소기업에 비해 최소한 10퍼센트 이상, 어떤 때는 30퍼센트 이상 연봉을 많이 주고 직원을 채용하기도 한다. 필요한 인재라면 파격적인 대우를 해서 영입한다. 복지 수준이나 근무환경 역시 다른 기업보다 뒤지지 않는다. 그런데도 직원들이 자꾸 떠난다. 얼마 전에도 상당히 기대했던 직원이 그만뒀다. 경쟁회사에서 근무하던 외국 박사학위 소지자였다. 영입하느라 꽤 공을 들였는데 몇 달도 안 돼 떠났다. 왜 그런지 모르겠다. 직원을 떠나지 않게 하는 방법 좀 알려달라."

많은 기업이 직원들의 이직 문제 때문에 고민한다. 특히 중소 중견 기업에서는 일정한 교육훈련을 거치면서 '이제는 쓸 만하다'는 느낌을 주는 직원이 떠나버리는 경우가 많다. 그 때문에 사장이나 임원들은 역량이 뛰어난 직원이 들어오면 '저 친구가 언제까지 있을까'라는 의심의 눈초리로 지켜보게 된다. 아끼던 직원이 떠난 뒤 허탈감이나 배신감에 괴로워한 적이 있는 간부들은 새로 입사한 직원들에게 좀처럼 정을 주려 하지 않는다.

특강이 끝난 뒤 나는 그 중소기업 사장과 밤늦게까지 이야기를 나눴다. 그때 내가 찾은 원인은 사장의 '불공정성'이었다. 그는 기업 성장의 지름길이 인재를 끌어모으는 것이라고 확신하고 있었다. 그 때문에 경쟁회사에서 많은 직원을 영입했다. '일을 잘한다'는 소문이 난 직원은 어떻게든 영입하려고 했다. 몇 번씩 만나 설득했다. 어떤 때는 집 앞에 가서 기다리기도 했다. 그 과정에서 영입하려고 하는 직원의 요구를 많이 들어줄 수밖에 없었다. 어떤 직원이 직급을 높여달라고 하면 높여줬다. 연봉을 더 달라고 하면 더 줬다. 원하는 직책을 달라고 하면 어떻게 해서든 직책을 만들어줬다. 그러다 보니 직원들 간에 직급과 연봉의 불균형이 심했다. 학력과 경력이 비슷한 직원인데도 언제 어떻게 들어왔느냐에 따라 연봉 격차가 몇천만 원이나 됐다. 직급도 제각각이었다. 경력이 비슷한 직원이 한 명은 과장이고 다른 한 명은 부장이었다. 특히 사장이 영입한 직원과 본인이 자발적으로 지원한 직원은 연봉과 직급에서 큰 격차가 있었다.

그러다 보니 파격적 연봉과 직급으로 기분 좋게 입사한 직원도 다른 직원이 자신보다 더 좋은 대접을 받고 있다는 사실을 알게 되면 순식간에 불만 직원으로 변했다. 얼마 전에 나갔다는 외국 박사학위 소지자도 이전 직장에서 자신과 같이 근무했던 직원이 자신보다 높은 연봉으로 옮겨왔다는 사실을 접한 뒤 업무의욕을 잃었던 모양이다. 그런 심리를 잘 모르는 사장은 회사가 직원들을 잘 대해주고 있고 전에 있던 회사보다 근무조건이 훨씬 좋은데 왜 자꾸 그만두는지 의아할 따름이었다.

:: 부당한 대우에 분노하는 직원들 ::

직장인들이 이직하는 가장 큰 이유는 상사와의 갈등이다. 물론 연봉이나 근무조건도 영향을 미친다. 그러나 그것은 입사할 때 이미 예상한 것이다. 그렇기 때문에 이직의 결정적 사유가 되지는 않는다. 급작스러운 이직의 상당 부분은 이렇게 상사와 갈등에서 출발한다.

그런데 상사와 갈등이 생기는 핵심요인 중 하나가 공정성이다. 열심히 일했는데 평가결과를 받아보니 다른 사람보다 더 낮은 평가를 받았다면 그 평가를 받아들이기가 어려울 것이다. 경우에 따라서는 분노가 일 것이다. 상실감과 배신감이 치밀어오를 수도 있다. '내가 무엇 때문에 그토록 열심히 일했나' 하는 회의도 들 것이다. 시간이 지날수록 그 감정은 수그러들지 않고 더욱 활활 타오른다. 업무에 집중하지 못하게 된다.

자주 인용되는 속담 중에 "사촌이 땅을 사면 배가 아프다"는 말이 있다. 남이 잘되는 모습을 시기한다는 뜻으로 많이 쓰인다. 그런데 어떤 심리학자는 그 속담을 이렇게 해석한다.

"사촌이 정당한 대가를 지급하지 않고 땅을 얻으면 배가 아프다."

즉 돈을 한 푼도 내지 않고 거저 얻었거나 터무니없이 싼 가격으로 샀기 때문에 기분이 안 좋다는 것이다. 본인은 땅을 사려고 많은 노력을 했다. 새벽같이 일어나 온종일 땀 흘려 일했다. 그렇게 몇 년간 돈을 모아 땅을 마련했다. 그런데 사촌은 그냥 거저 얻은 것 같고 주운 것 같다. 나만 바보같이 고생했나 싶어 억울한 마음이 드는 것이다.

사람은 절대성보다도 상대성에 민감하다. 비록 자신이 많은 연봉을 받고 있다 하더라도 자신보다 역량이 뒤진다고 생각하는 상대방이 자신보다 더 많은 연봉을 받고 있다면 유쾌할 리 없다. 내가 한 일, 노력한 결과, 언행, 실적이 공정하게 평가받는다면 보상이 조금 부족하더라도 견딜 수 있다. 그러나 보상이 아무리 많아도 내가 다른 사람에 비해 불합리하고 부당한 대우를 받는다면 그것을 견디기는 참 어려운 일이다. '상대적 박탈감'이라는 용어가 입버릇처럼 쓰이는 것도 그런 이유다. 그래서 대다수 회사는 직원들에게 "개인 연봉을 절대 공개하지 않겠다"는 각서를 쓰게 한다.

퇴사하는 사람들이 겉으로는 "더 맞는 직장을 찾아서"라든가 "좋은 조건으로 제의가 들어와서" 등의 이유를 댄다. 하지만 속마음은 '여기서 이런 불공정한 대우를 받으며 머물 이유가 없다'인 경우가 대부분이다. 기업에 인재를 추천하기 위해 후보자를 인터뷰하다 보면 생각보다 훨씬 많은 사람이 회사와 상사의 불공정 때문에 직장을 나왔다.

 사람은 이처럼 불공정하다는 느낌을 받는 순간 생각과 태도가 바뀐다. 순식간에 의욕이 사라진다. 노력에 대해 정당한 대우를 받지 못한다고 느끼면 조직에 대한 신뢰가 사라진다. 그리고 그 자리는 불평불만이 대신하게 된다. 부당한 대우를 받았다는 기억은 누구나 갖고 있을 것이다. 내가 왜 그런 불공정한 평가를 받게 됐는지 아무런 설명도 듣지 못한 채 억울해했던 기억이 있을 것이다. 그런 기억은 쉽게 지워지지 않는다.

:: 정의를 갈망하는 한국인 ::

 몇 년 전 미국 하버드 대학 정치학과 교수 마이클 샌델이 쓴 『정의란 무엇인가』라는 책이 큰 인기를 끈 적이 있다. 전 세계적으로 우리나라 독자들이 가장 뜨겁게 반응했다. 책뿐 아니라 유튜브에 올라온 샌델 강의의 조회 수도 폭증했다. 한국 방문강연도 참가신청이 빗발쳤다. "사람들이 정의에 대해 이렇게 관심이 많은 줄 몰랐다"며 놀라움을 표시하는 사람들도 적지 않았다. 그만큼 우리 사회가 정의에 대해 강한 갈망을 품고 있다는 방증이다.

 불공정은 한국사회에서만 존재하는 것이 아니다. 지난 런던올림픽에서 끊이지 않았던 오심 시비는 사람들을 답답하게 만들었다. 특히 펜싱 준결승에서 다 이긴 경기를 빼앗긴 뒤 빈 경기장에 남아 울던 선수를 보던 사람들은 분노했다. "펜싱 종주국에 일방적으로 유리한 판정이 내려진 것 아니냐"는 의혹이 제기됐다. "경기를 거부하자"는 움직임까지 일어났다. 하지만 끝내 그 경기의 판정은 뒤집어지지 않았다. 그때 경기를 잃은 신아람 선수는 단체전에서 은메달을 땄다. 그러나 그것이 편파적 판정을 보상해주지는 못했다. 지금도 선수는 물론이고 많은 사람이 불공정에 대한 불쾌한 기억을 지우지 못하고 있을 것이다.

불공정은 그렇게 사람들에게 매우 강한 영향을 미친다. 그러다 보니 '불공정하다'는 인상은 기업들에 매우 치명적이다. 세계적 스포츠 용품과 의류 브랜드인 나이키는 1990년대 중반 노동자들을 착취한다는 사실이 알려지면서 곤욕을 치른 적이 있다. 당시 50만 명에 가까운 아시아인들이 나이키 상표가 붙은 운동화를 만들고 있었다. 그들이 일하는 공장은 환경이 너무나 열악했다. 게다가 최저임금도 지켜지지 않았다. 13세 소녀가 주당 60시간 넘게 일해야 했다. 성적 학대에 노출되기도 했다. 그렇게 나이키는 비양심적인 방식으로 운동화를 만들어 큰돈을 벌고 있었다. 문제가 불거지자 나이키는 전 세계적으로 비난에 직면했다. 법정 소송과 불매운동에도 시달렸다.

세상에 완벽한 공정이란 존재하지 않는지도 모른다. 그러나 불공정이 심할수록 공정에 대한 갈증은 계속 커진다. 한번은 우리 회사의 임원들과 사후세계에 관한 이야기를 나눈 적이 있다. 한 임원이 "사후세계가 없으면 억울할 것 같다"고 말했다. 요지는 이렇다.

"나는 이렇게 살기 위해 애쓰고 있다. 작은 것 하나 얻으려고 고생하고 있다. 그런데 사기 치고 횡령하고 배임하고 도둑질한 사람들은 나보다 훨씬 풍요롭게 사는 것 같다. 속이 끓는다."

그는 이렇게 말을 이었다.

"그래서 죽음 이후의 세계가 있어야 한다. 그 세계에서만큼이라도 지금의 결과가 다시 평가돼야 그나마 덜 억울할 것 같다."

조직에서 구성원들은 자신의 업무수행능력이 공정한 잣대로 평가되기를 바란다. 하지만 그렇지 못할 때가 잦다. 많은 직장인이 오늘도 술자리에서 정당하지 못한 방법으로 이득을 챙기는 상사나 동료를 안주로 삼고 있다. 편애하는 상사, 평가기준이 날씨처럼 바뀌는 상사, 일은 못하면서 상사 비위만 맞출 줄 아는 동료, 그렇게 해서 높은 평가를 훔쳐가는 동료, 소위 '낙하산'으로 들어온 동료……. 자신이 피땀 흘려 얻는 결과를 누군가는 거저 가져간다. 그렇게 자기 노력에 걸맞은 대우를 받지 못하는 것에 대한 억울함은 직장인들의 업무의욕을 꺾어버리고 만다.

:: 조조 리더십의 핵심은 공정한 보상 ::

조직이나 업무에 대한 조직원의 몰입도를 떨어뜨리는 3대 요소가 있다. 무능한 상사, 쓸데없는 일, 불공정한 평가다. 그중 핵심은 무능한 상사다. 불필요한 일을 시키는 사람도 무능한 상사다. 불공정한 평가도 무능한 상사의 몫이다. 결국 몰입도를 떨어뜨리고 조직에 대한 애정을 식게 하는 핵심은 무능한 보스다.

반대로 작은 조직으로도 큰 업적을 이룬 보스들의 공통점은 '엄정한 평가와 보상'이다. 지용희 숙명여대 석좌교수는 『경제전쟁시대, 이순신을 만나다』라는 저서에서 이렇게 주장한다.

"이순신 리더십의 핵심은 엄정한 평가와 공정한 보상이다."

이순신 장군은 전쟁이 끝나면 공헌도에 따라 병사들을 보상해주려고 노력했다. 종들에게도 전리품을 나눠줬다. 특히 임금에게 올리는 승전보고서에 신분 때문에 공을 인정받지 못한 종들의 이름을 기록했다. 그 때문에 다른 전투와 달리 이순신 장군이 지휘하는 전투에는 천민이 다수 참여했다.

지용희 교수는 이렇게 설명하고 있다.

"이순신 장군은 공정한 보상의 바탕이 되는 엄정한 평가의 기준과 기회를 마련하는 일에도 적극적이었다."

이 장군이 삼도수군통제사에 임명될 당시만 해도 수군들에게는 실력을 공정하게 평가받을 기회가 없었다. 당연히 승진하기도 어려웠다. 무과시험이 있기는 했다. 하지만 수군들은 해상활동 때문에 시험을 치르기 어려웠다. 이 장군은 이에 따라 한산도에 수군 특별시험장을 설치할 수 있게 해달라고 임금에게 건의했다. 임금의 허락을 받아 세운 한산도 시험장은 수군들에게 공정한 기회를 보장해줬다.

『삼국지』의 주역인 조조와 유비는 조직 운영방식에서 큰 차이를 보였다. 나관중의 『삼국지』에서는 유비의 방식에 우호적이다. 하지만 오늘날 기업 경영자들로서는 조조의 방식에 더 호감을 느끼게 된다. 유비는 인품과 덕으로 사람들을 모은 뒤 그들을 형제애나 의리 같은 인간적인 정으로 끈끈히 연결했다. 그에 반해 조조는 공정함과 보상으로 인재를 모아 역할에 충실하도록 했다. 조조 곁에는 전쟁에 필요한 군사기술을 갖춘 사람부터 경제, 법, 예술분야에 각각 정통한 사람까지 유능한 인재들이 수없이 모여들었다.

조조는 이들 한 사람 한 사람의 특성과 장점을 꼼꼼히 파악했다. 이를 토대로 적재적소에 사람을 배치했다. 그들의 업적을 평가해 공정하게 보상했다. 조조는 특히 공정한 보상을 위해 전력을 기울였다. 그것은 조조의 사람들이 유비의 사람들처럼 인간적으로 묶이지 않았기 때문이기도 했다. 조조는 누구든 필요한 인재를 불러들여 일을 맡기고 충분한 대가를 지급했다. 그런 점에서 삼국지의 어떤 인물보다도 조직을 합리적으로 운영하는 공정한 보스였다.

부하직원의 의욕은 상사의 평가로부터 나온다. 그래서 부하직원에 대한 평가는 언제나 공정하도록 신중을 기해야 한다. 그러나 우리 주변에는 부하직원들을 공정하게 대하지 않는 보스들이 많다. 어떤 보스가 자신이 얼마나 공정한지를 객관적으로 살펴보기 위해 표를 그려 체계적으로 점검해봤다. 세로줄에는 부서원의 이름을 썼다. 가로줄에는 그 사람과 만나고 인사하고 통화하는 등 관심을 표명한 것을 동그라미, 세모, 엑스 등으로 표시했다.

그렇게 20일을 체크한 결과는 자신의 눈을 믿을 수 없을 정도였다. 자신이 관심을 표명한 사람은 특정한 몇 명으로 한정돼 있었기 때문이다. 특히 말없이 일에만 몰두하는 성실한 직원들은 거의 접촉하지 않았다. 그는 평소 자신이 공정하다고 생각했는데 실제는 그렇지 않았던 것이다. 그 뒤 그는 매달 21일째부터 월말까지는 자신이 한 번도 말을 붙이지 않았던 사람들에게 일부러 다가가서 안부라도 물으려 애썼다. 그러자 조직 안에서 편파성과 공정성에 대한 논란이 거짓말처럼 사라졌다.

물론 보스도 사람이다. 더 예쁜 직원도 있고 괜히 얄미운 직원도 있을 수 있다. 그러나 보스가 신뢰를 받고 조직이 제대로 굴러가려면 보스는 구성원들을 객관적으로 평가할 줄 알아야 한다. 사회심리학의 집단가치모형 이론은 조직의 공정성이 얼마나 중요한지 잘 보여준다. 그 이론에 의하면 조직의 권력자에게 어떤 대우를 받느냐에 따라 개인의 정체성 인식이 달라진다. 공정한 대우를 받는 구성원은 조직의 일원으로서 자신의 가치가 크다고 느끼고 있었다. 소속감과 자긍심도 높았다. 반면, 부당한 대우를 받는다고 느끼는 구성원은 자존감이 약했다. 조직에 대한 불만도 많았다.

보스의 공정성은 부하직원들의 업무의욕과 업무성과에 큰 영향을 미친다. 그래서 제대로 된 보스라면 공정성 확보를 위해 노력해야 한다. 그런데 간혹 공정과 공평을 혼동하는 보스들이 있다. 노력과 관계없이 보상하는 것은 공평할지 몰라도 공정하지 않다. 공평은 기회를 줄 때 또는 출발할 때 지켜져야 하는 가치다. 이와 달리 공정은 결과를 평가하고 상과 벌을 줄 때, 출발지가 아니라 목적지에 도착했을 때 준수돼야 한다. 기회는 모두 공평해야 한다. 하지만 보상이 똑같아서는 안 된다. 거둔 만큼, 이룬 만큼 공정하게 보상해야 모두가 승복할 수 있다.

:: 조직원이 모르는 원칙은 원칙이 아니다 ::

평가는 참 어렵다. 상사들이 엄격하게 평가하고 공정하게 보상한다고 노력하는데도 그렇다. 부하직원들이 편파적이고 불공정하다고 느끼기 때문이다. 어떤 구성원들은 "자신들이 하는 업무와 자신들에 대한 평가기준이 다르다"며 '업무 따로 평가 따로' 때문에 업무의욕이 생기지 않는다고 불만스러워하기도 한다.

어떤 증권회사에서 고객을 늘리기 위해 직원들을 대상으로 캠페인을 전개했다. 한 해 동안 새로 개설되는 계좌 수를 성과평가에 반영하겠다고 밝혔다. 직원들은 열심히 주변 사람들에게 계좌 개설을 권유했다. 해가 바뀌었다. 직원들에게 평가결과가 통보됐다. 그런데 직원들 사이에서 불만이 터져 나왔다. 분명히 새로 개설되는 계좌 수로 평가한다고 했다. 그런데 실제 평가기준은 계좌에 예치된 금액이었기 때문이다. 이에 따라 개설 계좌 수는 몇 개 안 되지만 예치금액이 많은 직원들이 좋은 평가를 받았다. 담당 임원은 이렇게 설명했다.

"계좌를 아무리 개설해도 실제 자금을 운용하지 않으면 의미가 없어 평가기준을 바꿨다."

그러나 직원들은 "애초부터 예치금액이 기준이었다면 큰손 몇 명을 대상으로 권유하는 게 효과적이었을 것"이라며 불만스러워했다. 임원의 설명이 이해되지 않는 것은 아니다. 고객 확대의 목적은 결국 예치금을 늘리는 것이기 때문에 예치금을 기준으로 평가할 수도 있다. 그렇지만 신규 개설 계좌 수와 예치금은 전혀 다른 평가기준이다. 직원들 처지에서는 회사의 성과평가가 공정성을 잃은 것이다. 예치금액을 기준으로 평가할 생각이면 처음부터 그렇게 발표했어야 한다. 중간에 불가피하게 기준을 바꿔야 했다면 당시에 변경사유와 새 기준을 공개했어야 했다.

어떤 것이 공정한 것일까? 나도 정확한 답은 모른다. 어쩌면 절대적 공정함이라는 것은 존재하지 않을지도 모른다. 그래도 공정하려면 원칙을 세워놓고 그 원칙을 지켜야 한다. 보스는 스스로 공정하게 평가했다고 자부하지만 평가결과가 공개되기만 하면 직원들이 딴소리하는 이유가 바로 여기에 있다. 원칙과 기준이 충분히 공유되지 않았던 것이다. 게다가 아무리 보스가 원칙과 기준에 관해 이야기해도 조직원들이 이해하고 동의하지 않으면 말하지 않은 것과 마찬가지다. 원칙에 동의하지 않는 사람들은 원칙대로 철저하게 시행돼도 공정하다고 생각하지 않는다. 회사나 보스가 자기 임의대로 잣대를 바꿔버렸다고 생각한다. 평가기준은 누구나 알고 있도록 명확하게 공개해야 한다. 특히 기준이 바뀔 때 더 확실히 예고해야 한다.

"다음 분기부터 집계방식이 바뀐다."

"하반기부터 상여금 지급기준이 바뀐다."

"내년부터 평가 항목과 비중이 달라진다."

그렇게 미리 이야기해야 한다. 한 번 공지하는 것으로 그치지 말고 새로운 기준에 대해 끊임없이 이야기하며 상기시켜줘야 한다. 그래야 그 기준에 맞춰 조직원들이 준비할 수 있다. 혹시 새 기준에 도저히 동의할 수 없거나 새 기준으로는 좋은 평가를 받을 수 없다고 생각하는 조직원은 그 조직을 떠날지도 모른다. 바뀌는 기준에 대해 충분히 이야기를 듣지 못하고 갑자기 적용하기 시작하면 조직원들은 부당하다고 느낄 수밖에 없다. 조직원들이 동의하는 기준을 공표한 뒤 적용을 예고하는 것. 나는 그것이 불공정 평가에 대해 상사와 조직원의 고민을 없애는 기본적인 절차라고 생각한다.

조직의 존재 이유는 성과를 내는 것이다. 그러려면 성과를 내는 사람을 인정해줘야 한다. 아무리 자신과 코드가 맞지 않고 얄미운 부하직원이라 하더라도 미리 공유한 원칙에 따라 평가하고 보상해야 한다. '나에게 주어진 업무를 성실히 이행하기만 하면 얼마든지 인정받을 수 있다'는 믿음이 조직에 깔려야 한다. 그러면 조직은 자연히 성과를 낸다.

보스 스스로 자신이 불공정하다고 생각하는 사람은 아무도 없다. 그런데 부하직원들은 가끔 보스를 불공정하다고 생각한다. 그러면서 자신은 불공정의 피해자라고 주장한다. 그런 일이 벌어지는 이유 중 하나는 보스가 객관적 기준을 갖고 있지 않기 때문이다. 어떤 보스들은 깊은 고민 없이 그때그때 적용하는 기준을 바꾼다. 또는 객관적 기준을 갖고 있다 해도 충분히 공유되지 않았을 때도 있다. 그래서 평가를 열람하는 부하직원들을 당혹스럽게 만들기도 한다.

최치훈 삼성카드 사장은 자신의 리더십의 비결을 "냉정하지만 공정한Tough but fair"라고 밝혔다. 열심히 하는 사람들은 확실하게 후원하고 못하는 사람들은 잘하게 한다는 것이다. 이처럼 보스는 엄정한 평가와 공정한 보상에 대해 언제나 고민해야 한다. 공정성을 상실한 조직과 보스는 존재하기 어렵다. 단기 성과는 거둘 수 있을지 몰라도 지속 성장을 이뤄내기는 어렵다. 아무리 유능한 인재를 영입한다 하더라도 마찬가지다. 공정하지 못한 조직은 모래 위에 지은 집처럼 금세 금이 간다. 인재가 뿌리를 내리려면 조직은 공정성을 확보해야 한다. 공정한 조직문화를 만들고 정착시켜야 한다. 그래야 조직도 오래가고 성과도 난다.

21
성과의 크기와
직원 만족도는 비례한다

많은 보스가 성공적인 리더를 꿈꾼다. 이를 위해 자신에게 부여된 과제를 달성하려고 애를 쓴다. 그런데 자신의 임무를 제대로 완수하는 사람은 많지 않다. 기업 간부들은 대부분 임무수행에 실패해서 임기만료를 명분으로 자리에서 물러난다. 사실상 교체되는 것이다. 임원과 간부들이 교체되는 핵심 이유는 성과 부진이다. 횡령이나 배임 등 다른 요인들도 있겠지만 가장 큰 이유는 기대나 계획만큼 성과를 내지 못해서다.

그런데 성과가 부진한 보스들에게서 공통으로 나타나는 현상 중 하나는 부하직원들의 만족도가 낮다는 것이다. 직원 만족도가 떨어져서 성과가 부진한지, 아니면 성과가 부진해 직원 만족도가 낮은 것인지 분명하지 않다. 그러나 확실한 것은 성과의 크기와 직원 만족도는 정비례한다는 것이다. 어쩌면 성과와 직원 만족도는 동전의 양면처럼 본질은 하나인데 외양만 다른지도 모른다. 그래서 임원이나 간부들이 성과 부진 때문에 퇴진하는 것은 부하직원들의 만족도가 낮아 물러나는 것이라고 할 수 있다.

기본적으로 성과가 커지려면 조직원들이 적극 참여해야 한다. 조직원들의 참여 없이는 시너지가 부족해 성과를 제대로 거둘 수 없다. 단기적으로 조직원들의 역량투입을 강제할 수는 있다. 하지만 자발성에 기초를 두지 않은 역량투입은 지속성이 떨어진다. 당연히 성과도 지속하지 않는다. 따라서 조직원들의 참여도, 곧 조직원들의 업무 만족도를 확인해보면 그가 어떤 성과를 얼마나 만들어냈는지, 어떤 역량을 얼마나 가졌는지 파악할 수 있다.

:: 돈으로 살 수 없는 것들 ::

직원의 만족도를 높이는 방법은 여러 가지가 있다. 가장 대표적인 것이 금전적 보상을 늘리는 것이다. 많은 보스가 직원들에 대한 금전적 보상에 신경을 쓴다. 특히 빼어난 인재를 영입하려 할 때는 연봉에 얽매이지 않으려 한다. 연봉 수준을 높이면 당장 직원 영입은 한결 수월해진다. 현재 있던 직장을 떠나 새로운 곳으로 옮기는 사람들 처지에서는 그 회사의 비전이나 업무 분위기 같은 간접적 조건보다는 연봉, 직급, 직책처럼 분명한 것들이 훨씬 더 눈에 들어오기 때문이다. 문제는 기존 직원들이다. 새로 입사한 직원의 처우조건을 알게 되면 기존 직원들은 불만을 느끼게 된다. 업무의욕이 꺾이고 심하면 회사를 떠나게 된다.

이를 막기 위해서는 결국 기존 직원의 연봉을 끌어올려야 한다. 그런데 한두 명이 아니라 전 직원의 연봉을 높이는 것은 경영에 심각한 문제를 가져올 수 있다. 게다가 금전적 보상을 통해 인재를 모으고 유지하는 방식은 처음에는 효과를 거두지만 갈수록 효력이 약해진다. 일단 직원들 사이에 보상이 업무의 핵심동기로 자리 잡게 되면 시간이 지날수록 직원들의 업무의욕을 끌어내기가 어려워진다. 직원들은 끊임없이 더 높은 보상을 기대하게 된다. 그 기대가 충족되지 않으면 업무의욕을 잃고 만다. 보상 때문에 입사하고 보상 때문에 머물고 있는 인재라면 언제든지 같은 이유로 떠날 가능성이 크다.

금전적 보상의 효력에 한계가 있다는 사실은 많은 조사연구를 통해 충분히 확인됐다. 미국 하버드 대학 정치학과 교수인 마이클 샌델은 『돈으로 살 수 없는 것들』이라는 저서에서 스위스의 핵폐기물처리장 사례를 소개하고 있다. 정부가 어느 산악지대의 작은 마을에 핵폐기물처리장을 세우기로 방침을 정했다. 최종 결정을 앞두고 정부는 주민에게 이렇게 질문했다.

"의회가 마을에 핵폐기물처리장 설치를 결정하면 동의하겠느냐?"

그러자 51퍼센트가 동의하겠다고 밝혔다. 그런데 의회가 핵폐기물처리장을 설치하는 조건으로 해마다 6,000유로씩 보상하겠다고 나서자 주민 찬성률은 25퍼센트로 뚝 떨어졌다. 재정적 보상이 국민으로서 가질 의무와 책임의식을 몰아낸 것이다.

역사적으로 인센티브라는 금전적 보상을 통해 업무의욕을 높이겠다는 구상은 대부분 실패로 끝났다.

"당신이 이것(과제)을 하면 저것(보상)을 주겠다."

이렇게 말하는 순간 직원들은 이것의 가치나 의미를 깎아내린다. 일하는 동기가 과제가 갖는 가치나 의미가 아니라 보상으로 바뀐다. 게다가 보상으로 구성원을 순응 복종하게 할 수는 있다. 그러나 업무에 몰입하고 창의성을 발휘하게 할 수는 없다. 언론인이자 경영컨설턴트인 다니엘 핑크는 이렇게 강조한다.

"수십 년간 심리학 실험을 통해 복잡하고 창조적인 업무에는 인센티브 효과가 없거나 역효과를 낸다는 것이 입증됐다."

금전적 보상은 직원들에게 일이 아니라 돈에 집중하게 해 역효과만 낸다는 것이다. 그 주장대로 인센티브는 조립라인에서 나사를 죄는 것과 같은 단순하고 단기적인 업무에서는 효과를 발휘한다. 그러나 과제가 의미 있고 가치 있는 직업, 창의성이 요구되는 대부분의 21세기형 직업이나 직무에는 효과가 떨어진다. 특히 화이트칼라 업무에서 직원들의 사기를 끌어올리고 업무효율과 성과를 개선하려면 인센티브 이상의 무엇이 필요하다. 그래서 다니엘 핑크는 "경영자들, 유독 경영자들만 인센티브 효과를 믿고 있다"고 비판한다.

쿠바 국립은행 총재와 공업장관을 역임한 체 게바라는 금전적 보상 대신 '도덕적 인센티브'의 필요성을 역설했다. 그는 이렇게 우려했다.

"경제 발전을 촉진하려고 물질적인 가치에 의존하면 평등과 자유라는 인간의 본질적 가치가 침해받는다."

인센티브에 대한 그의 우려는 계속됐다.

"인간의 태도를 바꿀 필요성은 인정하지 않은 채 생산성을 높이기 위해 자본주의적 수단에 의존하게 되면 그 안에 인간이 묻힌다."

:: 직원 만족도를 높이는 비법 ::

나는 보스가 구성원들로 하여금 몰입하게 하고 만족스럽게 일하게 하는 방법은 크게 네 가지라고 생각한다. 물론 현실적으로 네 가지 방법을 다 쓸 수는 없을 것이다. 그렇지만 직원들이 어떤 환경에서 몰입할 수 있는지를 항상 염두에 둔다면 보스의 조직운영 방향이 크게 달라질 것이다.

첫 번째는 직원들의 성장을 돕는 것이다. 사람은 스스로 성장한다고 생각할 때 만족을 느낀다. 일에 열중하게 된다. 자신의 지식이 쌓이고 기술력이 높아진다면 연봉을 비롯한 다른 근무여건은 그리 중요하지 않다. 배우기만 하면 언젠가 보상받을 수 있다고 믿기 때문이다. 이직하려는 사람들은 종종 "더 배울 게 없어서"나 "더 배울 수 있는 곳으로"를 이직사유로 꼽는다. 자신이 더는 성장할 수 없다고 판단할 때 사람은 머무르려 하지 않는다. 본능에 따라 더 클 수 있는 곳으로 옮기려 한다. 따라서 보스는 어떤 방식으로든 직원의 성장을 도와야 한다. 직원이 자기계발할 기회를 제공해야 한다. 많은 연봉을 줄 수 없더라도 "내 밑에서 일하면 배울 게 많을 것"이라는 점을 설득력 있게 제시해야 한다. 반대로 아무리 많은 연봉을 받아도 지식과 기술이 축적되지 않는 단순업무만 맡는다면 업무에 몰입하기 어렵다.

그런데 적지 않은 보스가 '성장'의 개념을 잘못 이해한다. '보스인 내가 볼 때 잘하고 있고 승진도 제때에 하고 있으니 문제가 없는 것 아니냐'고 생각한다. 그러나 이것은 보스의 생각일 뿐이다. 직원들에게 성장은 진급, 보직, 급여와 성격이 다르다. 남이 평가할 수 있는 것이 아니다. 스스로 발전하고 있다는 느낌이 중요하다. 승진도 시키고 연봉도 올려줬는데 불만족스러워하는 직원이 있다면 십중팔구 자신이 정체돼 있다는 걱정 때문일 것이다. 그에게 더 많은 연봉, 더 빠른 승진을 제시하는 것은 더는 효력이 없다.

두 번째는 성취하게 하는 것이다. 성과를 거두도록 한다는 말이다. 만약 자신이 아무리 일해도 제대로 성과가 나지 않는다면 일에 열중하기 어려울 것이다. 매일 열심히는 하고 있는데 성과는 잘 안 보인다면 업무의욕이 꺾이는 것이 당연하다.

따라서 보스는 가능한 한 모든 업무를 성과 중심으로 재편해야 한다. 직원들에게 자신이 하는 업무의 성과는 무엇이고, 그것이 조직 전체의 성과에 어떻게 이바지하는지 알게 해야 한다. 그리고 당연한 말이지만 성과는 정확히 평가돼야 한다. 연공서열 조직에서 일하는 직원들은 열심히 해서 좋은 성과를 냈는데도 달라지는 것이 없는 현실을 답답해한다. 승진이나 연봉이 나이나 입사순위로 결정되는 상황에서는 성과가 평가받고 보상받기 어렵다. 따라서 보스는 직원들의 결과를 공정하게 평가하고 그에 걸맞게 대우해주도록 최선을 다해야 한다. 조직의 목표달성을 위해 자신의 모든 것을 투입하는 직원과 노력 없이 묻어가려는 직원을 구분해야 한다. 작은 것이라도 제대로 평가하고 보상해야 한다. 그 보상이 꼭 금전이나 승진일 필요는 없다. 보상방식은 다양할 수 있다. 이때 보상의 핵심은 보스와 조직의 인정이다. 한 연구결과에 따르면 상사의 인정을 받은 사람은 그렇지 않은 사람보다 업무의욕이 네 배 이상 높다.

세 번째는 자율적으로 일하게 하는 것이다. 사람은 누구나 자율적이고 주도적으로 일하고 싶어한다. 간섭과 지시를 좋아하는 사람은 없다. 다른 사람의 뜻에 억지로 이끌려 일하고 있다고 느끼는 직원에게서 업무집중력을 기대하기 어렵다. 특히 창의성이 중요한 직무에서는 자율성이 성과에 절대적 영향을 미친다. 잘하던 일도 누군가 하라고 하면 안 하고 싶은 것이 사람의 기본 정서다.

그런데 종종 보스들이 그 자율성의 중요성을 간과한다. 보스는 대부분 결과를 중시한다. 과정이야 어떻게 됐든 결과가 좋으면 된다고 생각한다. 그런데 성취동기가 강한 직원일수록 자신의 주도하에 어떤 일을 추진하고 싶어한다. 아무리 중요하고 의미 있는 일도 자신이 주도하지 않으면 심드렁한 반응을 보인다. 보스에게는 결과가 중요할지 몰라도 직원들은 과정이 더 다가온다. 유능한 인재일수록 자기주도성이 강해 스스로 문제에 대한 해결책을 찾고 의사결정을 하려고 한다. 따라서 보스는 직원들이 자율성과 자기주도성을 느낄 수 있도록 여건을 조성해야 한다.

:: 의미 있는 일을 한다는 자부심 ::

구성원들이 행복하게 일하게 하는 네 번째 방법은 의미 있는 일을 하도록 하는 것이다. 가장 어렵지만 가장 효과가 큰 방법이다. 탐스 TOMS라는 상표의 신발이 있다. 이 신발이 인기 있는 이유는 단순히 예쁘거나 편해서가 아니다. 신발에 사회공헌적 가치가 담겨 있기 때문이다.

미국 캘리포니아에 본사를 두고 있는 탐스슈즈는 '내일을 위한 신발'이라는 슬로건을 내걸고 있다. 소비자가 한 켤레의 신발을 사면 한 켤레의 신발을 제3세계 어린이들에게 기부하는 '일대일 기부공식'을 채택하고 있다. 창업자인 블레이크 마이코스키는 맨발로 다니는 아이들을 돕기 위해 회사를 설립했다. 사람들은 이 회사의 물건을 살 때마다 자신의 기부로 제3세계 어린이들을 도울 수 있다는 사실에 뿌듯함을 느낀다.

직원들도 마찬가지다. 내가 하는 일이 사회적으로 의미 있고 사회에 이바지하고 있다는 느낌을 받으면 행복하다. 반대로 담배회사나 환경오염물질을 배출하는 회사에서 일하는 직원들은 직무수행 과정에서 심한 부담을 느낀다. 이들 회사의 보스들은 직원들의 자발적 참여를 이끌어내기가 참 어렵다고 하소연한다. 그래서 이들 회사 간부들의 최대 과제는 구성원들에게 자신이 맡은 일과 자신이 재직하고 있는 회사의 존재 의미를 찾도록 하는 것이다. 나도 끊임없이 직원들에게 이렇게 이야기하고 있다.

"여러분이 하는 일이 사회적으로 큰 의미가 있다."

헤드헌팅이라는 업무를 쉽게 생각하는 사람들이 있다. 어떤 이들은 "기업에 사람을 소개해주는 일이니 직업소개소 일과 비슷할 것"이라고 말한다. 물론 아주 틀린 말은 아니다. 그러나 정확하지도 않다. 나는 새로 들어온 직원들과 점심을 하면서 회사의 출발과 지향점 등에 관한 이야기를 해주곤 한다. 그때마다 이렇게 말한다.

"우리 회사가 추구하는 가치가 무엇인지 아느냐? 인재를 통해 사회의 진보를 이뤄내는 것이다. 헤드헌팅회사는 고객기업에게 인재에 관한 헤드헌팅회사의 통찰력을 제공한다. 그만큼 고도의 지식을 제공하는 전형적인 컨설팅회사다. 당신이 하는 일은 고객기업에게 회사가치를 한 단계 높일 수 있는 핵심인재를 추천하는 것이다. 또 개인에게 자기 역량을 마음껏 발휘할 수 있는 직장을 찾아주는 일이다. 그래서 공익적이고 공공적인 성격을 띠고 있다."

자기가 하는 일이 어떤 의미가 있느냐에 따라 업무 만족도와 업무 효율은 크게 달라진다. 한 여행자가 돌을 다듬는 석공들을 만났다. 첫 번째 석공에게 "무슨 일을 하느냐"고 물었다. 그러자 몹시 피곤한 얼굴로 "돌을 다듬고 있다"라고 대답했다. 두 번째 석공은 첫 번째 석공만큼 피곤해 보이지는 않았다. 하지만 그렇다고 즐거워 보이지도 않았다. 역시 무엇을 하느냐고 물었다. 그러자 "집을 지을 돌을 다듬는 중"이라고 대답했다. 세 번째 석공은 콧노래를 부르며 돌을 다듬고 있었다. 여행자는 그에게도 무엇을 하느냐고 물었다. 그는 허리를 펴고 웃으며 이렇게 답했다.

"성당을 짓는 중이다."

자신이 하는 일이 사회적으로 큰 의미가 있다고 자부하는 사람들은 그렇게 신바람 나서 일한다. 그런 사람들이 모인 조직이 더 좋은 성과를 내는 것은 당연한 일이다. 그런 자부심과 자존감을 심어주는 것은 물론 보스의 몫이다.

:: 불행한 곳에서는 창의성을 기대할 수 없다 ::

구자영 SK이노베이션 부회장은 '행복경영'을 주창하고 있다. 직원이 행복해야 회사가 발전할 수 있다는 것이다. 그래서 부서원들의 행복도를 기준으로 임원을 평가하고 승진과 퇴임 여부를 결정한다. 그가 직원들의 행복에 관심을 갖게 된 것은 SK이노베이션의 조직문화 때문이었다. 공기업인 대한석유공사에서 출발한 SK이노베이션은 조직문화가 몹시 경직돼 있었다. 직원들은 매일같이 야근에 시달리며 피곤함에 절어 있었다.

"이런 분위기에선 창의성을 기대할 수 없다."

구 회장은 행복한 직장생활 운동을 시작했다. 그는 먼저 정시퇴근부터 시작했다. 야근을 밥 먹듯 하는 본부의 책임자에게 "당신부터 정시에 퇴근하라"고 지시했다. 오후 6시까지 마치지 못하는 일이라면 아예 하지 말라고 요구했다. 물론 자신도 정시에 퇴근했다. 업무량도 대폭 줄이려고 노력했다. 매달 열던 이익개선회의도 석 달에 한 번으로 줄였다. 그러면서 이렇게 말했다.

"구성원을 행복하게 할 수 있다면 모든 것을 바꾸겠다."

보스가 먼저 구성원의 업무 만족도에 관심을 갖게 되면 구성원은 자신이 존중받는다는 느낌을 받는다. 하버드경영대학원 석좌교수인 클레이튼 크리스텐슨은 사람들이 '성취하고 배우고 의미 있는 것을 이루는 팀 안에서 자신이 결정적인 역할을 했다는 느낌'을 중시한다고 말한다. 돈이나 지위는 일정한 수준을 넘어서면 행복의 원인이라기보다 행복의 부산물에 가까워진다는 것이다.

모든 직원은 조직에 이바지할 수 있는 구성원이 되고 싶어한다. 특히 자신이 속해 있는 조직의 비전과 발전이 공익적 기능으로 이어지길 기대한다. 자신의 업무, 자신의 부서, 자신이 속해 있는 회사가 자신이 꿈꾸고 있는 미래로 이어진다는 느낌이 들 때 자연스럽게 업무에 몰입하게 된다. 반대로 그것들이 연결되지 않으면 보스만 행복한 조직, 사장과 오너에게만 의미 있는 회사가 되고 만다.

에필로그

글로벌 기업 최고경영자가 말하는 한국기업 보스의 네 가지 문제

얼마 전 한 다국적 기업과 한국기업의 최고경영자를 지낸 분을 만났다. 이 분은 어렸을 때부터 외국으로 이민을 갔다. 외국에서 교육을 받았다. 내로라하는 다국적 기업에서 직장생활을 시작해 임원이 됐고 최고경영자 자리까지 올랐다. 그는 한국인이라는 정체성을 잃지 않고 있었다. 그러나 비즈니스 방식은 철저히 글로벌 기업 스타일이었다. 가치와 철학도 서구문화의 영향을 받았다. 이 때문에 한국기업에서 최고경영자로 일할 때 적지 않은 어려움을 겪은 듯했다.

그는 비즈니스 감각이 뛰어났다. 성과도 탁월했다. 그렇지만 글로벌 기업 스타일로 경영을 하다 보니 한국기업 임직원들로부터 그리 좋은 평을 듣지 못한 것 같다고 말했다.

그는 자신이 최고경영자로 재직할 때 한국기업의 임직원들이 가졌던 네 가지 불만을 소개하면서 글로벌 기업과 한국기업의 문화 차이, 그리고 간부들의 생각 차이를 설명했다.

"한국기업의 임원과 간부들, 한국기업의 보스들이 이 문제에 대해 심각히 고민해야 합니다."

그의 얘기를 듣는 내내 나는 속이 불편했다. 그가 지적한 문제의 보스들 가운데 나도 속해 있었기 때문이다.

그가 제일 먼저 제기한 것은 한국기업의 보스들이 회사의 어젠다가 아닌 자기 어젠다를 추구한다는 점이었다.

"외국계 기업의 임직원들은 대주주와 최고경영자가 내건 가치와 철학을 구현하기 위해 전력을 기울입니다. 법적으로 문제가 없는 범위 안에서 조직의 목표를 이루기 위해 전력투구합니다. 그런데 한국기업에선 임원들이나 부서장들이 각자 자신의 생각대로 조직을 이끌어 갑니다. 각자 자기 관심사를 구현하기 위해 노력합니다. 그러다 보니 회사엔 수많은 어젠다가 굴러다닙니다. 한 회사로 보기 어려울 정도로 각자 자기방식대로 일합니다. 겉으로는 한 회사입니다. 그러나 그 안엔 독자적으로 움직이는 수십 수백 개의 각기 다른 회사가 존재합니다. 조직 구성원 모두가 한 곳을 보고 일을 해도 목표를 달성하기가 어려울 텐데 각자 자기 목표를 세워놓고 각자 방식대로 일합니다. 이런 상황에서 제대로 성과가 날 리 없습니다. 모두 같은 방향을 보고 노를 저어야 하는데 각자 다른 목적지를 향해 노를 젓습니다. 그렇게 해서 목적지에 갈 수 있을까요?"

그는 그래서 임원과 간부들에게 이렇게 말했다고 한다.

"조직의 어젠다가 아닌 자기 어젠다를 추구하려면 회사를 떠나세요. 자신의 어젠다와 맞는 기업으로 옮겨가거나 창업을 하세요. 왜 자신과 맞지 않는 회사에서 월급을 받고 있습니까? 여러분이 이 회사에 들어온 것은 회사의 가치와 비전에 동의했기 때문입니다. 회사의 목표를 내 목표로 삼기로 약속한 것입니다. 바꿔서 생각해보세요. 여러분이 회사의 대주주이고 사장이라면, 임직원들이 지금의 여러분처럼 각자 자기 관심사를 추구하는 것을 받아들이겠습니까?"

그의 이야길 들으면서 박근혜 대통령이 장관들에게 했다는 얘기가 떠올랐다. 박 대통령은 취임한 뒤 얼마 안 돼 열린 수석비서관회의에서 대선공약에 어긋나는 '장관 어젠다'를 추진하지 않도록 하라고 지시했다. 자신이 선거과정에서 국민에게 약속한 것에 집중해달라는 것이었다.

"선거 때 열심히 공약했는데 장관은 공약과 상관없이 새로운 어젠다를 만들어 추구하고 수행하려는 경향이 있습니다. 그렇게 되면 공약이 지켜지기 어렵습니다. 공약 따로 장관 어젠다 따로는 곤란합니다. 과거 정부들을 보면 각 부처 장관들이 국정철학과 관계없이 각 부처의 시각에서 소관업무를 진행해 일관성과 효율성이 떨어지는 사례들이 많았습니다."

그가 한국기업의 보스들에게서 답답함을 느꼈던 두 번째 문제는 한국기업의 보스들이 너무 안으로만 돈다는 것이었다.

"한국기업 사장으로 일할 때였어요. 임원들과 간부들이 자주 사람을 소개해 달라고 해요. 수시로 '이 사람 아느냐, 저 사람 모르느냐'고 물어요. 연결해 달라는 겁니다. 한두 번은 그럴 수 있어요. 그런데 너무 잦아요. 그래서 말했죠. 내 국적은 한국이 아니다. 나는 어렸을 적에 외국으로 건너가 거기서 컸다. 그곳에서 배우고 직장생활 했다. 당신들은 한국인이고 한국에 뿌리가 있는 사람들이다. 더구나 대부분 명문대를 나오지 않았느냐? 그런 여러분이 내게 사람을 소개해달라는 게 이상하지 않으냐?"

그는 한국기업의 임원들이 너무 자기들끼리 어울린다고 지적했다. 자기들끼리 식사하고, 자기들끼리 술 먹고, 자기들끼리 골프 한다는 것이었다.

"외국기업의 임원들은 그렇지 않아요. 대부분 비즈니스에 필요한 사람들과 만납니다. 저녁 식사는 대부분 비즈니스와 관련된 외부인들과 합니다. 회사 규정상 자기들끼리 식사를 하면 회사비용을 쓸 수 없게 돼 있습니다. 비용을 처리해 주지 않아요. 한국기업에선 툭 하면 부서에서 회식하더군요. 글로벌 기업에선 잘해야 일 년에 서너 차례 회식해요. 그것도 밤늦게까지 이어지는 경우는 드뭅니다. 한 번은 임원과 간부들의 판공비를 조사해본 적이 있습니다. 조사결과를 보고 깜짝 놀랐어요. 절반 가까이 자기들끼리 먹고 마신 것이었어요. 그래서 전부 거둬서 한곳에 모았습니다. 그리곤 직원들에게 공개적으로 이야기했어요. '필요한 사람은 얼마든지 갖다 써라. 단 비즈니스에 써야 한다.'

그가 얘기한 한국기업 보스들의 세 번째 문제점은 '적당히' 한다는 것이었다. "나는 평상시에도 조직의 성과를 어떻게 끌어올릴까 고민합니다. 아마 대부분 경영자가 그럴 겁니다. 주말이나 휴일에도 마찬가지예요. 보통 주말 동안 고민하다 일요일 밤늦게 메일을 보냅니다. 각 임원과 간부들이 한 주 동안 할 일에 관한 것입니다. 월요일 아침에 출근해 메일을 열면 자신이 한 주 동안 고민하고 연구할 일이 보통

15~20개씩 나열돼 있습니다. 그런데 한국의 보스들은 월요일 아침부터 업무 관련 메일을 받게 되니 짜증이 나는 모양입니다. 주말에 사장님 골프 약속을 잡든가, 여행을 다녀오시도록 해야 하겠다고 농반진반으로 불편한 심기를 드러내더군요."

그는 임원과 간부들의 이런 태도가 이해가 안 됐다고 했다.

"외국 기업에서 임원이 되고 간부가 되면 이전 직급보다 서너 배나 많은 성과목표를 줍니다. 목표를 보면 숨이 턱 막힐 정도예요. 승진하면 당연히 월급이 오르고 권한이 커집니다. 그래서 좋긴 하지만, 그만큼 책임이 따릅니다. 부여된 목표를 달성하려면 정말 죽기 살기로 일할 수밖에 없어요. 그래서 외국기업에서 임원이 되면 주말이나 휴일을 즐기는 게 쉽지 않아요. 목표를 달성하려면 전력투구해야 합니다. 현실적으로 여유를 부리기가 어려워요. 만약 두세 차례 목표달성 못 하면 짐을 싸야 합니다. 그런데 한국기업은 안 그렇더군요. 한국의 보스들에게 목표는 목표일 뿐이에요. 적당히 해도 된다고 생각해요. 심지어 열심히 일하는 사람을 이상한 시각으로 바라보기도 해요. 회사에 잘 보이려고 그러는 것 아니냐고요. 아마도 한국기업에선 성과가 좋지 않아도 자리를 유지할 수 있기 때문인 것 같아요. 외국기업에선 성과가 부진하면 당연히 떠나야 해요. 대신 성과가 좋으면 회사가 어떤 방식으로든 보상해 주죠."

그가 한국기업 보스에게서 느꼈던 네 번째 문제는 의사표현방식이었다.

"한국기업 사장이 된 뒤 임원회의를 열어서 회사의 운영방침을 설명했습니다. 그런 다음 임원들의 생각을 물었습니다. 그런데 묵묵부답이더군요. 다음 회의 때 다시 조직운영 방안을 밝힌 뒤 의견을 구했어요. 이번에도 아무런 반응이 없었어요. 그래서 한 번 더 회의를 소집해 방침을 설명한 뒤 분명하게 말했습니다. 일주일 동안 의견 개진 시간을 줄 것이고 이때까지 아무런 의견이 없으면 다음 주부터 시행하겠다고. 이번에도 아무런 이야기가 없었어요. 물론 그 뒤 일주일 동안에도 의견을 내지 않았고요. 그래서 시행에 들어갔죠. 그러자 야단이 났어요. 어떻게 그럴 수가 있느냐고 불만이 터져 나왔어요. 기가 막히더군요. 세 번씩이나 의견을 내라고 했는데도 아무런 얘기를 안 했잖아요. 그런데 정작 시행하니 그때야 이견을 쏟아내는 거예요. 왜 그러는 걸까요?"

그는 한국인들은 매우 유능하다고 말했다. 절대 유대인보다 뒤지지 않는다고 했다. 스마트하고 열정적이고 추진력이 뛰어나다고 평가했다. 그런데도 한국기업의 효율성이 다국적 기업보다 한참 뒤지는 것은 한국기업 보스들의 이런 업무태도 때문이라고 주장했다.

"한국인 보스들의 태도가 바뀌어야 합니다. 보스는 직원과 다릅니다. 그런데도 많은 보스가 직원처럼 생각하고 말하고 행동해요. 그래서는 조직을 효율적으로 이끌 수 없습니다. 자신에게, 조직에 부여된 성과를 만들기 어렵습니다. 한국기업의 생산성과 효율성이 개선되려면 보스부터 달라져야 합니다. 다국적 기업에서 나는 결코 특별한 사람이 아닙니다. 지극히 평범하고 평균적인 사람입니다. 나는 글로벌 기업에서 오랫동안 훈련받고 교육받았습니다. 다국적 기업에선 성과를 내는 사람은 다 나처럼 생각하고 행동합니다. 나 같은 방식이 표준입니다. 그런데 한국기업에선 내가 비정상적입니다. 나 같은 보스가 정상으로 취급을 받아야 해요. 그래야 한국기업이 글로벌 기업으로 성장할 수 있습니다."

어떤 사람이 보스가 됐다고 해서 본질이 변하진 않는다. 그러나 보스가 된다는 것은 올챙이가 개구리가 되는 것이고, 번데기가 나방이 되는 것이다. 개구리가 올챙이처럼 행동해선 절대 생존할 수 없다. 나방이 번데기처럼 처신하면 한 시간도 버틸 수 없을 것이다. 보스는 일반 구성원과 다른 존재다. 당연히 일반 구성원들처럼 사고하고 행동해선 안 된다.

KI신서 5090

보스가 된다는 것

1판 1쇄 발행 2013년 7월 11일
1판 8쇄 발행 2017년 3월 23일

지은이 신현만
펴낸이 김영곤 **펴낸곳** (주)북이십일 21세기북스
출판사업본부장 신승철 **영업본부장** 신우섭
출판기획팀 김수현 윤경선
출판마케팅팀 김홍선 배상현 신혜진 박수미
출판영업팀 이경희 이은혜 권오권 홍태형
프로모션팀 김한성 최성환 김주희 김선영 정지은
제작 이영민 **홍보팀** 이혜연 최수아 박혜림 백세희 김솔이
출판등록 2000년 5월 6일 제10-1965호
주소 (우 413-120) 경기도 파주시 회동길 201(문발동)
대표전화 031-955-2100 **팩스** 031-955-2151 **이메일** book21@book21.co.kr

(주)북이십일 경계를 허무는 콘텐츠 리더
21세기북스 채널에서 도서 정보와 다양한 영상자료, 이벤트를 만나세요!
북이십일과 함께하는 팟캐스트 '[북팟21] 이게 뭐라고'

페이스북 facebook.com/21cbooks **블로그** b.book21.com
인스타그램 instagram.com/21cbooks **홈페이지** www.book21.com

ⓒ 신현만, 2013

ISBN 978-89-509-5031-6 03320
책값은 뒤표지에 있습니다.

이 책 내용의 일부 또는 전부를 재사용하려면 반드시 (주)북이십일의 동의를 얻어야 합니다.
잘못 만들어진 책은 구입하신 서점에서 교환해 드립니다.